DROIT ROMAIN

DES

IMPOTS INDIRECTS CHEZ LES ROMAINS

Sous la République et sous l'Empire

DROIT FRANÇAIS

DE LA SOCIÉTÉ EN NOM COLLECTIF

THÈSE POUR LE DOCTORAT

PAR

HENRI NAQUET

Avocat.

PARIS

A. PARENT, IMPRIMEUR DE LA FACULTÉ DE MÉDECINE

RUE MONSIEUR-LE-PRINCE, 29 ET 31

1875

DROIT ROMAIN

DES IMPOTS INDIRECTS CHEZ LES ROMAINS

SOUS LA RÉPUBLIQUE ET SOUS L'EMPIRE

DROIT FRANÇAIS

DE LA SOCIÉTÉ EN NOM COLLECTIF

DROIT ROMAIN

DES

IMPOTS INDIRECTS CHEZ LES ROMAINS

Sous la République et sous l'Empire

DROIT FRANÇAIS

DE LA SOCIÉTÉ EN NOM COLLECTIF

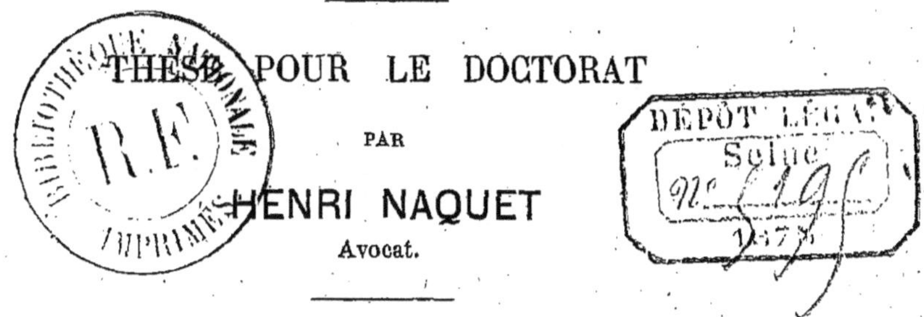

THÈSE POUR LE DOCTORAT

PAR

HENRI NAQUET

Avocat.

*L'acte public sur les matières ci-après sera soutenu
le Vendredi 25 Juin 1875, à 9 heures.*

Président :	M. GIDE,	Professeur.
Suffragants :	MM. VUATRIN, RATAUD, BEUDANT,	Professeurs.
	RENAULT,	Agrégé.

PARIS

A. PARENT, IMPRIMEUR DE LA FACULTÉ DE MÉDECINE

RUE MONSIEUR-LE-PRINCE, 29 ET 31

1875

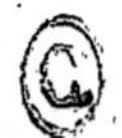

IMPOTS INDIRECTS CHEZ LES ROMAINS

SOUS LA RÉPUBLIQUE ET SOUS L'EMPIRE

CHAPITRE PREMIER.

DES IMPÔTS INDIRECTS SOUS LA RÉPUBLIQUE ET SOUS L'EMPIRE.

I

A l'origine de toute société, la première forme de l'impôt a toujours été ce que nous appelons aujourd'hui l'impôt direct. Chaque membre de la communauté est obligé de prélever sur ses biens personnels ou sur leurs produits une certaine part, d'abord en nature, plus tard en argent, qui doit servir aux besoins de l'Etat. Chez les peuples pasteurs, c'est la dîme des troupeaux, chez les nations adonnées à l'agriculture, c'est la dîme des moissons.

Aux ressources fournies par l'impôt direct, le tribut, les sociétés primitives ont tout d'abord joint celles qu'elles tiraient du domaine public. Terres arables ou de pâturage, mines, salines, devenues propriétés de l'Etat par droit de conquête et affermées ensuite à son profit.

Lorsque les besoins de l'Etat s'augmentent peu à peu avec l'étendue de son territoire et les exigences d'une organisation complète, la part contributoire de chaque citoyen aux dépenses publiques va s'accroissant, et dès lors, dans toute les sociétés en voie de formation, se produit nécessairement la recherche de ressources nouvelles.

Mais, pour ne pas demander directement à chaque membre de la communauté une somme trop forte, qui ne serait payée que difficilement et à regret, on imagine alors de faire profiter le trésor public de certaines manifestations de la richesse privée, ou du loyer des services, qu'à l'occasion d'un certain acte, le particulier est obligé de demander à l'Etat. Un individu passe la frontière, il la fait traverser à ses marchandises : on établit un péage à acquitter par le marchand pour lui et les produits qu'il transporte. Une vente se fait sur la place publique : l'acheteur ou le vendeur paieront une somme proportionnelle à la valeur de l'objet vendu. La fortune d'un citoyen passe par succession ou donation dans le patrimoine d'un autre, le trésor public prélèvera sa quote-part sur cette mutation.

Ainsi se sont créées peu à peu les trois sources principales qui alimentent la caisse commune : le domaine et ce que l'on a désigné sous les noms assez peu précis d'impôt direct et d'impôt indirect. Peut-on bien, en effet, distinguer nettement ces deux formes de l'impôt par la manière plus ou moins directe dont elles frappent le contribuable? A la vérité, qu'on l'appelle direct ou indirect, l'impôt frappe toujours directement la personne qui le paie, et, le plus souvent, est indirectement supporté par le consommateur ; car le producteur, passible de l'impôt direct, fera certainement entrer le droit acquitté par lui dans le calcul de son prix de revient. C'est dans le mode de perception qu'il faut chercher seulement la véritable distinction, tout empirique, qu'on puisse faire, la seule qui fournisse une définition sérieuse ; ce mode de perception diffère nécessairement selon qu'il s'agit de l'une ou de l'autre forme de la contribution. L'impôt direct sera perçu sur des rôles dressés à l'avance, où le nom de chaque contribuable figure avec la somme qu'il a à payer ; l'impôt indirect, dont le rendement doit varier selon le nombre des actes susceptibles de son application, ne saurait être perçu qu'au fur et à mesure de l'accomplissement de ces actes, et sans qu'il soit possible de dresser à l'avance le rôle des contribuables, ni d'établir le chiffre précis de la recette qui peut être réalisée.

A Rome, comme chez tous les autres peuples, ces trois sortes de revenus vinrent successivement former et accroître la fortune publique (1). Mais les Romains ne donnèrent pas un nom différent à chacun d'eux. Par opposition au terme générique *tributum*, impôt direct, quelle que soit la forme qu'il prenne « in capite, ex « censu, temerarium » (2), ou plus tard « capitatio hu- « mana ou terrena, » on ne trouve que le mot *vectigal*, qui comprend dans sa multiple signification tous les autres revenus de la République ou du Prince (3) :

(1) Denys d'Halicarn., p. 223 et 245.
(2) Festus, v° Tributum.
(3) Cf. début de l'« Excursus de vectigalibus Reip. et de eorum exactor.» Desjard. éd. Lemaire, Cicéron, « Orationes, » tome I.

loyers des domaines affermés, dîmes des biens-fonds laissés aux nations vaincues, impôts indirects au sens actuel du mot, et recettes provenant de certains services rendus par l'Etat aux particuliers, en amenant, par exemple, l'eau à la ville dans des aqueducs.

Sans examiner si le mot *vectigal* vient, comme le pense Burmann (1), de *vehere*, et a été d'abord le nom de l'impôt qui « pro vectura mercium exigitur, » c'est-à-dire des droits de douanes, ou s'il a, au contraire, désigné à l'origine des droits domaniaux payés par les possesseurs des terres appartenant dans le principe à la République, on peut se convaincre facilement que le mot *vectigal* a été sans cesse appliqué indistinctement aux revenus de l'un ou de l'autre genre. C'est ainsi que Cicéron écrit à Atticus : « Portoriis Italiæ sublatis, « *agro Campano diviso*, quod vectigal superest domesti- « ticum (2)? » et que dans son discours «pro lege Manilia, » il s'écrie : « Ita neque ex portu, neque ex decu- « mis, neque ex scriptura vectigal conservari potest (3). » Aussi Burmann, dans son traité *de Vectigalibus populi romani*, s'est-il occupé aussi bien des revenus que la République tirait de son domaine, *decumæ*, *scriptura*, que des impôts établis successivement sur le passage des marchandises, les successions, les ventes et les affranchissements. Après lui bien des auteurs, traduisant le mot *vectigal* par celui d'impôt indirect, ont étudié sous ce nom des contributions qui, par leur nature, ne peuvent, sans confusion, être ainsi désignées dans notre langue. Le sujet du présent travail est plus restreint. Laissant de

(1) Op. cit.. infr., p. 3.
(2) Liv. 2 ad Attic. Epist. 16.
(3) Cap. 5.

côté les *vectigalia* qui ne sont à proprement parler que des revenus du domaine de l'Etat ou de véritables taxes directes, nous ne nous occuperons ici que de ceux qui perçus à l'occasion de certains actes ou de certaines manifestations extérieures de la richesse désignées par le pouvoir souverain, doivent être compris parmi les impôts que nous nommons aujourd'hui impôts indirects (1).

(1) *Bibliographie.* — Sur cette partie de l'histoire financière de Rome les documents ne sont pas très-nombreux. Les auteurs classiques ne parlent qu'incidemment des impôts; les lois, les constitutions, les œuvres des jurisconsultes ne nous sont pour la plupart parvenues que grâce à des compilations qui datent d'une époque où plusieurs de nos impôts avaient déjà disparu, où les autres avaient perdu beaucoup de leur importance; tous les efforts du pouvoir aux derniers siècles de l'Empire tendant à faire rendre à l'impôt direct tout ce qu'il était susceptible de produire, on comprend que les auteurs des compilations théodosienne et justinienne aient accordé peu de place dans leurs recueils aux documents relatifs à des institutions vieillies ou tombées en désuétude. Quelques monuments épigraphiques ont, au contraire, éclairci bien des points obscurs et apporté des renseignements nouveaux. — Parmi les modernes, après les notes de Cujas sur les titres du Digeste et du Code Justinien où notre sujet est touché, le premier travail spécial sur les *vectigalia* a été écrit en 1612 par Boulenger, une traduction abrégée de cet ouvrage obscur et sans aucune méthode, a été donnée dans le *Journal des Économistes* (livr. de juin et d'août 1871). Mais l'ouvrage capital sur toute cette question est celui déjà cité de Burmann. Le premier, le savant Hollandais, a relevé avec patience presque tous les textes relatifs aux *vectigalia,* et son ouvrage a véritablement fondé la théorie de cette partie de l'économie politique des Romains. Ses successeurs ne se sont pas fait faute de se servir des matériaux qu'il leur avait ainsi préparés, si bien que la plupart des ouvrages, antérieurs aux dernières années, ne peuvent guère être considérés que comme des amplifications ou des abrégés du traité de Burmann. Le plus audacieux de ces imitateurs est Bouchaud, qui, au siècle dernier, adressa deux mémoires à l'Académie des Inscr. et B.-L., l'un sur l'impôt du *portorium,* l'autre sur l'impôt des successions (Paris, 1772, in-8). Ces deux mémoires ne sont qu'une traduction pure et simple de deux chapitres de l'ouvrage de Burmann, que Bouchaud cite à peine dans sa préface; on peut s'étonner que l'auteur de ce plagiat flagrant n'ait paru mériter que le reproche de prolixité à tous ceux qui le citent continuellement à côté de Burmann. Hegewish, dans l'essai qu'il

CHAPITRE II

IMPÔT SUR L'IMPORTATION ET L'EXPORTATION
DES MARCHANDISES.

I

« Là où il y a du commerce il y a des douanes, » a
dit Montesquieu (1). C'est là une vérité historique, dont
ce que nous connaissons des lois et des usages des

fît paraître en 1804 sur les finances romaines (Hist. versuch über der
rom. Finanzen. Altona, in-8), n'a pas fait beaucoup plus que Bouchaud.
Le traité assez court de Ludovico Guarini (la Finanza del popolo romano,
Naples, 1842, gr. in-8) ne fournit pas davantage, en ce qui touche aux
impôts indirets, de vues nouvelles ni de documents inédits. Parmi les
ouvrages des contemporains, il faut distinguer ceux dont les auteurs,
traitant une question générale, ont eu, soit à consacrer quelques chapitres à notre sujet, soit à s'en occuper incidemment, et les monographies
qui ont traité un point spécial. — Les premiers sont : Dureau de La
Malle, Économie politique des Romains (Paris, 1840) ; de Serrigny, Droit
public romain (Paris et Dijon, 1862) ; Bouchard, Étude sur l'administr.
des finances de l'Empire romain (Guillaumin) ; Baudi di Vesme, des Impositions de la Gaule dans les derniers temps de l'Empire romain, traduit
par M. Laboulaye dans la Revue historique de droit français et étranger,
n° de septembre-octobre, 1861 ; Walter, Geschichte des Rœmischer
Rechts (Bonn, 1860, 3e édition) ; Marquardt, Handbuch der rom. Alterthumer, 2e partie du 3e volume, cont. de Becker ; Encyclopédie de Pauly,
art. *Vectigal* dû à Rein ; — Monographies : Humbert, Mémoire lu à l'Académie de législation de Toulouse, sur les douanes chez les Romains, Recueil, tome XVI, 1867 ; De l'impôt sur les successions chez les Romains,
L. M. de Valroger, Revue crit., tome XIV, juin 1859 ; Bachofen, leçon X
des Ausgewæhlte Lehren des rœmisch. Civilrechts (Bonn. 1848); Rudorff,
Das testament des Dasumius, Savigny's Zeitschrift, XII, 388 ; Laboulaye,
même sujet, Revue de législation, 1845, tome II, p. 273 ; De l'impôt du
vingtième sur l'affranchissement des esclaves, M. de La Menardière
(Poitiers, 1872); Dr Max Cohn, zum Rœmischen vereinsrecht (Berlin,
1873) ; articles *Ærarium, Ansarium, Arca,* dûs à M. Humbert, dans les
fascicules parus du Dictionn. des antiquités grecq. et rom. de Daremberg

____

(1) Esprit des lois, livre xx, chap. 13.

peuples anciens vient pleinement confirmer l'exacti-
tude.

Partout, en effet, on retrouve la place d'un impôt
établi sur les marchandises qui passent la frontière (1).

Parmi les rares documents qui nous sont parvenus
sur l'histoire intérieure de Carthage, il en est quelques-
uns qui nous indiquent d'une façon tout à fait claire,
que l'une des principales ressources de cette république
commerçante fut la douane, ou droits payés dans les
ports de la capitale et des colonies. La preuve en même
temps, et de l'existence de cet impôt et de son importance, est fournie par ce fait, rapporté par Strabon,
qu'une contrebande active se faisait entre la Cyrénaïque
et les villes commerçantes de la côte carthaginoise (2).
Tite-Live nous signale la réforme financière opérée par
Annibal, au temps où il fut placé à la tête du gouvernement de son pays : il ressort du passage de l'historien
romain que les ressources obtenues à Carthage au moyen
des douanes furent assez importantes pour subvenir à

et Saglio. — On peut encore citer quelques ouvrages dont le sujet s'é-
carte du nôtre, mais où l'on trouve néanmoins d'utiles indications :
D. Mengotti, Del commercio de Romani della prima guerra punica a Con-
stantino, Recueil des Mémoires de l'Acad. des Inscrip. et B.-L. ; Heeren,
Polit. et comm. des peuples de l'antiq. pr., t. IV ; Bœckh, Économie politique des Athéniens : Rau, Finanzwissenchaft, par. 250 et 402 ; Histoire
du comm. de toutes les nations, de Scherer, tr. de l'allem. par Richelot
et Vogel.

(1) On peut croire, d'après le passage suivant, lu par M. Maspero, et
qui date de l'époque pharaonique, qu'un impôt analogue à la douane
existait dans l'ancienne Égypte : « Le scribe de la douane est sur le
quai, à recueillir la dîme des moissons ; les gardiens des portes avec
leurs bâtons, les nègres avec leurs lattes de palmiers, crient : çà, des
grains ! etc. » Maspero, Du genre épistolaire chez les anciens Égyptiens
de l'époque pharaonique.

(2) Strabon, p. 1193.

tous les besoins de l'Etat, et que l'on n'eut pas à imposer de nouveaux tributs au peuple (1).

De même chez les Grecs, avant la domination romaine, un impôt, dont la quotité semble avoir varié selon les époques, ou peut-être suivant la valeur des marchandises importées, était perçu dans les ports de mer et particulièrement au Pirée ; les Athéniens, au rapport de Thucydide, et de Démosthènes, faisaient payer un droit du 10ᵉ aux marchandises transportées par mer sur les navires des peuples qu'ils avaient soumis ; Byzance, grâce à sa position à l'entrée de l'Hellespont, paraît avoir été le poste choisi pour y exiger l'impôt que l'Etat affermait, et d'où il tirait de grandes ressources (2).

Les Romains n'eurent garde de laisser de côté ce moyen d'enrichir le trésor public ; on retrouve dans leurs historiens, dans leurs lois et sur les monuments épigraphiques d'assez nombreux renseignements pour pouvoir reconstituer, du moins en ses points principaux, l'organisation du droit perçu sous le nom de *portorium* au passage des marchandises à certaines frontières, déterminer l'assiette de cet impôt et indiquer son mode de perception.

Toutefois, pour être exact, il faut d'abord s'entendre sur la signification donnée ici à ce mot de *douanes*. Dans les temps modernes il se rattache à cette institution une idée économique. Cette idée, c'est celle de la protection accordée aux produits du pays ou aux industries na-

---

(1) Tite Live, liv. xxxiii, ch. 47. — Heeren, De la Politique et du commerce des peuples de l'antiquité, tome IV, sect. 1, ch. 4.

(2) Démosthènes contrà Leptinem. — Thucydide, liv. 7, n° 28. — Cf. Burmann, « de Vectigalibus Populi Romani, » ch. V, p. 63.

tionales. On les favorise en mettant, à la frontière, sur les produits similaires de l'étranger, un droit qui a pour effet d'en élever le prix, et par conséquent d'éviter aux producteurs regnicoles une concurrence qui leur serait désavantageuse. Chez les anciens, rien de semblable. L'idée fiscale domine absolument. On a trouvé une ressource dans ce fait que les marchandises doivent, soit pour traverser le pays, soit pour en sortir, soit pour y rester, passer une frontière maritime ou terrestre, la plupart du temps facile à surveiller et que d'autres intérêts obligent à garder : on lève un impôt sur ces marchandises. C'est à proprement parler un droit de passage analogue à ceux qui se percevaient de toutes parts au moyen âge.

Il paraît certain qu'à Rome l'impôt de douane ne fut jamais qu'une ressource fiscale, et il est impossible de découvrir les traces d'une politique protectionniste, soit dans les tarifs établis par les censeurs, soit dans les constitutions des empereurs (1). Les prohibitions à la sortie, dont j'aurai à parler plus loin, peuvent être seules regardées comme inspirées par une idée économique ; celles, en effet, qui empêchaient l'exportation de certaines denrées, avaient incontestablement pour but d'éviter l'enchérissement excessif de ces denrées, et par suite la famine. Mais les *portoria* eux-mêmes ne furent qu'un moyen facile de remplir l'œrarium.

Si donc, au cours de ce travail, on emploie le mot de « douanes, » qui présente aujourd'hui à nos esprits un sens si complexe, c'est sous cette réserve que l'on entend

______

(1) M. Humbert, Mémoire sur les douanes chez les Romains, inséré dans le tome XVI du Recueil de l'Académie de législation de Toulouse, page 74.

par là « impôt sur l'importation ou l'exportation des marchandises. »

II.

La première mention que les historiens romains fassent de l'impôt du *portorium* est destinée à constater son abolition par les premiers consuls.

Cet impôt avait sans doute été établi sous l'un des derniers rois, car, dans les premiers temps, Rome ne recevait que peu de marchandises étrangères et n'en exportait certainement pas. Ce fut, comme on sait, Ancus Martius qui, au rapport des annalistes, ouvrit le port d'Ostie ; de là doit dater le commerce extérieur des Romains. Ces temps d'ailleurs sont si imparfaitement connus qu'il serait puéril d'insister sur des recherches nécessairement infructueuses.

Le droit prélevé à l'importation des marchandises était d'ailleurs odieux, et Tite-Live (1), nous dit que les consuls en délivrèrent le peuple en même temps qu'ils reportèrent sur les riches seuls tout le fardeau de l'impôt direct ou *tributum*. (An de Rome 245, ant. Chr. 504.)

Le même fait nous est rapporté à peu près dans les mêmes termes par Plutarque et Denys d'Halicarnasse(2).

Trois siècles se passent sans qu'aucun historien parle de l'impôt dont nous nous occupons. Mais il est très-probable qu'il fut rétabli et même étendu lorsque les

(1) Tite Live, liv. ii, ch. 9 : « Portoriisque et tributo plebe liberata ut « divites conferrent qui oneri ferendo essent. »

(2) Plutarque, Vie de Valerius Publicola, 11. — Denys d'Halicarnasse. liv. v, ch. 12.

besoins de Rome s'accrurent en même temps que son territoire.

Il est même certain que le Sénat ne négligea pas cette source de revenus quand on se fut emparé de villes industrieuses où le mouvement du commerce put donner lieu à la perception de droits importants. Publius Scipio Africanus et P. Ælius Pœtus étant censeurs, donnèrent à bail le *portorium* de Capoue et de Puteoles (1). (An de Rome 553, ant. Chr. 199.)

Cet impôt existait probablement déjà dans ces villes, mais les censeurs en appliquèrent le revenu à la République; les Romains agirent ainsi à l'égard de toutes leurs provinces; ils n'eurent le plus souvent qu'à affermer à leur profit les impôts qu'ils trouvaient établis et à en percevoir ainsi le revenu, jusqu'au jour où l'empire se trouvant constitué, de nombreux efforts furent faits pour lui donner une administration uniforme (2).

Les censeurs M. Æmilius Lepidus et M. Fulvius Nobilior, les mêmes dont la réconciliation se fit avec tant d'éclat et dont Cicéron cite l'exemple quand lui-même veut redevenir l'ami de César, nous sont encore désignés par Tite-Live (3) comme ayant créé de nombreux impôts indirects parmi lesquels le portorium. (An de Rome 573, ant. Chr. 179). Il faut supposer, puisque, comme on vient de le voir, l'impôt de douane se perce-

_____

(1) Tite Live, liv. xxxii, ch. 7 : « Hi censores (P. Cornelius Scipio Africanus et P. Ælius Pœtus) portoria venalium Capuæ Puteolisque, fruendum locârunt. »

(2) M. Humbert, op. cit., pag. 73 et 77. M. Boissier, l'Empire romain en Orient.

(3) Tite Live, liv. lx, ch. 51 : « Portoria quoque et vectigalia iidem « (M. Æmilius Lepidus et M. Fulvius Nobilior) multa instituerunt. »

vait déjà en Campanie, que ces censeurs l'exigèrent
d'autres provinces plus récemment soumises.

Un peu plus tard encore nous trouvons dans Velleius
Paterculus que C. Gracchus, parmi les nombreuses lois
qu'il présenta, en fit passer une qui instituait de nouveaux droits de douanes (1); ce fait, étant donné que
cet impôt était désagréable au peuple, paraîtrait inex-
plicable de la part du populaire tribun, surtout quand
quand on le trouve dans l'histoire entre les distributions gratuites de blé et la défense de posséder plus de
cinq cents *jugera* de terres, si l'on ne réfléchissait qu'il
suffisait, pour que cette proposition fût onéreuse aux
riches, de lui donner un caractère somptuaire en sur-
taxant certains produits dont seuls ils se servaient.

Environ soixante ans après, le préteur Q. Cœcilius
Metellus fit passer une loi qui abolit encore une fois
le portorium pour les marchandises qui pénétraient en
Italie (an de Rome 692, ant. Chr. 60). Dion Cassius (2)
rapporte que, comme cet impôt était impatiemment supporté aussi bien à Rome que dans toute l'Italie, la loi
nouvelle fut agréable à tout le monde. « Mais les sénateurs, dit-il, en haine du préteur qui l'avait proposée
(c'était Metellus Nepos), voulurent que son nom ne fût
pas donné à la loi ; ils montraient ainsi que même le
bien, venu d'un mauvais citoyen, ne pouvait leur plaire.»
Je ne crois pas que Dion Cassius ait indiqué là le vrai
motif de la colère du Sénat contre cette loi et son au-

---

(1) Velleius Paterc., liv. II, ch. 6 : « Dividebat agros ; vetabat quem-
« dam civem plus quingentis jugeribus habere... nova constituebat por-
« toria. » M. Humbert, op. cit., p. 77, attribue cette réforme à Tiberius
Gracchus, c'est certainement de Caïus qu'il s'agit.

(2) Dion Cassius, liv. XXXVII, ch. 53.

teur. La raison que nous en donne Cicéron me paraît plus exacte, sinon aussi magnanime. Au vrai, les premiers de l'État craignaient que la République ne s'affaiblît en diminuant ses revenus. « Si quelque chose, écrit Cicéron à Atticus (1), peut enflammer plus violemment le courroux des bons citoyens déjà irrités, n'est-ce pas de voir que, les douanes abolies, les terres de Campanie divisées, il ne nous reste, en fait d'impôt *domestique*, que le vingtième. » Il attribue d'ailleurs la haine excitée par cette sorte d'impôt plutôt aux exactions commises par les publicains qu'aux charges qui en résultaient naturellement (2).

Néanmoins les craintes de Cicéron n'étaient pas absolument justifiées et son inimitié personnelle pour Métellus lui inspire peut-être une partie de sa sévérité, car, si après les lois de Clodius et de ce préteur, il ne restait plus en fait de « vectigal domesticum » que le vingtième perçu sur les affranchissements, lés provinces, en revanche, auxquelles on n'épargnait pas les impôts, commençaient à apporter leur riche contingent au trésor public, si bien que le fardeau des citoyens s'allégeait de jour en jour.

Déjà en effet les armes romaines avaient conquis une partie de l'Afrique et de l'Asie mineure ; la Sicile, l'Espagne, la Grèce étaient soumises, et partout où les Ro-

____

(1) Cicéron, liv. ii ad Atticum, ep. 16 : « Præterea, si ulla res est bo-
« norum animos, quos jam video esse commotos, vehementius possit in-
« cendere, hæc certe est ut eò magis quod portoriis Italiæ sublatis, agro
« Campano diviso, quod vectigal superest domesticum, præter vicesimam. »
(2) Cicéron, liv. i, epist. 1, ad Quintum fratrem : « Illa causa Publi-
« canorum quantam acerbitatem afferat sociis intelliximus ex civibus
« qui nuper in portoriist Ialiæ tollendis non tam de portorio quam de
« nonnullis injuriis portitorum quærebantur. »

mains arrivaient en vainqueurs, après avoir exigé le plus souvent de fortes contributions de guerre, ils continuaient ensuite à percevoir les impôts déjà établis et, par surcroît, en créaient de nouveaux (1).

César, nous dit Suétone (2), « peregrinarum mercium « portoria instituit. » Est-ce en Italie que le nouveau dictateur rétablit les droits, abolis par la loi du préteur Métellus, ou bien continua-t-il simplement l'œuvre commencée en étendant l'impôt à ses nouvelles conquêtes? Il ne me paraît pas douteux que Suétone entende parler ici de droits exigés des marchandises importées en Italie; la loi d'exemption, si odieuse à Cicéron, ne fut donc pas longtemps en vigueur. La phrase que je viens de citer se trouve dans un paragraphe où l'historien indique les mesures que prit César pour réformer les mœurs et restreindre le luxe. La taxe à l'importation des marchandises étrangères qui, par leur prix et leur rareté, étaient encore des objets de luxe, se rencontrant ainsi à côté de l'interdiction de porter certains vêtements et certains bijoux, fut donc présentée sans doute comme le complément d'une loi somptuaire; mais il est plus probable que le vrai motif de César fut le besoin de remplir le trésor public épuisé par les dons qu'il avait dû faire à ses partisans, sans cependant rétablir l'impôt direct que les citoyens ne payaient plus depuis la guerre de Macédoine et que l'on n'eût pu rétablir sans provoquer un grave mécontentement.

Lorsqu'Auguste eut obtenu le pouvoir suprême, il

(1) M. Humbert, op. cit., pages 73, 77, 79, et Walter, Geschichte des Rœmischen Rechts, tom. I, n° 242.

(2) Suétone, J. Cæsar, cap. 43 : « Peregrinarum mercium portoria insti- « tuit. Lecticarum usum, item conchyliatæ vestis et margaritarum, nisi « certis personis et ætatibus, perque certos dies, ademit. »

sembla se donner pour tâche de réorganiser tout l'empire de façon qu'il fût possible à une seule main
de le diriger. Il fit faire le recensement de toutes les
nations soumises à Rome et probablement réviser le cadastre, qui servait à la perception de l'impôt foncier,
dans les provinces (1); Dion Cassius rapporte que non-
seulement il rétablit les anciens impôts, mais en créa
de nouveaux (2); il n'est pas vraisemblable qu'au milieu
de cette réforme il ait négligé d'assurer le recouvrement d'un impôt dont l'importance s'était notablement
accrue.

Après lui Caligula, qui imagina de si bizares revenus
pour le fisc (3), n'eut garde de diminuer les impôts
créés par ses prédécesseurs. Mais Néron, au commencement (an de Rome 812, p. Chr. 59) voulut doter le
genre humain d'un présent magnifique en abolissant
tous les impôts indirects ; il se fondait sur les plaintes
qui s'élevaient de toutes parts contre les vexations des
publicains. Toutefois les sénateurs, après beaucoup
d'éloges pour une telle grandeur d'âme, arrêtèrent son
élan. « C'était mener l'empire à sa perte que diminuer
les revenus qui soutenaient l'Etat ; car les douanes une
fois supprimées, on en viendrait nécessairement à demander aussi l'abolition des impôts directs (4). La plu-

(1) Dureau de La Malle, Économie politique des Romains, liv. i, ch. 19.
(2) Dion Cassius, liv. 47, ch. 51.
(3) Suétone, Caligula, ch. 40 : « Vectigalia nova atque inaudita, pri-
« mum per Publicanos, deinde, quia lucrum exuberabat, per centuriones
« tribunosque prætorianos exercuit; nullo rerum aut hominum genere
« omisso, cui non tributi aliquid imponeret. Pro eduliis qui tota Urbe
« venirent, certum statumque exigebatur;... ex gerulorum diurnis quæs-
« tibus pars octava, ex capturis prostitutarum, quantum quæque uno
« concubitu mereret. »
(4) Tacite, Annales, liv. xiii, ch. 50 : « Eodem anno, crebris populi fla-

part des fermes exploitant ces *vectigalia* avaient été établies par les consuls et les tribuns du peuple au temps
de la plus complète liberté ; aujourd'hui il était seulement expédient de balancer le budget en égalant les recettes aux dépenses. Sans doute il fallait mettre un frein
à l'avidité des publicains, de peur qu'enfin on ne prît
en haine ce qui pendant de longues années avait été
patiemment supporté. » L'empereur ne donna pas suite
à son intention première ; il se contenta d'édicter certaines mesures destinées à réprimer les excès des fermiers de l'impôt ; il organisa la publicité des lois de
finances, établit en cette matière une prescription spéciale et confia le soin de juger *extra ordinem* les procès
contre les publicains, à Rome au préteur, en province
au propréteur ou au proconsul (1).

Toutefois, Tacite ajoute (2) que la suppression du
quarantième et du cinquantième eut lieu et subsista :
« Manet tamen abolitio quadragesimæ, quinquagesi-
« mæque et quæ alia exactionibus illicitis nomina
« publicani invenerant. » Or, le taux du portorium
était, à cette époque, comme j'aurai à l'établir plus loin
en traitant de la quotité de cet impôt, précisément du
quarantième de la valeur des marchandises transportées. Y a-t-il donc contradiction entre les deux
passages de l'historien, et la réforme qu'avait rêvée

« gitionibus, immodéstiam Publicanorum arguentis, dubitavit Nero, an
« cuncta vectigalia omitti juberet, idque pulcherrimum donum generi
« mortalium daret. Sed impetum ejus, multum prius laudata animi
« magnitudine attenuere Senatores, dissolutionem Imperii docendo, si
« fructus, quibus Respublica sustineretur, diminuerentur ; quippe su-
« blatis portoriis, sequens ut tributorum abolitio expostularetur. »
(1) Tacite, Annales, ch. 50 et 51, liv. XIII.
(2) Tacite, Annales, liv. XII, ch. 50.

Néron fut-elle réalisée, du moins en ce qui concerne l'impôt qui nous occupe? Cette difficulté n'existe pas pour les auteurs qui, comme Walter et M. Humbert (1), pensent que, dès Auguste, le taux moyen du droit de douane fut le huitième de la valeur; ils admettent, par suite, que le quarantième supprimé par Néron était l'impôt établi par son prédécesseur sur les *edulia* à leur entrée dans Rome; mais nulle part on ne trouve que le taux de cette sorte d'octroi ait été fixé au quarantième. Parmi les auteurs beaucoup plus nombreux dont l'opinion est, qu'au temps de Néron, le portorium était un droit du quarantième, quelques-uns ont cru que Tacite avait voulu parler ici des droits de douane. Mais je préfère de beaucoup sur ce point l'opinion de Cujas et de Burmann (2) qui pensent que l'historien a constaté la suppression du quarantième sur les sommes en litige, impôt imaginé par Caligula et dont nous parle Suétone (3). Il y avait deux impôts de la même quotité, l'un datant des premiers temps de la République, l'autre du règne précédent. Le premier subsiste, le second est aboli.

Des médailles de Galba, le successeur de Néron, portent les signes R. XXXX ou les mots « quadragensuma remissa », et furent frappées pour conserver le souvenir de la générosité impériale. Mais de quel quarantième s'agit-il encore ici? Les auteurs qui n'at-

______

(1) Walter, op. cit., n° 327. — M. Humbert, op. cit., page 94. Voy. ci-dessous, page 40, la discussion de cette opinion.

(2) Dans le sens contraire, Spanheim, cité par Burmann. « de Vectigalibus populi Romani, » ch. 5. Cujas, liv. vi, Observ., ch. 28.

(3) Suétone, Caligula, ch. 40 : « Pro litibus ac judiciis, ubicunque conceptis, quadragesimæ summæ de qua litigaretur ; nec sine pœna, si quis « composuisse vel donasse negotium convinceretur. »

tribuent pas à Néron la suppression du droit sur les procès *quadragesima litium*, pensent que ce fut Galba qui abolit cet impôt. M. Humbert, qui a donné le fac simile d'une de ces médailles dans le remarquable article qu'il a consacré au mot *ærarium* dans le dictionnaire des antiquités grecques et romaines de MM. Daremberg et Saglio, interprète ainsi les mots « quadragensuma remissa » qui sont inscrits à leur revers. Burmann (1) au contraire pense que Galba fit probablement remise des sommes dues au fisc à cause du portorium. C'est seulement le souvenir de cette faveur que les médailles dont il est question auraient été destinées à perpétuer. Les anciens commentateurs ont longuement discuté sur ces médailles; mais si, au lieu de la « quadragesima litium » ou d'une remise du reliquat dû au fisc faite par Galba au commencement de son règne, selon l'usage assez habituel des empereurs (2), il s'agit ici comme on l'a prétendu, d'une suppression de l'impôt de douane, il faut avouer du moins que ce prince n'ayant régné que huit mois, une telle réforme serait sans grande importance, les droits sur le transport des marchandises ayant certainement reparu après lui.

On peut faire la même observation à propos d'un passage d'Hérodien (3) qui rapporte que Pertinax aurait rétabli l'ancienne liberté et remis entièrement tous les impôts inventés par les empereurs pour amasser des richesses énormes; impôts qui se payaient sur les rives des fleuves, dans les ports des villes et sur les chemins.

(1) Burmann, op. cit., ch. 5.
(2) Cf. Burmann, op. cit., ch. 5.
(3) Hérodien, liv. ii, ch. 4.

C'est bien du *portorium* qu'il s'agit ici, car cet impôt ne se percevait pas seulement à l'entrée dans les ports ; mais Pertinax occupa le trône seulement pendant quatre-vingt-huit jours, à une époque agitée et non sans concurrents ; s'il supprima réellement notre impôt, on peut douter que cette réforme ait pu recevoir son application dans tout l'empire ; on peut être en tout cas assuré que cette immunité ne survécut pas à Pertinax et fut, par conséquent, de bien courte durée ; en effet, les textes du Digeste (1) qui parlent de notre impôt datent précisément de ses successeurs immédiats, ils sont inscrits sous les noms de Papinien, de Paul et d'Ulpien ; le *portorium* existait donc et était régulièrement perçu sous Septime Sévère, Caracalla et Alexandre Sévère.

A partir de ce moment, on ne voit plus aucun empereur tenter de supprimer le *portorium* ; ce qui put varier dès lors, ce fut la quotité du droit, le nombre des marchandises qui y furent soumises, la qualité des personnes qui en furent exemptées ; son existence même ne fut plus mise en question.

Au bas Empire, en Orient comme en Occident, l'impôt existe toujours : le code Théodosien contient plusieurs constitutions qui y sont relatives. Sous Justinien enfin le *portorium* subsiste, puisque les rédacteurs du Code et du Digeste enregistrent des fragments de jurisconsultes, des constitutions impériales, destinées à régler quelques-unes des difficultés qu'entraînait sa perception.

Les Douanes furent donc, dès les premiers temps de la République et jusqu'à la fin de l'Empire Romain,

(1) De publicanis et vectigalibus et commissis, lib. XXXIX. titre 4.

sauf à de rares intervalles, une source de revenus pour l'ærarium et pour les empereurs. C'est de tous les impôts indirects, en vigueur chez les Romains, celui qui paraît avoir été perçu pendant le plus long espace de temps. Toutefois, dans la dernière période, le commerce se ressentit des crises terribles que traversait l'État. Sans cesse envahi par les Barbares, obligé de lutter et de se créer de nouvelles ressources, l'empire écrasait à la fois les particuliers *possessores* par l'impôt direct et les marchands par la *collatio lustralis*. Il suit de là que les perceptions, faites à l'occasion du passage des marchandises, durent diminuer sensiblement. Aussi ne trouve-t-on que fort peu de constitutions relatives à notre impôt dans les monuments législatifs des derniers empereurs.

III.

Le *portorium* dut à l'origine n'être perçu qu'à l'entrée des marchandises dans les villes maritimes ; la parenté du nom de cet impôt avec le mot *portus* est évidente ; d'ailleurs nous avons vu que c'est probablement à Ostie qu'il fut d'abord appliqué. Mais à mesure que le territoire s'agrandit et que le commerce devint plus florissant, l'impôt s'étendit sur toutes les frontières. Son nom ne changea pas néanmoins, on continua d'appeler *portorium* la taxe prélevée sur les marchandises à leur entrée ou à leur sortie par les limites terrestres aussi bien que par les frontières maritimes : *portoria terrestria et maritima* (1). Bien plus, le mot *portus* désigna par extension l'impôt perçu à l'origine dans les ports et

(1) Orelli, n° 3673. Plebiscitum de Thermensibus.

même ce que nous appellerions aujourd'hui le bureau
de douane, ce qu'en latin on exprime souvent par *statio*;
dans ce sens le *portus* pouvait fort bien être situé à l'intérieur des terres; c'est ainsi que la curieuse inscription
trouvée à Zaraïa (1) et sur laquelle j'aurai à revenir plus
loin, a pour titre : « Lex portus post discessum cohortis
« instituta. » Ulpien nous indique encore une significa-
cation du mot *portus* qui se rattache à notre sujet:
« Conclusus locus quo importantur mercedes et indè
« exportantur; eaque nihilominus statio est conclusa
« atque munita (2). » C'est l'entrepôt des marchandises. Sans doute c'était là que se payaient les droits,
et que les publicains pouvaient estimer la valeur des
objets importés ou exportés et discuter les cas d'exemption qu'on leur opposait.

Ce serait une grave erreur que se représenter l'empire romain comme entouré d'une ligne unique de
douanes, lui faisant une ceinture et le séparant du
monde barbare. Pendant les premiers siècles, alors que
chaque guerre amenait un accroissement du territoire,
les impôts de la province nouvellement conquise
étaient simplement considérés comme une ferme du
peuple romain, « prædium populi romani », et, sauf quelques exceptions dont j'aurai à m'occuper par la suite,
leur produit était appliqué à l'*ærarium*, sans qu'on eût
besoin de modifier leur nature. Chaque province conservait donc une ligne de douanes propre, les revenus
qu'on en tirait changeaient seuls d'affectation.

On a pensé qu'Auguste, dans la réforme financière
qu'il entreprit, borna le régime des douanes aux pro-

____

(1) Inscriptions romaines de l'Algérie, nº 4111 ; cf. ci-après, pag. 45.
(2) Digeste, de Verborum significatione, fragm. 59.

vinces frontières (1); il me paraît difficile de l'admettre, et le passage de Dion Cassius qu'on cite à l'appui de cette opinion n'est pas propre à la faire adopter sans discussion (2).

De nombreuses inscriptions nous montrent, il est vrai, notre impôt établi dans les provinces qui formaient la limite de l'empire et notamment en Illyrie, en Pannonie (3); mais on retrouve aussi sa trace dans la Gaule méridionale et en Asie mineure, et cela même après Auguste (4). C'est que le *portorium* ne désignait pas seulement l'impôt payé aux frontières des provinces comme nos douanes avant la réforme de Colbert, ou aux portes des villes comme nos octrois, mais encore des droits perçus sur les chemins et sur les ponts, droits qui ne peuvent se comparer qu'à ces nombreux péages qui, au moyen âge, entravaient sans cesse la circulation des marchandises. A la vérité, ces péages étaient exigés en tout endroit où le passage des objets destinés au négoce pouvait devenir une source de revenus pour le fisc. Ce fait, au reste, est conforme à l'idée qu'on doit se faire de l'impôt de douane tel que le comprenaient les Romains et tel qu'il a été défini plus haut.

Les auteurs anciens nous parlent assez souvent de ces droits sans cesse exigés des voyageurs et de ceux qui faisaient métier de transporter des marchandises (5),

(1) M. Humbert, op. cit., page 87.
(2) Dion Cassius, liv. xlvii. ch. 51.
(3) Gruter, page 83, 5. Musée de Pest, M. Desjardins.
(4) Orelli, 3343 et 3344, d° 459. Suétone, Vespasien, 16.—Les inscriptions dont il s'agit et le passage cité de Suétone ne s'appliquent pas au portorium, d'après les auteurs qui admettent que, dès Auguste, la quotité de cet impôt fut portée au huitième. Ces auteurs pensent que ces inscriptions et ce passage doivent s'appliquer au quarantième sur les sommes en litige, impôt institué par Caligula.
(5) Sénèque, «De Constantia sap.» ch. 14. — Suétone, Vitellius, ch. 14. — Orelli, n° 4896 : « Vectigal a viatoribus exigere. »

les jurisconsultes font mention des difficultés que leur perception faisait naître (1), et Pline nous est témoin que ces péages nombreux n'étaient pas une des moindres causes des souffrances du commerce et du prix excessif qu'atteignaient à Rome les produits exotiques (2).

IV.

On peut poser comme règle générale que toute chose destinée au commerce devait acquitter l'impôt de douane. Sur ce point la législation ne semble pas avoir varié, car Tite Live (3), dans un passage qui se rapporte au deuxième siècle avant Jésus-Christ, se sert de l'expression « choses vénales, *rerum venalium* », pour indiquer les objets soumis à l'impôt ; et d'autre part nous trouvons au Code Justinien (4) une constitution placée sous le nom de Constantin, qui porte expressément que les objets destinés au négoce sont soumis au droit accoutumé : « Ea quæ.... negotiationis gratia « portantur solitæ præstationi vel pensitationi subju- « gamus. »

Au contraire des objets transportés pour le commerce, ceux affectés à l'usage des personnes qui pas-

---

(1) « Si quis pro uxore sua vectigal, quod in itinere præstari solet, « solvisset... » Loi 21, Dig. de Don. int. vir. et uxor. — Loi 60 au Digeste, § 8, locati : « pontis portorium. »

(2) « Quacumque iter, alicubi pro aqua, alicubi pro pabulo, aut pro « mansionibus, variisque portoriis pendunt, ut sumptus in singulos Ca- « melos denarium 688 ad nostrum littus colligat ; iterumque Imperii « nostri Publicanis penditur. » Pline, Natur., liv. xii, ch. 12.

(3) Tite Live, liv. xxxii, ch. 7.

(4) Code Justinien, loi 5 de Vectigalibus. Cf. M. Humbert, op. cit., pag. 98.

sàient la frontière ou la place quelconque où était établie une *statio* du *portorium* n'avaient pas à payer l'impôt.
Ici les preuves abondent, et on les trouve dans les
historiens aussi bien que dans les fragments des jurisconsultes et les constitutions des empereurs ; cette
distinction paraît avoir été faite à toutes les époques.

Une constitution de Constantin porte que les habi-
tants de l'empire ne devront rien |payer aux préposés
de la douane sur les choses qu'ils importent pour leur
propre usage ou pour le fisc, ni sur les objets destinés
à l'agriculture (1). Je laisse de côté en ce moment le
fisc, dont j'aurai à m'occuper plus loin, mais je retiens
de cette loi que les objets à l'usage des personnes étaient
exempts de l'impôt, et que les produits destinés à la
culture de la terre l'étaient également. Cette dernière
faveur, assez comparable à certaines immunités qui se
rencontrent dans les législations douanières de notre
temps, constitue une nouvelle et notable exception au
principe que j'ai posé ci-dessus.

On comprend que cette distinction entre les choses à
usage et celles destinées au négoce, devait amener bien
des contestations entre ceux qui passaient une frontière
et les publicains, fermiers de l'impôt. On trouve la trace
de ces difficultés dans plusieurs lois du Digeste. En
voici un exemple :

Les esclaves que l'on amenait pour en faire commerce
rentraient dans la première des deux catégories et devaient l'impôt ; ceux, au contraire, attachés à la per-

(1) Loi 5 au Code Justinien, de Vectigalibus et Commissis : « Universi
provinciales pro his rebus quas ad usum proprium vel ad fiscum in-
« ferunt, vel exercendi ruris gratia revehunt nullum vectigal a statio-
« nariis exigatur. »

sonne du voyageur, à son usage, appartenaient à la seconde, et par suite étaient exempts. Un passage de la loi Censorienne, c'est-à-dire de la loi constitutive de l'impôt, en vigueur au bureau des douanes de Sicile, rapporté par Alfenus, constate ce fait : « Sur les esclaves que l'on mène chez soi pour son usage, on ne doit pas le portorium. » Mais cette prescription soulevait deux questions, que le jurisconsulte étudie l'une et l'autre (1). Que doit-on entendre par *emmener chez soi*, quel sens donner aux mots *pour son usage*? Pour résoudre la première de ces difficultés, il fallait définir le domicile : c'est, dit Alfenus, l'endroit où l'on a sa résidence, ses papiers, le siége principal de ses affaires. La seconde question semble l'embarrasser davantage. Pourrait-on comprendre, parmi les esclaves considérés comme à l'usage, tous ceux qui composaient la maison d'un riche Romain, et dont le jurisconsulte nous donne une curieuse énumération : intendants, receveurs de loyers (2), régisseurs, concierges, tisserands, ouvriers chargés de la culture; enfin, tous les esclaves que le

______

(1) Alfenus Varus, fragm. 203 au Digeste, de Verborum significatione : « In lege censoria portus Siciliæ ita scriptum erat : Servos quos domo « quis ducet, suo usu, pro his portorium ne dato. Quærebatur...; res- « pondit duas esse in hac scriptura quæstiones? Primam quid esset do- « mum ducere; alteram quid esset suo usu ducere... Quid autem esset « usu suo magnam habuisse dubitationem : et magis placet, quod victus « cui causa paratum est, tantum contineri... Et sibi videri eos demum « usus sui causa patremfamilias habere, qui ad ejus corpus tuendum, « atque ipsius cultum præpositi destinatique essent : quo in genere « junctores, cubicularii, coci, ministratores, atque alii, qui ad ejusmodi « usum parati essent, numerarentur. »

(2) Peut-être vaudrait-il mieux traduire le mot *insularius* par : esclave tenant boutique. L'*insula* n'était pas en effet un îlot de maisons comme on l'a souvent dit d'après Festus, mais bien la maison à boutiques. Voy. Dureau de la Malle, Econ. pol. des Rom., liv. ii, ch. 12, et spécialement deux lois au Digeste, l'une d'Ulpien, l'autre de Papinien (liv.

père de famille aurait achetés, non pour les revendre, mais pour les garder et les employer d'une façon quelconque? Le jurisconsulte déclare qu'il ne faut considérer, de ce point de vue, comme à l'usage du père de famille, que les esclaves attachés à sa personne même, ou préposés à sa toilette, tels que ceux qui préparaient les parfums, servaient à la chambre ou à table, les cuisiniers et tous autres ayant une destination analogue.

On voit d'après cela que, en pratique, le principe posé par la loi 5 au Code à notre titre, ne recevait pas toute son extension, et que certaines choses qui n'étaient pas importées pour le commerce, n'étaient pas néanmoins classées parmi les objets à l'usage de l'importateur, et, par conséquent, étaient soumises à l'impôt comme les marchandises.

Lorsque l'importateur ou l'exportateur était un simple mandataire, la vérification de ce fait, que les objets transportés étaient *ad usum*, devenait très-difficile. Il pouvait y avoir là une occasion de fraudes qu'il importait de prévenir. Aussi l'empereur Adrien, dans un rescrit (1), ordonna-t-il aux gouverneurs des provinces qui enverraient quelqu'un acheter des marchandises pour leur usage, d'en faire remettre au fermier des impôts une liste écrite de leur main, afin que, si l'on voulait faire passer quelque chose de plus que ce qui avait été

xxxix, tit. 2, loi 15, §§ 13 et 14, et liv. 32, loi 91, § 6), dans lesquelles il est impossible de donner au mot *insula* le sens que lui applique Festus.

(1) Digeste, liv. xxxix, tit. 4, loi 4, § 1 : De rebus quas in usus advehendas sibi mandant præsides, divus Hadrianus præsidibus Galliarum « scripsit : Ut quotiens quis in usus aut eorum qui provinciis exerciti- « busve præsunt aut procuratorum suorum usus sui causa mittat quem- « dam empturum : significet libello manu sua subscripto eumque ad « publicanum mittat ut si quid amplius quam mandatum est transferret, « id munificium sit. »

demandé, on ne pût profiter de l'immunité accordée au reste de l'importation.

Une immunité complète protégeait les objets destinés à l'armée ; il est naturel que l'Etat impose cette condition aux publicains dans leur cahier des charges ; il est donc probable que cette règle : « Res exercitui paratas « præstationi vectigalium subjici non placuit, » qui nous est indiquée par un fragment de Paul inséré au Digeste (1), fut en vigueur aussi longtemps que l'impôt lui-même.

Enfin il est une dernière exception au principe d'après lequel toute chose vénale est soumise aux droits de douane ; les moyens de transport, *instrumenta itineris*, les bêtes de somme chargées, par conséquent, ne payaient pas le portorium. C'était là sans doute une de ces clauses générales qu'on retrouvait dans toutes les lois censoriennes ; le passage d'une déclamation de Quintilien (2), qui a conservé le souvenir de cette immunité, semble précisément être extrait d'une de ces lois.

Etant donnée la règle générale : tout objet destiné au commerce est passible des droits de douanes, et les exceptions à cette règle étant connues, il n'est pas nécessaire de chercher à établir une liste complète des articles qui acquittaient ces droits ; pour dresser cette nomenclature, il faudrait faire connaître toutes les marchandises qui alimentaient le commerce de l'empire romain ; on ne trouve ni dans les lois, ni dans les auteurs, aucune allusion à un tarif général, prévoyant, comme le fait notre législation douanière, toutes les

(1) Digeste, loi 9, § 7, liv. XXXIX, tit. 4.
(2) Quintilien, Déclamation 359.

importations possibles, et les soumettant à des droits
différents.

Il y a toutefois au Digeste (1) une loi très-intéressante
et qui doit nous occuper ici ; elle indique en effet
comme soumises à l'impôt un certain nombre de marchandises qui faisaient l'objet du commerce extérieur
des Romains avec une partie du monde encore mal connue par eux.

Ce fragment du jurisconsulte Marcien ne parle que
des articles d'importation de l'Asie orientale, l'Arabie,
l'Inde et la Chine ; l'ouvrage de Marcien, d'où il est extrait, contenait sans doute une plus longue énumération que Tribonien aura en partie laissée de côté pour
ne conserver dans son recueil que la liste des marchandises dont on faisait surtout négoce à Constantinople.
Tel qu'il est, ce texte a toujours attiré l'attention des
interprètes et a été souvent l'objet d'études approfon-
dies. Pothier (2) surtout l'a accompagné de notes nombreuses, dans lesquelles il rapporte principalement les
passages des auteurs anciens chez qui l'on trouve quelques renseignements sur les produits dont il s'agit ;
Bouchaud (3) a bien mérité dans le commentaire qu'il
en fait l'épithète de prolixe que lui donne Gibbon à ce
propos (4) ; Mengotti s'en est occupé, et Guarini l'a
fait suivre de notes qui ne contiennent aucun détail
nouveau (5) ; mais Dirksen a consacré à ce fragment un

(1) Digeste, loi 16, § 7, liv. xxxix, titre 4.

(2) Pandect. Justin. liv. xxxix, tit. 4.

(3) Bouchaud, De l'impôt sur les marchandises, op. cit., note à la fin
du volume.

(4) Gibbon, chap. 6, 2 et note 2.

(5) « Mengotti, Del commercio dei Romani, op. cit. et Guarini, La
finanza del populo romano, pages 50 et 51 et notes 302 à 333.

travail qui peut être considéré comme à peu près définitif (1).

Aucun ordre n'a été suivi par le jurisconsulte Marcien dans son énumération, pour permettre des rap-
prochements nécessaires il est opportun de grouper
avec méthode les mots de cette loi. M. Marquardt l'a
déjà fait (2), mais le passage qu'il consacre à cette
question est trop abrégé, ce qui d'ailleurs s'explique
par la nature même de son ouvrage, pour qu'il ne soit
pas utile de revenir encore une fois sur cette nomenclature.

Minéraux : Onyx d'Arabie, toute espèce de pierre précieuse : perle fine, sardoine, céraunion, hyacinthe, éme-
raude, diamant, saphyr; à côté de ces pierres que nous
connaissons, notre loi en cite quelques autres dont on
ne fait plus usage et dont l'existence même est incertaine.

Végétaux : On peut diviser les produits du règne vé-
gétal compris dans la liste de Marcien en plusieurs
catégories : 1° Ceux que nous appelons aujourd'hui les
« produits coloniaux » destinés à la consommation : le
poivre long, le poivre blanc, la cannelle, les amomes et
les cardamomes, le gingembre. 2° Les parfums : le cinnamome et le bois de cinnamome (3), le nard, la myrrhe,

(1) Mémoire inséré dans le recueil de l'Académie de Berlin, 1843.
(2) Marquardt, Handbuch der römischen alterthümer, 3ᵉ volume
2ᵉ partie, page 208. Cf. M. Humbert, op. cit., p. 99.
(3) Parfum très-estimé des anciens; c'est un mélange de cinname et
de nard que le législateur hébreux ordonne de verser sur l'autel au moment du sacrifice (Exode, xxx, 23). — Pline parle du haut prix de cet
aromate et l'estime à mille deniers la livre ; liv. xii, ch. 19.

et en général toute espèce de parfum venant de l'Inde « aroma Indicum. » 3° Les espèces médicinales : le malabathrum et ses feuilles, connues aujourd'hui encore sous le nom de feuilles de l'Inde, le costus et le costamome ; enfin plusieurs sucs gommo-résineux : le galbanon, le sarcocolle et le laser, suc de l'arbre appelé laserpitium.

Parmi les végétaux cités par Marcien, il faudrait encore placer l'ébène, si l'on suivait la leçon vulgaire qui lit *ebenum indicum* au lieu de *ferrum indicum* ; c'est cette leçon que Bouchaud a préférée ; Pothier écrit, au contraire, *ferrum indicum*, et ne donne aucune explication à ce sujet.

Animaux et produits du règne animal : les lions de l'Inde, les lionnes, les léopards, les panthères ; les pelleteries venant de Babylone et de chez les Parthes, l'ivoire, la pourpre, les cheveux indiens.

Il faut ranger dans une classe à part les textiles et les tissus qui appartiennent à l'une ou à l'autre de ces deux dernières divisions.

C'est d'abord la laine des troupeaux ; les auteurs sont unanimes pour rejeter le mot *marocorum*, qui n'a aucun sens ; Haolander lit *pecorum lana ;* la soie crue ou en fil ; les tissus de soie purs ou mélangés et teints ; le lin le plus fin et les tissus qui en sont faits ; enfin un produit que Marcien appelle *opus Byssicum :* le sens de ce mot est assez difficile à établir ; mais, quoique Pothier et Bouchaud l'aient tous deux traduit par « tissu de lin très-fin, » il me paraît bien probable que c'est sous ce nom que, dans les derniers siècles, les Romains devaient désigner sous ce nom les premiers ouvrages en coton

importés, tout tissés, de l'Inde en Europe, et que,
faute d'en bien connaître l'origine et la provenance, ils
assimilaient ces produits aux étoffes les plus légères
qu'ils eussent connues jusque-là (1).

Les eunuques, *spadones*, sont également cités par
Marcien, comme passibles du droit de *portorium* (2).

Dans notre législation douanière, la rigueur du
principe est adoucie par deux institutions qui ne remontent pas plus haut que le xviie siècle; je veux parler
des entrepôts et du transit. La marchandise importée
sans être mise en consommation reste en un lieu donné
comme si elle était encore en pays étranger; elle n'est
considérée comme passant la frontière qu'au moment
où elle franchit les portes de cette place déterminée :
c'est l'entrepôt; d'autre part, la marchandise qui traverse
seulement le pays et ne reste pas dans sa consommation, n'est pas assujettie aux droits qui la frapperaient
d'après le tarif : c'est le transit; au point de vue du commerce et de l'industrie, ces tempéraments sont d'une
importance considérable.

Existait-il quelque chose de semblable ou, du moins,
d'analogue chez les Romains?

Comme chaque province ou à peu près, sinon dans
les derniers siècles de l'Empire, certainement sous la
République, avait sa ligne de péage, on comprend
combien il pouvait être onéreux de payer les droits
à chaque *statio* qu'on devait traverser, soit qu'une
marchandise offerte dans un pays en ressortît sans avoir
trouvé acheteur, soit qu'elle fût offerte successivement

(1) Voy. Alexandre, v° βύσσος.
(2) Cf. loi 2 au Cod. Just. « de Eunuchis. »

dans plusieurs ports de la même province par des caboteurs, soit qu'elle eût plusieurs contrées à traverser pour parvenir du lieu d'origine au lieu d'importation définitive.

La perception étant confiée à des fermiers intéressés à grossir la recette et non à favoriser le développement du commerce, il est fort probable que les droits étaient toujours exigés. On ne voit pas que les lois censoriennes aient à cet égard jamais imposé aucune charge aux traitants. Toutefois nous trouvons dans Cicéron (1) la trace d'une contestation qui eut lieu entre les fermiers et des marchands en Asie où son frère Quintus était gouverneur ; le sujet du litige a un rapport évident avec la question que l'on s'est posée. Cicéron, après avoir, dit-il, mûrement examiné la difficulté, estime que, dans le cas où la même marchandise est présentée dans plusieurs ports, soit d'une même province, soit de deux provinces voisines, l'impôt n'est pas dû pour chaque importation. Quintus, malgré l'avis de son frère, avait soumis la difficulté au Sénat, et nous ignorons quelle décision fut prise dans cette espèce particulière.

Tout ce qui était marchandise devait, à ce qu'il semble, payer l'impôt ; mais quelques produits furent, à de certaines époques, soumis à un régime exceptionnel qui devait avoir pour effet d'en rendre, en plusieurs régions, le commerce impossible. Leur sortie de l'Empire romain fut prohibée. Les peuples modernes ont aussi dans leurs législations douanières certaines pro—

---

(1) Ep. ad Atticum, II, 16 : « Illud tamen, quod scribit, animadvertas « velim, de portorio circumvectionis : ait, se de consilii sententia rem « ad senatum rejecisse. Nondum videlicet meas litteras legerat ; quibus « ad eum, re consulta et explorata, perscripseram, non deberi. »

hibitions à la sortie ; aujourd'hui elles sont très-rares.
Ce qui, chez nous, les avait fait établir, ce qui a en fait.
conserver quelques-unes, c'est le désir d'abaisser le
prix d'un produit ou d'une denrée : en défendant l'exportation, on évite qu'ils deviennent rares sur le marché. Les prohibitions, au contraire, qui sont édictées
au titre du Code de Justinien : *Quæ res exportari non debeant*, sont inspirées par un tout autre esprit. Les Barbares entourent le monde romain de toutes parts ; les
empereurs veulent empêcher tout commerce entre eux
et leurs sujets ; ce n'est pas d'abaisser le prix des denrées et de favoriser le consommateur qu'il s'agit, mais
de défendre l'Empire : « Pour lors, dit Montesquieu (1),
la politique romaine fut de se séparer de toutes les nations qui n'avaient pas été assujetties ; la crainte de leur
porter l'art de vaincre fit négliger l'art de s'enrichir. »
Valens et Gratien défendent de porter aux Barbares du
vin, de l'huile ou toute autre liqueur, même pour les
leur faire goûter (2) ; la sortie de l'or est prohibée par
Valentinien, Gratien et Théodose (3) ; si les Barbares
en ont, ajoutent les empereurs, qu'on emploie toutes les
ruses pour le leur enlever. Enfin, une dernière prohibition à la sortie concerne toutes les armes : aucun Barbare ne peut acheter sur le territoire de l'empire ni
lance, ni cuirasse, ni flèches, ni épées ; le fer, même non
ouvré, ne doit pas être exporté. Dans cette constitution,

(1) Esprit des lois, liv, xxi, ch. 15.
(2) « Ad Barbaricum transferendi vini, olei et liquaminis nullam
« quisquam habeat facultatem ; nec gustus quidem causa aut usus com-
« merciorum. » Cod. Justin., liv. iv, tit. 41, loi 1.
(3) « Non solum Barbaris aurum minimè præbatur ; sed etiamsi apud
« eos inventum fuerit, subtili auferatur ingenio.» Loi 2 au Cod. Justin.,
liv. iv, tit. 63 « de Commerciis et mercatoribus. »

toutes les craintes des Romains sont montrées au grand jour ; il faut éviter d'armer les Barbares, car c'est contre l'Empire qu'on les arme ; il faut à tout prix éviter de les rendre puissants. La sanction de ces prohibitions est terrible : toute contravention est punie de la confiscation des biens et de la peine capitale (1).

V.

Chez les peuples modernes, et surtout depuis le xvi° siècle, les droits exigés à l'importation des marchandises sont proportionnés, non pas seulement à la valeur des objets, mais aussi au plus ou moins d'intérêt que le pays met à ce que les marchandises et les produits étrangers viennent sur son territoire. C'est ainsi que les douanes sont devenues un instrument de protection. Un produit fabriqué à l'étranger fait-il une concurrence dangereuse aux fabrications nationales, on le taxe de façon à rétablir l'équilibre, le plus souvent même de manière à assurer l'avantage à ces dernières ; un produit naturel sera, d'après le même principe, plus ou moins lourdement frappé selon que le pays d'importation le cultivera lui-même ou devra aller chercher au loin tout ce qu'il en consomme. Tel est l'esprit, et ce n'est pas ici le lieu de chercher à l'apprécier, qui a in-

____

(1) « Nemo alienigenis Barbaris cujuscunque gentis, ad hanc urbem sa-
« cratissimam sub legationis specie, vel sub quocunque alio colore ve-
« nientibus aut in diversis aliis civitatibus vel locis, loricas, scuta, et
« arcus sagittas et spathas et gladios vel cujuscumque generis arma audeat
« venundare : nulla prorsus iisdem tela, nihil penitus ferri vel facti
« jam vel adhuc infecti ab aliquo distrahatur. Perniciosum namque ro-
« mano imperio, et proditioni proximum est, Barbaros, quos indigere
« convenit, telis eos, ut validiores reddantur, instruere.... etc. » Loi 2
« au Cod. Justin., liv. iv, tit. 44.

spiré toutes les lois de douane depuis celles de 1582 et de 1664 jusqu'aux tarifs les plus abaissés que nous ayons vus de nos jours.

De là une grande diversité dans les droits exigés ; de là la nécessité d'une énumération complète dans laquelle on trouve, en face de chaque article, sa tarification spéciale.

A une exception près, sur laquelle je reviendrai bientôt, on ne trouve rien de semblable, ni dans les auteurs ni dans les lois, ni dans les inscriptions découvertes jusqu'à ce jour. L'assiette de l'impôt est toujours la même; on prend pour base la valeur de la marchandise ; la quotité du droit ne varie pas dans son rapport avec cette valeur.

Bien que les renseignements que nous avons sur ce point ne soient ni très-nombreux ni très-explicites et que les critiques modernes diffèrent de sentiment à cet égard, je crois qu'on peut tenir pour certain que le droit unique le plus longtemps et le plus généralement en vigueur, chez les Romains, sur les marchandises importées et exportées, fut le quarantième de la valeur. En effet, les auteurs qui, parlant du portorium, indiquent cette quotité, ont écrit à des époques très-éloignées les unes des autres ; quelques-uns sous la république, d'autres au Ier, au IIe et jusqu'au IVe siècle de l'ère chrétienne.

Suétone, au commencement de la vie de Vespasien, indique l'humble origine de cet empereur, et raconte que son père fut, en Asie, fermier de l'impôt du quarantième (1). Quintilien, dans un passage d'une de ses

---

(1) « Hujus filius (Flavii Petronis) cognomine Sabinus….... publica-
« num quadragesimæ in Asia egit. »

déclamations, rapporte un fragment de la loi censorienne ainsi conçu : « Præter instrumenta itineris omnes
« res quadragesimam Publicano debeant » (1). Enfin
Symmaque, préfet de Rome et contemporain de Théodose, en rapprochant dans une de ses lettres le mot
quadragesimæ du mot *portorium* ne peut laisser aucun
doute sur la quotité, à son époque, de l'impôt qui portait ce nom : « Quadragesimæ portorium, dit-il, non
« recte poscitur a senatoribus candidatis, quia nostri
« ordinis functiones onerari geminis incommodis non
« oportet» (2).

Il est toutefois vraisemblable que le même droit ou,
si l'on veut, la même taxe *ad valorem*, ne se percevait pas
partout, et que sur les routes et les ponts où, comme on
l'a vu, se payaient fréquemment des *portoria*, la quotité
n'était pas la même qu'aux frontières ; il est d'autre
part certain que, pendant longtemps, les droits variè-
rent suivant les provinces ; les adjudications des fermes
se faisaient séparément pour chacune d'elles, et il n'est
pas extraordinaire que, selon la richesse d'un pays et
le développement de son commerce, les lois censoriennes y aient établi une quotité différente du droit.
Celui-ci, d'ailleurs, restait toujours dans une même proportion avec la valeur de la marchandise, et ce fait, de
la variation de l'impôt suivant les régions, ne contredit
nullement ce qui a été dit au sujet de la non-existence,
dans le système romain, de tarifs proprement dits.

C'est ainsi qu'en Sicile, du moins à l'époque de Cicéron, la quotité du droit de douane était plus élevée que
le quarantième et atteignait le vingtième de la valeur.

(1) Quintilien, Déclamat. 359.
(2) Symmaque, liv. v, épit. 65.

Nous en trouvons la preuve dans un passage des Verrines, fertile en renseignements précieux sur ce sujet. Accusant Verrès d'avoir fait sortir de la province qu'il administrait, de nombreux objets sans payer les droits, l'orateur évalue ainsi la perte essuyée de ce chef par la société des publicains, fermiers de l'impôt : « Par les exportations dont j'ai parlé, les fermiers ont perdu soixante mille sesterces sur le vingtième, droit de douane établi à Syracuse » (1).

D'un autre côté, de nombreux monuments attestent que, dans plusieurs provinces, la quotité du droit fut le quarantième. En Gaule, notamment, on relève souvent les expressions de « Statio quadragesimæ; procurator « quadragesimæ, actor quadragesimæ; » une inscription nous montre à Turicum (Zurich) un « præpositus « stationis Turicensis quadragesimæ Galliarum » (2); une autre un « præpositus stationis Maiensis quadrage« simæ Galliarum; » (3) une autre encore à Lyon un « tabularius quadragesimæ Galliarum » (4).

Il est remarquable néanmoins que l'on ne trouve pas une seule fois citée au Digeste la quotité de l'impôt de douanes ; aucune loi ne s'en occupe même accidentellement ; il faut recourir au Code Justinien pour retrouver une indication à ce sujet. Mais là, le quarantième de la valeur n'est plus indiqué comme étant le chiffre de la perception. Dans toutes les constitutions qui par-

(1) Cicéron in Verrem II, ch. 75 : « His exportationibus quæ recitatæ « fuerunt, scribit HS. LX socios perdidisse ex vicesima portorii Syra-« cusis. »

(2) Orelli, nº 459.

(3) Orelli, nº 3343.

(4) Orelli, nº 3344 ; add. nº 4965 et Orelli et Henzen nº 5530 et nº 6,648.

lent d'un droit, c'est le huitième de la valeur que l'on exige des marchandises qui passent la frontière.

Les empereurs Valentinien, Valens et Gratien, en soumettant à l'impôt tous ceux qui font le commerce, parlent du huitième comme d'un droit consacré par l'usage : « octavas more solito constitutas » (1). Les mêmes empereurs et Théodose, dans la constitution suivante, désignent les percepteurs de notre impôt sous le nom de « octavarii » (2). Enfin, deux lois qui se trouvent, l'une au titre de *Eunuchis*, l'autre au titre de *Locato et Conducto* (3), indiquent également le huitième comme quotité du droit de douanes.

L'époque où le huitième fut substitué au quarantième est très-difficile à déterminer. En effet, la dernière des lois citées est une constitution d'Alexandre Sevère, la seconde est une Constitution de Théodose. Or, l'un de ces empereurs est bien antérieur à Symmaque ; l'autre est, comme je l'ai dit, son contemporain, et cependant cet écrivain indique de la façon la plus claire le quarantième comme quotité du droit à l'importation, au moins sur certaines marchandises. Comment expliquer que dans les inscriptions, dans les auteurs, nous trouvions un droit et un autre droit tout différent et beaucoup plus élevé dans les fragments législatifs qui nous sont parvenus ?

Est-ce à dire que les deux quotités de l'impôt existèrent simultanément ? Cela a été soutenu par le savant

(1) Code Justin., loi 7, « De vectigalibus et commissis » : « Ex præsta- « tione vectigalium nullius omnino nomine quicquam minuatur quin « octavas more solito constitutas omne hominum genus quod commerciis « voluerit interesse, dependat. »

(2) Cod. Justin., liv. iv, tit. 61, loi 8.

(3) Cod. Justin., loi 2 « de Eunuch. », et loi 7 « de Loc. et Conduct. »

M. Naudet (1). Selon lui, le quarantième était le tarif ordinaire, appliqué de province à province, le huitième n'était exigé que des marchandises rares et précieuses, venant des pays éloignés ; telles seraient celles qu'énumérait Marcien dans le fragment qui a été rapporté plus haut. L'hypothèse émise par M. Naudet a été discutée avec force par M. de Serrigny (2) ; cet auteur pense comme M. Humbert (3) qu'elle ne saurait être adoptée. Tout ingénieuse qu'elle soit , elle ne peut en effet se soutenir en présence des textes : Les empereurs se servent des termes généraux pour indiquer l'impôt, « octavas more solito constitutas » ; en s'adressant aux percepteurs ils les appellent « octavarii », sans que rien puisse permettre de croire que c'est seulement de certains percepteurs et non de tous qu'il s'agit.

On n'a d'ailleurs aucune preuve que, comme M. Dureau de la Malle l'avance (4), ce changement date de la fin du ive siècle.

A la vérité, ce serait de la présomption que vouloir résoudre, d'une façon complète, une question aussi délicate. Il n'y a néanmoins, je crois, qu'une explication à donner de la contradiction marquée qui existe entre les auteurs et certaines constitutions dont ils sont contemporains : les rédacteurs du Code, en insérant les constitutions d'Alexandre Sevère et de Théodose en

(1) Changements opérés dans l'administration romaine, etc., t. I, p. 23, et note 18, p. 189 à 191. — Cette opinion semble bien être aussi celle de Gibbon : « Les objets de luxe, dit-il, payaient un droit plus fort que ceux de première nécessité. » Hist. de la décad. et de la chute de l'Emp. rom., ch. 6, 1.

(2) Droit public et administratif Romain, tome II, p. 205.

(3) Op. cit., page 94.

(4) Economie politique des Romains, t. II, p. 459.

modifièrent le texte pour le mettre en accord avec la
législation en vigueur de leur temps ; ils mirent
« huitième » là où probablement on avait dit « quarantième ».

Ce ne serait donc que postérieurement à Symmaque,
aux derniers temps de l'empire, sous les prédécesseurs
immédiats de Justinien, que le droit de douane aurait
été relevé dans la proportion énorme de 2 1/2 à 12 1/2
pour cent.

Une tout autre opinion a été soutenue par Pothier (1),
appuyée par Walter (2) et reprise récemment avec une
incontestable autorité, par M. Humbert, dans le savant
mémoire que j'ai déjà eu si souvent à citer (3) ; pour
ces auteurs, la modification importante opérée dans la
quotité du droit de douane date du commencement de
l'empire et du règne d'Auguste lui-même. Reprenant
successivement chacune des autorités sur lesquelles on
se fonde pour établir que la quotité du *portorium* était
le quarantième de la valeur, M. Humbert émet l'avis
que, dans le passage précité de Suétone, c'est de la
« quadragesima litium » qu'il s'agit ; le père de
Vespasien aurait été percepteur de cet impôt, et non du
portorium, qui, ajoute-t-on, n'existait pas en Asie
Mineure, puisque Auguste avait relégué aux frontières
les lignes de douanes. D'abord, il est contestable qu'Auguste ait en effet modifié ainsi le système de notre
impôt ; le fragment de Dion Cassius sur lequel on s'appuie peut, à cet égard (je l'ai dit plus haut), paraître
une preuve insuffisante. En outre, si l'on relit attenti-

(1) Pandectes, liv. xxxix, tit. 4.
(2) Walter, Geschichte des röm. rechts, n° 327.
(3) Les douanes chez les Romains, loc. cit., pages 92, 93, 94.

vement les pages que Suétone a consacrées aux origines
de là famille des Flaviens, on verra que fort probablement à l'époque où l'impôt nouveau sur les sommes
en litige fut établi par Caligula, le père de Vespasien
n'était plus publicain en Asie Mineure. Sur le passage
de Quintilien : « Præter instrumenta itineris omnes
« res quadragesimam publicano debeant », M. Hum-
« bert, fait observer qu'il s'agit peut-être là du *macelli
vectigal*, droit d'octroi perçu à Rome seulement ; il
oppose la même objection au fragment de Symmaque.
Mais sur ces droits prélevés aux portes de Rome nous
n'avons que peu de documents et précisément aucun
sur leur quotité. Laissons même de côté les arguments
empruntés aux auteurs, que dira-t-on des nombreux
monuments qui nous parlent du quarantième? Que ces
inscriptions se réfèrent à la *quadragesima litium* ou que
toutes sont antérieures à Auguste? Les places où beaucoup d'entre elles ont été trouvées (1) indiquent formellement que l'impôt dont elles parlent est un droit
de passage à une frontière ; et si tous ces monuments
datent de la République, n'est-il pas au moins étrange
qu'on ait si souvent mentionné à cette époque le quarantième, et que, jamais, nulle part, sous l'empire, on
n'ait inscrit le huitième, ce droit qui, dans l'opinion de
nos adversaires, aurait été perçu seul depuis Auguste
aux frontières du monde romain tout entier? Ces considérations me semblent devoir décider la question. Je

(1) Cette objection a déjà été faite à M. Humbert, au sein de l'Académie de législation de Toulouse où son mémoire a été lu. Les inscriptions nombreuses, lui a-t-on dit, que l'on a recueillies particulièrement
dans le midi de la France constatent l'existence d'un *vectigal quadragesimæ*, notamment aux stations de la frontière, par exemple à Saint-
Bertrand-de-Comminges. Recueil cité, p. 132.

crois l'opinion de Burmann, de Marquardt (1) et de presque tous les auteurs qui se sont occupés des finances romaines, bien préférable à celle de Walter et de M. Humbert.

Quelques auteurs, parmi lesquels Pancirole au seizième siècle, ont cru, sur la foi d'un passage de Lampride, que la quotité du droit avait été fixée au dixième par Héliogabale et abaissée au trentième par Alexandre Sevère. Voici le texte de Lampride : « Vec-« tigalia in id contraxit (Alexander Sevèrus) ut qui « decem aureos sub Heliogabalo præstiterant, tertiam « partem aurei præstarent, hoc est tricesimam par-« tem (2). » M. Dureau de la Malle, sans reproduire complètement l'hypothèse de Pancirole, affirme néanmoins que, dans le passage de Lampride, c'est des impôts indirects qu'il est question, du nôtre par conséquent, qu'Alexandre Sevère « réduisit au trentième »(3). L'auteur de l'Economie politique des Romains établit d'abord que le mot *vectigal* veut dire impôt indirect et spécialement droit de douane ; il oppose ce mot à *tributum* qui répond à ce que nous appelons aujourd'hui impôt direct. C'est à la vérité le sens qu'il faut presque toujours donner à ces deux mots (4). Mais ici, ce sens ne saurait être le vrai, et Lampride s'est servi d'un terme impropre ou du moins d'une expression trop générale ; un jurisconsulte ne l'eût pas fait, mais il faut bien admettre cette inexactitude de l'historien, car il est impossible d'expliquer raisonnablement la suite

(1) Burmann, op. cit.,chap. 5. Marquardt, Handbuch des rom. Alterth. III, 2ᵉ partie, pag. 206 et 207.

(2) Lampride, Vie d'Alexandre Sevère, ch. 39.

(3) Op. cit., tome II, p. 450.

(4) Cf. ci-dessus, p. 4 et le fragment de Tacite cité plus haut.

du passage précité en donnant au mot *vectigalia* sa signification la plus ordinaire.

Il est remarquable tout d'abord que notre texte dit «*qui* præstiterant» et non «*quæ* præstiterant.» Or, l'impôt de douane est perçu sur les choses et non sur les personnes. Ne semble-t-il pas d'ailleurs que Lampride parle là d'un droit fixe et non d'un droit proportionnel à la valeur, comme l'était celui qu'on exigeait au passage des marchandises ? Enfin, il serait vraiment difficile d'expliquer, et M. Dureau de la Malle ne l'a pas fait, comment on doit entendre cette réduction au trentième qu'aurait faite Alexandre Sévère, si elle eût en effet lieu sur les impôts indirects. Lampride ne dit pas en effet que l'impôt ait été réduit au trentième par Alexandre, il dit que ceux qui, sous Héliogabale, avaient payé dix «aureus», n'en payaient plus que le tiers d'un, c'est-à-dire la trentième partie de l'ancien impôt. Dans quelle proportion le *portorium* avait-il donc été accru par son prédécesseur pour que le trentième du droit précédemment perçu fût encore appréciable ? J'admets, pour un instant, sur l'époque de l'établissement du huitième, la solution la plus favorable à mes adversaires ; que serait-ce que le trentième du huitième ou de 12 1/2 pour cent ?

Bien que M. Dureau de la Malle estime « que le simple bon sens » repousse l'interprétation (1), adoptée par Burmann et à laquelle je me rallie je crois que

(1) M. Humbert, op. cit., page 98, adopte l'opinion de Dureau de la Malle ; mais pour la concilier avec la constitution d'Alexandre dont il a été parlé plus haut et dans laquelle il n'admet pas qu'il y ait eu interpolation, il est obligé de supposer qu'Alexandre Sévère ne put maintenir la diminution qu'il avait décrétée et ramena dans la suite le taux le taux de l'impôt au huitième.

(2) Gibbon, chap. 6, n° 3 ; M. de Serrigny, tom. II, page 169.

Lampride ne veut pas parler d'une réforme qui ait modifié les impôts indirects. Tout me semble devoir faire supposer qu'il s'agit ici d'un droit payé par les personnes et par tête, le *tributum capitis* (1), impôt direct, perçu d'après un rôle, auquel l'historien des Augustes donne improprement le nom de vectigal.

Jusqu'à ces dernières années on a cru, comme je l'ai dit en commençant ce chapitre, que chez les Romains l'assiette du *portorium* avait partout et toujours été une certaine quotité déterminée, variant sans doute avec les temps et les lieux : ici le vingtième, là le quarantième, plus tard le huitième, mais maintenant toujours le droit à percevoir dans une même proportion avec la valeur des marchandises ; en un mot on pensait qu'il y avait un droit unique *ad valorem*, et non des droits spécifiques, pour me servir des termes en usage dans notre législation.

Une inscription récemment découverte en Afrique, et qui est, avec celui où est relatée l'exemption accordée aux Thermésiens, le monument épigraphique le plus considérable relatif à notre sujet, est venu démontrer que la règle n'était pas sans exception. Cette inscription nous fournit en effet le seul exemple qu'on ait encore trouvé dans le monde romain d'un tarif de douane au sens où nous l'entendons aujourd'hui.

Aucun des auteurs qui ont écrit sur les impôts in-

(1) Ulpien, loi 8, § 7, Digeste, « de Censibus. » Plus tard ce droit s'appellera *capitatio humana* ou *plebeia*. Voy. les Impositions de la Gaule dans les derniers temps de l'empire romain, par Baudi de Vesme. Revue historique de droit français et étranger, 1861, cinq. liv., chap. 4. M. de Savigny, Dissertation sur les impôts romains, Zeitschrift, tome VI, page 324, et l'article de M. Pellat dans la Thémis, tome X, page 253.

directs des Romains n'a encore cité l'inscription qui contient ce tarif. L'importance et la nouveauté de ce document m'obligent à le citer en entier et à m'arrêter quelque temps sur les enseignements qu'on en peut tirer.

C'est en 1858 que cette inscription a été mise au jour à Zraïa, en Algérie, province de Constantine ; elle fut aussitôt adressée à M. Léon Rénier ; voici comment l'a lue et traduite le savant épigraphiste (1) :

Imperatoribus Cæsaribus Lucio Septimo Severo tertium et Marco Aurelio Antonino Augustis Piis coss.
Lex portus post discessum cohortis instituta.

LEX CAPITULARIS.

Mancipia singula..............	denario	IS
Equum, equam................	»	IS
Mulum, mulam	»	IS
Asinum, bovem...............	»	S
Porcum......................	»	...
Porcellum...................	»	...
Ovem, caprum...............	»	...
Edum, agnum................	»	...

Pecora in nundinium immunia.

LEX VESTIS PEREGRINÆ.

Abollam cenatoriam...........	denario	IS
Tunicam tenuariam...........	»	IS
Lodicem.....................	»	S
Sagum purpureum............	»	I
Cetera vestis afra in singulas lacinias,......................	»	»

LEX CORIARIA.

Corium perfectum............	denario	...
— pilosum...............	»	...

(1) Inscriptions romaines de l'Algérie, nᵒ 4111.

Pellis equina, caprina..........   »   ...
Scordiscum malacum.......... pondo ...
Vopa, pondo centum..........   »   ...
Glutinis, pondo decem..........   »   ...

LEX PORTUS MAXIMA.

Pecuaria, jumenta immonia; ceteris rebus sicut ad caput.

Vini amphora..........	»	»
Cariotæ amphora..........	»	»
Palmæ, pondo centum..........	»	S
Fici, pondo centum..........	»	»
— modios decem..........	»	»
Nuces, modios decem..........	»	»
Resina picca luminibus in portum ferto..........	»	»

Les empereurs Césars Lucius, Septime-Sévère, pour la troisième fois, et Marc-Aurèle, Antonin, Pieux, étant consuls. (1)

Tarif de la douane établi après le départ de la cohorte.

TARIF POUR LES DROITS A PAYER PAR TÊTE.

Esclaves, chacun.......... 1 denier 1/2
Un cheval, une jument..........   »
Un mulet, une mule..........   »
Un porc.......... ...
Un cochon de lait.......... ...
Une brebis, une chèvre, un agneau ...

TARIF POUR LES ÉTOFFES ÉTRANGÈRES.

Un tapis de table.......... 1 denier 1 2
Une tunique de tissu fin..........   »
Une couverture de lit..........   »

Un sayon de pourpre.......... 1 denier
Les autres étoffes africaines, par pièces.......... ...

(1) La traduction que j'essaie est, sur quelques points de détail, un peu différente de celle de M. L. Rénier,

TARIF POUR LES CUIRS.

Un cuir préparé...................   »
— avec ses poils.........   »
Une peau de cheval, de chèvre..   »
Cuir cru, mou, par livre........   »
Vopa, par cent livres..........   »
Colle, par dix livres...........   »
Éponges, par dix livres.........   »

TARIF PRINCIPAL DE LA DOUANE.

Les bestiaux, les bêtes de somme, exempts; pour les autres choses, comme au chapitre qui les concerne.

Une amphore de vin...........   »
Les dattes, par cent livres......   1 denier 1/2
Les figues, par cent livres......   »
— par dix modius.....   »
Noix, par dix modius..........   »
Résine de pin pour flambeaux...   »
Que l'on porte à la douane......   ....

De même que l'énumération donnée par Marcien dans la loi 16, à notre titre du Digeste, peut nous faire concevoir, telle qu'elle a été insérée par Tribonien, une idée exacte du commerce de Constantinople au quatrième siècle avec l'Asie orientale, de même ce tarif, et ce n'est pas là son moindre intérêt, nous fait connaître les objets principaux du commerce des Romains établis dans l'Afrique du Nord avec les habitants des pays plus méridionaux et encore insoumis. Plusieurs de ces articles, comme le fait remarquer M. Léon Rénier dans le remarquable rapport (1) qu'il adressa, à l'époque où cette inscription fut découverte, au ministre de l'Algérie et des colonies, sont encore fabriqués et vendus dans la même contrée.

Le tarif de Zaraï remonte au commencement du IIIe siècle après J.-C., c'est en 202 que se place le troisième consulat de Septime Sévère. Les mots qui suivent immédiatement l'indication de la date : « Lex « portus post discessum cohortis instituta » viennent confirmer le principe établi par la loi 9, § 7, à notre titre, et que j'ai eu à indiquer ci-dessus : « Res exerci- « tui paratas, præstationis vectigalium subjici non pla- « cuit. » Les choses vénales destinées à l'armée ne payant pas l'impôt, tant que le pays avait été occupé militairement, le bureau de douane était resté placé en arrière de Zaraï ; les troupes une fois parties, la ligne de douane est avancée jusqu'aux nouvelles limites de la domination définitive de Rome (2).

Tous les mots de l'énumération, à deux exceptions près (3), sont faciles à comprendre et correspondent à des produits que nous connaissons ; malheureusement un grand nombre de signes numériques, destinés à indiquer le droit à percevoir sur chaque article, sont ou effacés dans l'inscription, ou incompréhensibles. Il en est deux qui sont souvent répétés (ƒ ɳ), et dont on ne connaît pas la valeur exacte.

Les chiffres, toutefois, que l'on peut lire facilement, suffisent à montrer clairement le fait le plus important et le plus nouveau que cette inscription nous fasse

(1) *Moniteur* du 6 décembre 1858.

(2) M. Léon Renier, rapport cité.

(3) Les deux mots *edum*, placés dans le tarif des animaux, et *vopa*, dans le tarif des cuirs, sont intraduisibles.

connaître : dans la province d'Afrique, à cette époque,
le droit de douane n'était établi ni d'après le quarantième, ni d'après le huitième de la valeur ; il n'avait
même pas, ce qui est surtout remarquable, pour base et
pour assiette, un rapport constant avec celle-ci.

On peut inférer, en effet, de deux textes placés dans
le Digeste sous le nom de Papinien (1), contemporain
précisément de Septime Sévère, que le prix moyen des
esclaves était fixé à cette époque à vingt pièces d'or ou
cinq cents deniers (2) ; or, le quarantième de 500 est
12 et demi, le huitième est 62 et demi, et nous voyons
au tarif que le droit exigé pour chaque esclave est seulement de 1 denier et demi. De même, une constitution
du Code Théodosien (3) indique pour prix des chevaux,
en Numidie, la somme de 20 solides d'or ou 400 deniers,
dont le quarantième est 10, et le huitième est 50 ; le
tarif porte également pour chaque cheval le droit de
1 denier et demi (4).

La province d'Afrique, ou du moins une de ses parties, jouissait donc, sous le rapport de l'impôt de douane,
d'un traitement exceptionnel. L'abaissement du droit
n'était même pas la seule faveur qui lui eût été accordée.
Deux passages de l'inscription de Zaraï indiquent en
effet que les bêtes de somme, les animaux destinés au
marché ou au pâturage étaient exempts de toute taxe
« immunia. » Pour les bêtes de somme, il n'y a rien là
d'extraordinaire, car elles pouvaient être considérées
comme des « instrumenta itineris » qui, comme on le

(1) Loi 31, liv. iv, tit. 4, « De minoribus, » et loi 47, liv. xl, tit. 4,
« De manumiss. » — Cf. M. Dureau de la Malle, op. cit., tome I, ch. 15.
(2) L'aureus peut être évalué à 25 deniers, le solidus à 20 deniers.
(3) Loi 29, liv. xi, tit. 1, « De annona et tribut. »
(4) Rapport de M. Léon Rénier.

Naquet.   4

sait, ne payaient pas à l'entrée (1). Quant aux animaux destinés au marché et au pâturage, je ne sais si l'on peut admettre sans discussion l'explication donnée par Léon Rénier dans son rapport : « L'exemption des droits accordée aux bestiaux destinés au marché et aux animaux de pâturage s'explique, dit-il, par ce fait que l'État percevait sur les premiers un droit de marché, et sur les seconds un droit de pacage qui eussent fait un double emploi avec le droit de douane. » Ce raisonnement est sans doute ingénieux, mais le droit sur les marchés et sur les pâturages existait dans beaucoup d'autres parties de l'empire, et nulle part ailleurs qu'en Afrique, nous ne voyons que les animaux qui étaient importés avec cette destination fussent exempts de l'impôt ; loin de là, le principe le plus absolu que nous trouvions dans les lois et les auteurs, c'est que les objets importés pour le commerce sont soumis à l'impôt de douane ; or les animaux destinés au marché doivent bien certainement être réputés importés pour le commerce. Le double emploi et le cumul que l'on signale se seraient donc produits à propos des importations faites par les autres frontières ; ils n'auraient pas, d'ailleurs, en ce qui touche le *macelli vectigal*, frappé seulement les bestiaux. Ce n'est donc pas là qu'il faut chercher le motif de l'immunité accordée aux animaux qui entraient par le bureau de Zaraï. La même cause qui avait amené l'abaissement du droit, doit probablement être donnée à cette nouvelle faveur, et cette cause, c'est peut-être l'état dans lequel se trouvait la province à l'époque où le tarif fut établi.

(1) Quintilien, Déclam. 359. Ci-dessus, page 27.

Qu'il s'agisse du quarantième, du vingtième, du huitième de la valeur, ou des droits spécifiques révélés par
l'inscription de Zaraï, il est remarquable que les droits
de douane ainsi perçus ne sont pas très-élevés. S'ils
étaient si odieux et si onéreux, il faut l'attribuer aux
exactions des publicains chargés de les recueillir, et
aussi au nombre des péages que les marchandises avaient
à acquitter avant d'arriver à leur destination. En effet,
le quarantième et le huitième de la valeur correspondent à un droit de 2 et demi et de 12 et demi pour 100.
Comparé à ceux qui sont aujourd'hui inscrits dans nos
lois de douane, ce droit n'a rien qui puisse paraître
exorbitant; le législateur ancien ne songe pas plus à
protéger le producteur qu'à favoriser le consommateur;
dans nos tarifs, au contraire, où l'on a presque toujours
pour but de permettre à l'industrie nationale de faire à
l'étranger une concurrence avantageuse, on trouve des
droits à l'importation beaucoup plus considérables que
ceux qui étaient perçus par les Romains, même aux
derniers temps de l'empire (1).

VI.

J'ai essayé d'indiquer plus haut quelles choses étaient
soumises à l'impôt de douane, et j'ai établi qu'en principe, tout ce qui était destiné au commerce devait acquitter les droits, puis j'ai recherché les exceptions,

(1) Le traité de 1860 entre la France et l'Angleterre, regardé comme
un traité de *libre échange*, fixe encore à 25 0/0 le maximum que chacun
des pays peut exiger à l'entrée des productions de l'autre. La moyenne
ne va pas, il est vrai, jusque-là, mais il y a néanmoins beaucoup d'articles taxés à 10, 15 et 20 0/0 de la valeur.

assez nombreuses, à cette règle. Pour déterminer quelles personnes sont assujetties à payer l'impôt, quelles personnes en sont exemptes, il faut suivre la même marche.

La règle générale est, en effet, que toute personne doit l'impôt. A la vérité, il est du caractère même de l'impôt indirect de frapper les individus à l'occasion d'un acte ou d'une chose, et sans distinction de personne. La loi 6 au Code Justinien, à notre titre, nous montre à la fois et cette règle et les abus contre lesquels on était obligé de réagir pour l'appliquer sévèrement. Cette constitution, placée sous le nom des empereurs Valens et Valentinien, débute par une sorte d'axiome : « Om-
« nium rerum ac personarum quæ privatam degunt
« vitam in publicis functionibus æqua debet esse inspec-
« tio. » Nous disons cela, ajoutent les empereurs, parce que certaines personnes se prétendent exemptées de payer les *vectigalia*. En conséquence : « Si quis privato-
« rum hujusmodi rescriptione nitatur, cassa eadem sit ;
« vectigalium enim non parva functio est ; quæ debet
« ab omnibus qui negotiationis seu transferandarum
« mercium habent curam æqua ratione dependi. » Le mot *vectigal*, cela est suffisamment démontré par ces derniers mots, est pris ici dans le sens spécial qu'il a souvent au Bas-Empire, et signifie seulement impôt de douane.

Viennent maintenant les exceptions :

Le fisc et l'empereur sont exempts de tout vectigal. Cette immunité est affirmée, quant au fisc, par la loi 9, § ult., au Digeste *de Publicanis* : « Fiscus ab omnium « vectigalium præstationibus immunis est. » Et la loi 6, § 1er, au Digeste, *de Jure fisci*, ajoute : « Quodcumque

« privilegii Fisco competit, hoc idem et Cæsaris ratio et
« Augusti habere solet. »

Toutefois, les marchands qui « de fundis fiscalibus
« mercari consuerunt, » ne peuvent pour cela se prétendre exemptés de l'impôt (1).

Certaines classes de personnes étaient dispensées de
payer les droits, à raison de services rendus à l'État :
de ce nombre sont les militaires, à l'égard desquels,
toutefois, la législation a varié, comme l'indiquent plusieurs textes contradictoires qu'il importe d'examiner.

Néron, au rapport de Tacite (2), établit que les soldats n'auraient rien à payer, si ce n'est sur les choses
qui seraient importées pour faire le commerce. Ce n'est
là, à la vérité, qu'une application plus large du principe qui régit les choses à usage et dont il a été ci-dessus parlé. La constitution de Sévère, qui forme la loi 3
au Code Justinien, à notre titre (3), remet seulement aux
militaires la peine de la confiscation qu'ils auraient encourue pour avoir omis de faire leur déclaration.
Au temps de Justinien, on peut dire avec certitude
que cette dérogation à la loi générale est la seule qui
favorise encore les militaires ; car « nulla super hoc
« militarium personarum exceptione facienda, » dit un
peu plus loin une autre constitution du même Code (4).

Mais il n'en a pas été toujours de même dans l'inter-

(1) Dig., «de Public.», loi 9, § 8 : « Mercatores autem qui de fundis fis-
« calibus mercari consuerunt, nullam immunitatem solvendi publici
« vectigalis usurpare possunt. »

(2) Annales, liv. xiii, ch. 51 : « Ergo edixit princeps ut... militibus im-
« munitas servaretur, nisi in iis quæ væno exercerent. »

(3) « Omnibus militibus nostris prospeximus ne ob omissas professio-
« nes pœna commissi tenerentur. Proinde, deposito hoc metu, si qua
« portoria debere te apparuerit, exsolve. »

(4) Loi 7, in fine, liv. iv, tit. 51.

valle. Cela ressort évidemment de la comparaison entre la loi 6 au Code Justinien, que j'ai déjà citée et qui avait pour but de faire appliquer la même règle à tous en supprimant des concessions antérieures, et la loi 3 au Code Théodosien, *de Immunitate concessa*. La loi 6 est la reproduction de cette loi 3, qui elle-même est une constitution de Valentinien et Valens, mais le rédacteur du Code Justinien a omis la phrase suivante, qui assurait aux militaires la conservation d'immunités précédemment accordées : « ... Hoc si quando militibus nostris... « præstamus, adprobantibus se sacramentis militaribus « attineri, quod concessimus firmum sit atque robus- « tum. » Cette omission est certainement intention- nelle ; la faveur faite aux militaires par les empereurs précédents leur est retirée sous Justinien ; la loi, sauf l'adoucissement constaté par la constitution de Sévère, devient ainsi d'une application générale.

Mais comment concilier cette constitution du titre, *de Immunitate concessa* au Code Théodosien, avec la loi 7 à notre titre du Code Justinien, qui y est placée sous le nom des mêmes empereurs Valentinien et Valens, et sous celui de Gratien. « Ex præstatione vectigalium, » dit cette constitution, « nullius omnino nomine quicquam « minuatur quin octavas more solito constitutas omne « hominum genus, quod commercium voluerit interesse « dependat. » Jusque-là les deux textes sont en complet accord. La suite est bien différente. Tandis que la loi 3 au Code Théodosien, *de Imm. concess.*, exprime une excep- tion précise à l'égard des militaires, exception qu'on ne retrouve plus au Code Justinien, la phrase qui termine la loi 7, dans le recueil de ce dernier empereur, contient une disposition formelle, aux termes de laquelle les mi-

litaires doivent être soumis à la règle commune: «Nulla
« super hoc militarium personarum exceptione fa-
« cienda. » Il est bien difficile de comprendre une telle
contradiction entre deux constitutions émanées vraisemblablement des mêmes empereurs. On a dit que
Gratien avait supprimé la dispense accordée aux militaires par Valentinien (1); mais la constitution dont il
s'agit est précisément de Valentinien et de Valens, en
même temps que de Gratien. Si l'on objectait que la loi 3
au Code Théodosien, *de Immun, concess.*, est de Valentinien I et de Valens, tandis que celle qui figure sans
date (2) au Code Justinien serait de Valentinien II, de
Valens et de Gratien, c'est-à-dire du règne suivant et
non de l'époque où Gratien fut associé à l'empire par
son père Valentinien I, il faudrait encore expliquer ceci :
Théodose, qui a inséré dans son Code la constitution
par laquelle Valentinien maintient l'immunité des militaires, n'a pas donné place, dans ce recueil, à celle où
Gratien serait revenu sur cette faveur. Pense-t-on donc
que Théodose a encore une fois modifié la législation et

(1) M. Humbert, op. cit., p. 101, et M. de Serrigny, op. cit., tome II,
p. 202.

(2) La loi 6, au Code Justinien, nost. tit., est datée de 368. Quant à la
loi 7, qui m'occupe, on n'indique pas sous quel consulat elle a été portée. On peut néanmoins fixer à peu près certainement l'époque où cette
constitution fut faite. Au livre X du Code Théodosien se trouve une constitution, titre 16, loi 2, qui est, comme la loi 7 du Code Justinien,
adressée à Archelaüs, comte d'Orient; cette constitution, Jacques Gode-
froy n'hésite pas à la déclarer contemporaine de celle qu'on ne retrouve
que dans le recueil de Justinien; or elle est de 369. Si ce rapprochement
est admis, il est bien évident que la constitution insérée au Code Justinien, loi 7, 4, 51, est de l'époque où Valentinien Ier s'était associé son
fils Gratien en Occident, et où Valens régnait en Orient. Voy. les notes
et les commentaires de J. Godefroid sur la loi 2, liv. x, tit. 16, au Code
Théodosien.

rétabli l'exemption due à Valentinien Ier? Pour donner
la cause de cette opposition entre les deux Codes, peut-
être pourrait-on admettre que le rédacteur du Code
Justinien, après avoir effacé de la constitution de Valens
et Valentinien la phrase qui ne se trouve qu'au Code
Théodosien, a pu ajouter à une autre constitution ces
quelques mots qui expriment d'une façon précise ce
que son omission volontaire donne d'abord à supposer.

Les vétérans ont toujours été l'objet de la bienveil-
lance des empereurs; toutefois, jusqu'à Constantin,
on ne voit pas qu'ils aient fait exception à la règle
générale. Cet empereur leur accorda entre autres
faveurs celle de ne pas payer l'impôt de douane. Nous
en trouvons la preuve dans une constitution qui figure
à la fois au Code Justinien et au Code Théodosien; mais
dans ce dernier l'immunité est étendue aux fils des vétérans (1); la partie de la constitution relative à cette
concession excessive a disparu de la loi 1 au Code Justinien, *de Veteranis* (2). Une autre constitution, placée
au Code Théodosien, sous le nom des empereurs Valens
et Valentinien, confirme la faveur accordée aux vétérans et à leurs fils par Constantin, et s'exprime encore
plus clairement sur la nature de cette faveur en spéci-
fiant qu'il s'agit du *portorium* : « Sed et portorii indem-
« nes esse oportet » (3).

Rome et Constantinople ont toujours eu recours à l'im-

(1) Loi 2, Code Théod., liv. vii, tit. 20, «de Veteranis.»

(2) Loi 1, Code Just., liv. xii, tit. 47, «de Veteranis.» Cette constitution
est très-curieuse en ce qu'elle débute par de nombreuses acclamations
poussées à l'entrée du prince, par des demandes et des réponses entre
l'empereur et les vétérans, qui sont de vraies formules sur lesquelles
J. Godefroid a écrit un intéressant commentaire.

(3) Loi 9, Code Théod., «de Veteranis», et les notes de J. Godefroid.

portation pour le blé ; c'était une des grandes nécessités du pouvoir de faciliter des approvisionnements, sans lesquels il n'aurait pu faire ces distributions dont vivait la majeure partie de la population des deux capitales. De là les ménagements que l'on a pour les «navicularii» dont les bâtiments revenaient chargés des récoltes de l'Afrique et de l'Asie-Mineure. La loi 6, à notre titre du Code Justinien, dont il a déjà été parlé plusieurs fois, est terminée par quelques mots qui ne sont pas dans la loi 3 au Code Théodosien, *de Immunitate concessa* ; Tribonien a omis ce qui est dit dans cette constitution de l'exception qui avait auparavant protégé les militaires, mais il y ajoute une phrase contenant une autre immunité qui concerne les *navicularii* : « exceptis navicu- « culariis cum sibi rem gerere probabuntur. » Cette interpolation est destinée à sanctionner la faveur accordée aux *navicularii* par trois constitutions du Code Théodosien (1), qui ne reparaissent pas autrement au Code Justinien. La phrase interpolée relate également la restriction que les empereurs avaient dû mettre à cette faveur pour éviter que, couverts par leur immunité, les *navicularii* ne devinssent des importateurs pour le compte d'autrui. Cette précaution est prise particulièrement par Honorius, loi 24 au Code Théodosien *de Naviculariis*, dans les termes mêmes reproduits par notre loi 6 *de Vectigalibus* au Code Justinien (2). Il est à remarquer, en outre, que ces constitutions, en formulant l'exception qui protége les *Navicularii*, reproduisent

(1) Const. 16, 23 et 24, liv. xiii, tit. 5, de «Naviculariis.»
(2) « .. .. ut nulla omnino exactio naviculariis ingeratur, cum sibi rem « gerere probabuntur, sed a præstatione vectigalium habeantur im- « munes. »

avec force la règle générale qui a été posée ci-dessus :
« Solos navicularios, » disent les empereurs Valentinien,
Théodose et Arcadius, loi 23 au Code Théodosien *de
Naviculariis,* » a vectigali præstatione immunes esse
« præcipimus; *omnes vero mercatores teneri ad supradictam*
« *præstationem* in solvendis vectigalibus, absque aliqua
« exceptione, decernimus. »

Au temps de la république, une haute dignité ne
mettait pas à l'abri de l'impôt : témoin les accusations
dirigées par Cicéron contre Verrès (1). Il est probable
que cette rigueur se relâcha beaucoup par la suite, et
l'on pourrait induire du mot « privati, » souvent répété
par la constitution 6 à notre titre du Code, que de nombreuses exceptions furent faites et respectées même
après les mesures rigoureuses qui furent prises pour
réprimer les abus. Toutefois Symmaque, qui pourtant
vivait au temps de Théodose, cite comme une faveur
spéciale l'exemption des droits dont jouissent les ques-
teurs pour les animaux féroces qu'ils font venir pour
alimenter les jeux du Cirque ; faible allègement à une
lourde charge : « Questores ordinis nostri numquam
« ferarum suarum portorium contulerunt. Grave enim
« majoribus visum est ut, tolerantibus onera senatoriæ
« dignitatis, sumptus immodicus adderetur » (2).

Quoi qu'il en soit, une classe d'individus que la constitution 3 au Code Théodosien, *de Immunitate concessa,*
désigne sous le nom de « qui in palatio degunt, » fonctionnaires ou officiers, partage dans cette loi l'immunité
accordée aux militaires par Valens et Valentinien :
« Hoc si quando militibus nostris, hisve qui in palatio

(1) In Verrem, II, ch. 75.
(2) Liv. v, épit. 62.

« nostro degunt, præstamus... etc. » Mais cette concession, comme celle qui concerne les militaires, a disparu
dans la loi 6 de notre titre au Code Justinien, et doit par
conséquent être considérée comme ayant été abolie
postérieurement à Théodose.

La loi 8 au Code Justinien signale encore une immunité ; elle s'applique aux ambassadeurs des nations
étrangères. Une semblable faveur protége encore dans
les législations modernes les mêmes personnages ; le
privilége dont ils jouissent aujourd'hui est même plus
étendu que celui qui leur est assuré en ces termes par
les empereurs Gratien, Valentinien et Théodose : « A le-
« gatis gentium devotarum ex his tantum speciebus
« quas de locis propriis unde conveniunt huc deportant,
« octavarii vectigal accipiant ; quas vero ex romano solo,
« quæ sunt tamen lege concessæ, ad propria deferunt,
« has habeant a præstatione immunes ac liberas. » Il
faut noter que les mots : « gentium devotarum, » dont se
sert notre constitution, limitent aux envoyés de certains
peuples seulement, se trouvant vis-à-vis de l'empire dans
cette situation spéciale qu'on appelait « devotio, » la faveur dont elle parle ensuite. Cette immunité, d'ailleurs,
ne s'applique qu'aux exportations et non aux importations ; encore les empereurs prennent-ils le soin d'ajouter cette restriction : « Quæ sunt tamen lege concessæ ; »
les ambassadeurs ne pouvaient donc emporter que ce
qu'il était permis par la loi de faire sortir de l'empire ;
cette phrase rappelle évidemment les dispositions du
titre « quæ res exportari non debeant. »

A côté de ces exemptions de l'impôt de douane con-
férées par la loi à certaines classes de personnes, soit
à cause des services par elles rendus, soit à cause de

leur rang dans l'Etat, on trouve des exemples d'immunités (1) accordées à de simples particuliers, à titre de
faveur spéciale et extraordinaire, par les empereurs,
dont quelques-uns trafiquèrent même de ce genre de
priviléges (2).

VII

J'ai commencé ce chapitre en citant le mot de Montesquieu : « Partout où il y a du commerce, il y a des
douanes. » On peut dire avec autant de vérité : Partout
où il y a des douanes il y a la contrebande. Chez les Romains, comme chez les peuples modernes, la lutte existe
entre le percepteur de l'impôt et celui qui y est soumis.
Malgré les précautions prises, malgré les peines portées contre les délinquants, la fraude se faisait sur une
échelle d'autant plus vaste sans doute que les péages
étaient plus nombreux.

Une fraude, entre autres, semble avoir été fréquente.
C'est celle qui consistait à revêtir un esclave des habits
et des attributs de l'homme libre, et à lui faire franchir
comme tel la frontière, alors que, esclave et surtout amené
par un marchand, il aurait payé un droit. Cette fraude
paraît avoir été souvent le sujet de ces *controversiæ* dont
parle Suétone dans son opuscule *De claris rhetoribus*, car,
outre l'exemple que cet auteur en donne, on retrouve
le récit de la même ruse, employée pour tromper les
publicains, dans une des déclamations que nous a laissées Quintilien (3). Il n'en faudrait pas néanmoins conclure que ce ne soient là que des fictions créées pour faire

(1) Philostrate, Vie de Polémon, cité par Burmann, ch. 5, op. cit.
(2) Suétone, Vie de Galba, ch. 15.
(3) Déclamation 340.

l'objet d'un travail d'école ; Suétone, en effet, précisément avant de citer quelques matières de controverses, dit que ces sujets étaient tirés de l'histoire, ou bien « ex « veritate ac re, si qua forte recens accidisset. » D'ailleurs la fraude dont il s'agit ici était simple et facile à exécuter ; assez difficile, ce semble, au contraire, à découvrir. Voici la narration, ou plutôt le sommaire de Suétone : « Des marchands d'esclaves en avaient débarqué une troupe à Brindes, pour leur commerce ; mais, craignant les douaniers, ils mirent à un jeune et bel esclave, d'un prix élevé, la bulle et la robe prétexte ; ils dissimulèrent facilement leur fraude. On arrive à Rome, la chose est découverte ; on réclame la liberté pour cet enfant, que son maître a volontairement fait libre » (1).

A côté de ces ruses destinées à donner le change aux agents des publicains, existait aussi la contrebande pure et simple, qui consiste à passer la marchandise sans la laisser voir ; c'est ce dont deux vers de Lucilius, par une comparaison, nous fournissent un témoignage :

> Facit idem quod illi qui inscriptum è portu
> Exportant clanculum, ne portorium dent (2).

Les publicains étaient d'ailleurs bien armés contre la fraude. Outre qu'ils avaient de fort nombreux agents, comme on le voit par maints endroits des auteurs, la loi et l'usage leur mettaient entre les mains les plus sûrs moyens d'arriver à connaître les marchandises qui

---

(1) Suétone, «de Claris Rhetoribus,» I, 13. Cf. Varron, « in Mysteriis apud Nonium Marcellum. »

(2) Lucilius, liv. XXVII, satir. *Inscriptum* veut dire ici : Qui n'a pas été écrit, « non scriptum. » Junge, Varron, lib. II «de Re Rustica, » cap. 1.

passaient la frontière. Plutarque, dans son traité de la Curiosité, nous dit que la loi autorise les publicains à fouiller les voyageurs et à visiter leurs ballots (1). Un fragment de la loi Censorienne, cité par Quintilien dans la déclamation 359, vient à l'appui de cette assertion : « a Publicano scrutari liceat; » il y a toutefois une restriction : « ne matronam liceat attingere. » Les *portitores* avaient même le droit d'ouvrir les lettres (2).

La perception, à l'ordinaire, avait pour base la déclaration du voyageur; c'est d'après cette déclaration qu'était faite l'estimation des objets soumis à l'impôt.

L'impôt, en effet, à part l'exception unique jusqu'à présent, qui nous est révélée par l'inscription de Zaraï, était *ad valorem :* il fallait donc évaluer les marchandises. Ce ne devait pas être, à en juger par ce qui se passe aujourd'hui, une des moindres difficultés de la perception que cette évaluation ; c'était aussi, sans doute, matière à grief contre les publicains, car on ne trouve dans les auteurs aucune trace d'un contrôle qui pût sur ce point restreindre l'arbitraire ; on ne voit pas d'ailleurs que les jurisconsultes se soient préoccupés de la question.

Cette déclaration, que devait faire celui qui passait par la *statio*, le libérait vis-à-vis du fisc. C'était l'affaire du publicain de se faire payer; mais le fisc n'avait pas à connaître des arrangements qui pouvaient intervenir entre le contribuable et le publicain ; l'Etat avait pour garantie les biens du publicain lui-même. Un rescrit de Sévère et Antonin l'avait ainsi décidé : « Si quis profes-

(1) Plutarque, De la curiosité, p. 307.
(2) Témoin ces vers de Plaute, *Trinummi*; acte 3, sc. 3, vers 64 :
　　Jam si obsignatas non feret dici hoc potest :
　　Apud portitorem eas resignatas sibi
　　Inspectasque esse.
Junge Térence, *Phormion*, act. 1, sc. 2, vers 149.

« sus apud publicanum fuerit, non tamen solverit, hoc
« concedente publicano (ut solent facere) divi Severus et
« Antoninus rescripserunt res in commissum non cadere.
« Quum enim, inquiunt, professiones recitantur, com-
« missum cessat : quum enim poterit satisfieri fisco ex
« bonis publicanorum vel fidejussorum » (1).

La peine entraînée par le défaut de déclaration était
donc la confiscation de la marchandise, c'est ce qu'on
appelait « in commissum cadere. »

On a dit (2) que cette déclaration devait comprendre
aussi bien les choses exemptes d'impôt que celles qui
y étaient sujettes, et que toute marchandise non déclarée
était confisquée. Mais, sur ce point, le Digeste est
moins affirmatif que Quintilien, qui, dans sa déclamation 241, citant un fragment de la loi Censorienne,
dit positivement : « Quod quis per publicanos impro-
« fessum transtulerit, commissum sit ; » et qui répète,
déclamation 359 : « Quod quis professus non est, per-
« dat. » Dans la loi 16, au Digeste, à notre titre, on
voit, § 3, que celui-là avait encouru la peine de la confiscation, qui avait introduit sans les déclarer des esclaves destinés soit au commerce, soit à l'usage personnel : « Quotiens quis mancipia invecta professus non
« fuerit sive venalia, sive usualia, pœna commissi est. »
Or, on sait que les esclaves appelés ici *usualia* ne
payaient pas l'impôt, non plus qu'aucune chose à l'usage
du voyageur (3). Burmann conclut de ce texte que la
loi exige la déclaration de tous les objets qui passent la
frontière, sans distinction. Il faut néanmoins remar-

(1) Digeste, liv. xxxix, tit. 4, loi 16, § 12.
(2) Notamment Burmann, op. cit., ch. 5.
(3) Voy. ci-dessus, p. 24 et s.

quer que le Digeste ne reproduit pas de disposition aussi formelle que celles rapportées par Quintilien. Le seul texte qu'on y trouve sur ce point, celui qui vient d'être cité, se rapporte aux esclaves, entre lesquels la différence était assez difficile à établir, comme on le voit par plusieurs fragments que j'ai eu à citer déjà (1). Il est donc possible que là où certains interprètes ont vu une règle générale il n'y ait eu en réalité qu'une exception concernant les seuls esclaves, au moins à l'époque où écrivait Marcien, auteur du texte qui a formé la loi 16 du titre *de Publicanis*.

L'ignorance de la loi n'était pas une excuse suffisante pour le délinquant. La loi était publiée (2), on appliquait l'axiôme : nul n'est censé ignorer la loi. Celui qui avait contrevenu à ses prescriptions par ignorance n'en était pas moins puni. Le jurisconsulte Marcien nous l'apprend en ces termes (3) : « Licet quis se « ignorasse dicat, nihilhominus eum in pœnam vecti- « galis incidere divus Hadrianus constituit. »

Le publicain, qui profite ainsi de l'ignorance du contribuable, n'a pas à l'instruire des dispositions de la loi ; on ne saurait lui reprocher de ne l'avoir pas fait : « Divi quoque Marcus et Commodus rescripserunt non « imputari publicano quod non instruxit transgredien- « tem (4). » Mais, continue la loi, et ceci jette un singulier jour sur les mœurs de ces fermiers de l'impôt, il faut prendre garde que les publicains ne trompent le voya-

---

(1) Particulièrement la loi 203 au Dig., «de Verborum significatione.» Cf. Cujas, observat. 14, 3, et M. Humbert, op. cit., p. 121.

(2) Suétone, Caligula, ch. 41.

(3) Loi 16, § 9, à notre titre.

(4) Même loi, § 6.

geur prêt à faire sa déclaration : « Illud custodiendum,
« ne decipiunt profiteri volentes. »

Les contraventions aux lois de douane et à celles qui
interdisaient la sortie de certaines marchandises, en
quelques cas, n'entraînaient pas seulement la confiscation des objets prohibés : la peine était parfois plus sévère. Paul (1) suppose que le maître d'un navire ou
quelque voyageur a mis sur un vaisseau des marchandises prohibées : « Le navire, dit-il, sera aussi confisqué. » C'est déjà une aggravation de peine, car *quoque*
signifie évidemment que le navire partage le sort des
marchandises. Mais le jurisconsulte ajoute : « Quod si
« absente domino id a magistro vel gubernatore aut
« proreta nautave aliquo id factum sit, ipsi quidem ca-
« pite puniuntur, commissis mercibus, navis autem
« domino restituitur. » Ici le propriétaire du navire
n'est pas coupable, on lui rend son bâtiment ; mais les
subalternes convaincus de la faute n'en sont pas quittes
pour la perte des marchandises ; la peine capitale est
prononcée contre eux. Etait-ce là une exception à la
règle générale? Etait-ce, au contraire, l'application
d'un autre principe? Le texte que je viens de citer est le
seul de ce genre que l'on trouve au Digeste, et la question ne semble pas pouvoir être résolue.

Quoi qu'il en soit, ce qui est certain, c'est que la confiscation était la peine ordinaire, le châtiment naturel
d'une fraude dans la déclaration. Une fois cette fraude
constatée, l'objet non déclaré devenait la propriété du
fisc. C'était une véritable acquisition *lege* : « dominium
« rei, vectigali adquiritur » (2). Aussi la chose tombée

_____

(1) Loi 11, § 2, Digeste, « de Publicanis. »
(2) Dig., liv. xxxix, tit. 4, loi 14 : « Nam quod commissum est statim

« in commissum », si elle n'a pas été d'abord saisie par les publicains, qui paraissent avoir été investis du pouvoir de le faire (1), peut-elle être revendiquée contre tout détenteur.

Toutefois, dans un fragment conservé au Digeste, le le jurisconsul Marcien dit qu'en notre matière, comme en toute autre, pour que l'exécution de la peine puisse être poursuivie contre l'héritier, il faut qu'il y ait eu « quæstio mota » du vivant du délinquant (2); Potier (3) admet qu'il s'agit là de la confiscation. Mais si l'acquisition *jure* s'était faite, au profit du fisc, au moment même de la contravention, pouvait-il donc y avoir lieu à autre chose qu'à une revendication ? Or cette revendication devait nécessairement s'exercer et s'exerçait, en effet, comme le remarque d'ailleurs Ulpien (4), contre l'héritier « sicut adversus quemlibet possessorem ». M. Humbert (5) propose du texte de Marcien une interprétation qui semble préférable. La faute reprochée au défunt ne serait pas, selon lui, une fraude entraînant confiscation, mais une simple erreur dans la déclaration, passible seulement, comme on le verra bientôt, du double droit. Dans ce cas, en effet, il n'y a pas d'attribution *lege* de l'objet au fisc, donc pas de revendication, mais « une sorte d'action personnelle pénale qui est de

« desinit esse ejus qui crimen contraxit, dominiumque rei, vectigali « adquiritur. »

(1) Dig. 39, 4, loi 16, § 10.

(2) Digeste, liv. xxxix, tit. 4, loi 16, § 3 : « Pœnæ ab heredibus peti « non possunt si non est quæstio mota, vivo eo qui deliquit ; et hoc si- « cut in cæteris pœnis ita et in vectigalibus est. »

(3) Pandect., liv. xxxix, tit. 4, n° 37.

(4) Digest., n. t., loi 14.

(5) Op. cit., pag. 123.

« nature à ne se transmettre contre l'héritier que quand
« elle a été intenté contre le délinquant. »

Une contitution de Sevère et Antonin (1) décide que
si la chose sujette à confiscation est perdue fortuitement,
le prix ne peut pas être réclamé. Le pécule de l'esclave
confisqué ne tombe pas sous l'application de la loi et ne
partage pas le sort de l'esclave, « nisi hoc quod proprio
« nomine in causam commissi cadit » (2).

Enfin un rescrit des mêmes empereurs (3) indique
encore une espèce dans laquelle la revendication au
profit du fisc ne saurait avoir lieu : un esclave, objet
d'une fraude, est affranchi « ante quœstionem commissi
« motam », sa liberté est à l'abri de toute atteinte. Cette
décision ne se concilie pas facilement avec le principe,
néanmoins affirmé par nombre de textes, de l'attribution *jure* au fisc du moment même de la contravention;
si, en effet, de ce moment, l'esclave était devenu la propriété du fisc, l'affranchissement fait ensuite par son
maître est nul. Pothier explique cette contradiction (4)
en disant que l'attribution de propriété *ipso jure* n'est
qu'une fiction qui ne peut prévaloir contre la faveur de
la liberté. D'ailleurs, a-t-on dit après l'éminent jurisconsulte (5), le fisc peut toujours faire payer la valeur
de son esclave au maître qui l'a affranchi, bien qu'il
fût tombé « in causam commissi. » M. Humbert répond
que la question se posait néanmoins quand le maître

(1) Code, loi 2, «De Publicanis.»
(2) Digeste, n. t., loi 16, § 2. Rescrit des empereurs Sévère et Antonin.
(3) Code, loi 1, « De Publicanis.»
(4) Pandectes, loc. cit., supr.
(5) Recueil de l'Académie de législation de Toulouse, tom. XVI,
pag. 133.

était insolvable et que c'était sans doute précisément le cas dans l'espèce résolue par le rescrit de Sévère et Antonin. Le savant romaniste imagine, du reste, pour faire disparaître la contradiction qui a été signalée, l'hypothèse suivante : ce n'est que d'un affranchissement imposé au maître par un fidéicommis qu'il peut être question dans le rescrit. Si l'esclave en pareil cas avait été vendu, l'affranchissement devrait néanmoins avoir lieu ; l'acquéreur serait tenu soit d'affranchir lui-même l'esclave, soit de le remettre au fidéicommissaire qui aurait à accomplir l'affranchissement. Il en est de même dans notre espèce ; l'attribution *jure* au fisc ne l'emporte pas sur le fidéicommis (1). Bien qu'un peu compliquée, cette hypothèse a certainement le mérite de faire disparaître toute antinomie ; mais il faut bien convenir qu'un tel cas devait se présenter rarement dans la pratique, et dès lors on ne voit pas bien pourquoi le rescrit des empereurs a été si soigneusement conservé jusque dans le Code Justinien.

Les objets confisqués étaient vendus au profit du fisc ; leur ancien propriétaire pouvait s'en porter acquéreur aux enchères (2) ; parfois même ils pouvaient lui être rendus à l'amiable moyennant qu'il en payât le prix fixé « boni viri arbitratu » (3).

La confiscation ne pouvait être poursuivie après un délai de cinq ans : prescription spéciale à notre matière. Sans doute la chose était censée n'être jamais sortie du patrimoine du délinquant, l'acquisition *jure* du fisc étant rétroactivement effacée après cet espace de temps.

(1) M. Humbert, op. cit., pag. 123 et 124.
(2) Digeste, n. t., loi 11, § 4.
(3) Dig., n. t., loi 16 princ.

Baudi di Vesme (1) applique cette prescription au cas de poursuites contre le percepteur ; c'est une évidente erreur ; il ne peut être douteux, en présence du rescrit des empereurs Sévère et Antonin dans lequel nous la voyons appliquée, que cette prescription *sui generis* ait été établie au bénéfice du fraudeur (2).

Pour être générale, la règle de la confiscation des marchandises non déclarées n'en subissait pas moins quelques exceptions.

L'erreur, qu'il ne faut pas confondre avec l'ignorance, était punie, mais moins sévèrement que la fraude. Si quelqu'un, dit la loi, est tombé dans le cas de confiscation non par fraude, mais par erreur, les publicains devront se contenter d'un double droit. L'espèce auquel s'applique le rescrit des « divi fratres » est une contestation relative aux droits perçus sur des esclaves (3).

Trois textes s'occupent de la situation des individus que la loi protége à cause de leur âge, lorsqu'ils sont pris en faute vis-à-vis du fisc. Dans la loi 9 « de minoribus viginti quinque annis, » au Digeste, § 5, Ulpien dit, d'une manière générale, que le mineur « si in com-« missum incidisse vectigalis dicatur » pourvu qu'il n'y ait pas fraude, jouit de la *restitutio in integrum*. Néanmoins le paragraphe 1 de la loi 7 au Digeste, à notre titre, attribue aux empereurs Antonin et Verus une décision par laquelle un pupille, et non plus un mineur de vingt-cinq ans, est relevé de la confiscation par lui

(1) Des impositions de la Gaule, loc. cit., p. 398.
(2) Code Just., const. 2.
(3) Digeste, n. t., loi 16, § 10.

encourue seulement s'il paie le montant de l'impôt dans un délai de trente jours. Le mot vectigal peut, à la vérité, dans ces deux lois, être pris dans un sens plus général que celui d'impôt de douanes, mais voici un troisième texte qui, par l'espèce à laquelle il s'applique, rentre directement dans notre sujet (1). Un individu « intra legitimam ætatem » introduisait des esclaves à usage ; il s'était seulement trompé dans sa déclaration : « Divus Pius rescripsit ignoscendum ei esse. » Il faut de nouveau remarquer qu'ici encore il s'agit d'esclaves et qu'évidemment la contestation portait sur cette délicate distinction dont nous entretient le jurisconsulte Alfenus Varus au titre *de verborum significatione*.

La rigueur des lois fléchissait également dans le cas où le débarquement des marchandises avait eu lieu par une cause indépendante de la volonté de ceux qui les transportaient : « Si propter necessitatem adversæ tem-« pestatis expositum onus fuerit, non debere hoc com-« misso vindicari, divi fratres rescripserunt » (2). La déclaration préalable eût en effet été assez difficile dans ces circonstances.

Telles sont les précautions contre la contrebande et les peines contre la fraude dont on retrouve la trace dans les lois et chez les auteurs.

Lorsque tout s'accomplissait régulièrement, lorsque la déclaration, faite en temps utile, était reconnue exacte, il fallait encore payer l'impôt avant d'enlever les objets qui, jusque-là, étaient restés dans le *portus*.

Le droit acquitté, on pouvait enfin introduire la mar-

(1) Digeste, n. t., loi 16, § 9.
(2) Digeste, n. t., loi 16; § 8.

chandise. Plaute le fait dire ainsi à un de ses personnages :

> Jubeto Sangarionem quæ imperaverim
> Curare ut efferantur et tu ito simul ;
> Solutum est Portitori jam portorium (1).

VIII.

§ 1.

Le droit d'octroi est, dans notre législation fiscale,
l'impôt perçu au profit d'une commune ou d'une ville à
l'entrée des objets destinés à sa consommation intérieure.

Pour qu'il y ait, à proprement parler, octroi, il faut,
par conséquent, que la caisse où entre le produit de ce
droit soit distincte de celle de l'Etat.

A Rome, et pour la ville elle-même, on ne peut donc
trouver un impôt auquel ce nom d'octroi s'applique
précisément, avant l'époque où les finances de la ville
furent séparées de celles de l'empire.

Les interprètes ont néanmoins donné le plus souvent
ce nom d'octroi au droit perçu à l'entrée de Rome et
sous des noms divers, sur les objets de consommation;
impôt d'une nature spéciale; différent de la douane en
ce que ce n'était pas un droit de passage, mais bien une
taxe d'accise, ne répondant pas néanmoins exactement
à la définition de l'octroi, au moins jusqu'à la création
d'une caisse municipale, en ceci que, jusque-là, son
produit était versé à l'*ærarium populi*, lequel supportait
par contre toutes les dépenses de la ville, qui personni-
fiait encoreen elle l'État tout entier.

(1) Trinummi, act. IV, sc. iv, vers 13 et s.

Caligula établit un droit sur tous les comestibles à leur entrée à Rome. La phrase dans laquelle Suétone, en parlant des nombreux et bizarres impôts dus à l'imagination fertile de cet empereur, n'est pas parfaitement claire et a donné lieu à des interprétations très-différentes (1) : « Pro edulibus quæ tota urbe venirent, cer- « tum statutumque exigebatur. » On peut, d'après ces mots, douter qu'il s'agisse là d'un droit d'entrée, on croirait plutôt que c'est d'un droit sur la vente que l'historien a entendu parler ; mais Pline (2) donne à ce même impôt le nom de *portorium* et l'assimile ainsi au droit de douane perçu à la frontière. Au reste, la même confusion plane sur toute cette question, et chaque fois, pour ainsi dire, que l'on rencontre une taxe sur les objets de consommation à Rome on peut douter si l'on a affaire à un droit de marché payé par celui qui vend à raison de la place qu'il occupe, ou à un droit payé à l'entrée de la ville sur ces mêmes objets destinés au marché. Rien n'est moins étonnant. C'est que, à la vérité, les deux systèmes de taxe frappent d'une façon différente les mêmes objets et retombent enfin dans la même proportion sur le consommateur. Entre le droit de marché et le droit d'octroi, il y a donc une ressemblance facile à saisir. A Rome, la taxe sur les consommations « edulia » a pu être établie tour à tour d'après ces deux modes : un récent exemple nous prouve qu'une pareille transformation peut s'opérer tout naturellement entre les taxes qui alimentent une caisse municipale.

(1) Suétone, Caligula, cap. 40. — Burmann, op. cit., ch. 5 in fine. — Becker Marquardt, III, 2ᵉ partie, pag. 208, — M. Humbert, op. cit., pag. 94.

(2) Pline, Hist. nat., XIX, 19.

Sous Marc Aurèle on constate l'existence d'un impôt du même genre appelé « vectigal foricularii » ou « ansarii promercalium ». Qu'était-ce exactement que l'*ansarium*? La curieuse, mais obscure inscription, datée du règne de cet empereur, qui nous parle de ce *vectigal* ne le définit pas. La même discussion qui s'est élevée au sujet de l'impôt imaginé par Caracalla a été renouvelée à ce propos. Certains auteurs, comme Dureau de la Malle (1), croient que *l'ansarium* fut uniquement un droit sur les denrées mises en vente au marché; une sorte de droit sur les ventes, comparable à l'impôt sur les *auctiones* dont j'aurai à parler plus loin. Marquardt (2) pense que le droit était payé au fisc par l'acquéreur et imputé par lui sur le prix d'achat. D'autres critiques, et Walter (3) particulièrement, estiment que ce fut là un droit perçu sur les denrées, à leur entrée dans Rome. Au vrai l'*ansarium* ou le *foricarium*, noms qui semblent venir des grands vases qui servaient à apporter à la ville les produits de la campagne, ont pu, d'après ce que j'ai dit ci-dessus, être perçus tour à tour et sous une forme un peu différente dans l'intérieur de la ville, puis seulement à son entrée. L'opinion de Walter me semble confirmée par la célèbre inscription qui date de Marc Aurèle et que chaque historien a cherché à faire concorder avec son opinion, sans réussir jamais à en rendre le sens absolument clair (4). La seule idée qui ressorte évidemment

(1) Économ. polit. des Romains, tom. II, p. 463.
(2) Marquardt, op. cit., III, 2ᵉ partie, p. 209.
(3) Walter, Geschichte, etc., loc. cit.; cf. Burmann, op. cit., pag. 73. Cf. Article *Ansarium* dans le Dictionn. des Antiquités grecques et romaines de Daremberg et Saglio; cet article est de M. Humbert.
(4) Orelli, nº 3347 : « Imp. Cæsar M. Aurelius Antoninus Aug. Ger-« manicus, Sarmat., et imp. Cæsar L. Aurelius Commodus Aug. Ger-

de cette inscription, c'est qu'une certaine ligne a été
tracée pour mettre fin à toute discussion, entre le percepteur de l'impôt et le contribuable : ligne ou limite
qui doit marquer la place où sera acquittée la taxe.
Cette idée, il faut le reconnaître, se rapporte assez bien
à un droit d'entrée qui suppose nécessairement, sinon
une enceinte continue qui n'existait pas à cette époque,
au moins une ligne de démarcation, sorte de frontière
qui ne se franchit pas sans payer l'impôt. D'ailleurs une
autre inscription moins communément citée, et que je
ne vois pas qu'on ait encore invoquée pour résoudre
cette difficulté, me paraît bien prouver qu'au moins à
une certaine époque l'*ansarium* fut un droit d'entrée.
Malheureusement cette dernière inscription ne porte
pas sa date avec elle et l'on ne saurait dire si elle était
contemporaine de celle dont le titre porte le nom de
Marc-Aurèle. Cette inscription est ainsi conçue : « Quic-
« quid usuarium invehitur ansarium non debet » (1).
Elle a été trouvée sur la rive du Tibre, au pied de l'Aven-
tin. Il est difficile d'admettre qu'il s'agisse là soit d'un
droit de marché, soit d'une taxe payée par l'acheteur sur
la place publique. Les mots « quicquid invehitur »
montrent bien que l'on a affaire ici à un impôt sur une
importation, importation réduite, il est vrai, à la ville
seule ; mais le droit qui frappe cette importation est si
bien comparable au droit de douane que nous retrouvons là la même exception qui protége contre le *por-*

« manicus, Sarmatic. hos lapides constitui jusserunt, propter controver-
« sias quæ inter mercatores et mancipes ortæ erant, uti finem demons-
« trarent vectigali foriculiari te (pour et) ansarii promercalium secundum
« veterem legem semel dumtaxat exigundo. »
(1) Orelli et Henzen, n° 3348.

torium les objets à l'usage de l'importateur. L'*ansarium*, au moins à l'époque où cette inscription a été écrite, est donc un droit à l'entrée de Rome comme le portorium est un droit à la frontière, avec cette même faveur dans l'un et l'autre cas pour les objets à usage « usuarium, ansarium non debet. »

Ainsi que je l'ai dit en commençant ce chapitre, quels que fussent ces droits et de quelque manière qu'ils fussent perçus, ils avaient un des caractères de l'octroi : ils étaient levés sur des objets destinés à la consommation intérieure. Mais ils ne possédaient pas le second et le plus important de ces caractères : à Rome en effet pendant toute la République et une partie de l'Empire, on ne distingua pas les finances de la ville de celles de l'Etat (1). Plus tard, lorsqu'une caisse municipale eut été créée « arca publica populi romani, » la taxe levée à l'entrée de la ville sur certaines marchandises et dont le produit alimentait en partie celte caisse, fut véritablement un droit d'*octroi* au sens actuel de ce mot (2).

§ 2.

A Rome les taxes perçues à l'entrée de la ville ne réunissent que fort tard les deux caractères distinctifs de l'octroi. Longtemps, comme on vient de le montrer, le produit de ces taxes n'est pas affecté spécialement aux besoins de la capitale, auxquels il est pourvu par le Trésor public. Dans les provinces au contraire on ren-

----

(1) Dion Cassius, 52, 28; Walter, op. cit., I, § 297. Cf. M. Humbert, op. cit., pag. 91.

(2) V° *Arca*, Dictionn. des Antiq. M. Humbert. Vopiscus, Vie d'Aurélien, ch. 21 in fine.

contre assez fréquemment des impôts dont le produit
ne va pas à la caisse centrale. On ne saurait voir en
eux de véritables octrois, car les objets destinés à la consommation intérieure de la ville ou de son territoire n'y
sont pas seuls soumis ; ce sont plutôt des droits de
douane, tels qu'ils étaient compris par les anciens,
c'est-à-dire avant tout des droits de passage ; ils ont
cependant un des caractères de l'octroi, car ils profi-
tent à la cité qui les recueille. Aussi, à raison de la façon
dont est appliqué le produit de l'impôt, sinon à cause
de sa nature même, il a paru que c'était à cette place
qu'il convenait de parler de ces taxes payées dans les
provinces et dont le rendement n'enrichissait pas, ou
n'arrivait que pour partie seulement dans le Trésor
public, mais, soit par grâce particulière, soit par le
maintien d'anciens usages, servait aux besoins des
villes qui les percevaient.

Le premier exemple important de cette autonomie
douanière accordée à une province conquise est fourni
par un sénatusconsulte rapporté par Tite-Live (1) et
qui fut rendu l'an 565 de Rome. Ce sénatusconsulte
déclarait que la ville d'Ambracie, aux habitants de laquelle on rendait leurs biens et leurs lois, aurait le
droit d'imposer sur terre et sur mer tels impôts qu'elle
jugerait convenable, mais sous la condition toutefois
que les citoyens romains et leurs alliés latins en seraient
exempts.

Le célèbre plébiscite connu sous le nom de « de Ther-

____

(1) Liv. xxxviii, ch. 44 : « Et referente Æmilio, senatus-consultum
« factum est, ut illis omnes res suæ redderentur ; in libertate essent,
« ac legibus suis uterentur ; portoria quæ vellent, terra marique cape-
« rent, dum eorum immunes Romani ac socii Latini nominis essent. »

mensibus, » rendu vers l'an de Rome 662, au cours de la deuxième guerre contre Mithridate, et qu'une longue inscription nous a conservé en partie, révèle un autre cas du même genre. La faveur dont jouissent les Thermesiens, faveur qui leur est accordée à raison des services par eux rendus à Rome dans la terrible guerre où elle est engagée et sans doute aussi pour les attacher désormais à la cause qu'ils ont déjà défendue, est même plus complète. L'attribution à la caisse de la ville du produit des impôts de douane perçus sur son territoire est nettement indiquée (1). Les droits payés en cet endroit devaient être considérables, à en juger par la position de la province. Il est vraisemblable d'ailleurs, comme le suppose M. Humbert (2), que le plébiscite dont il s'agit et qui ne nous est pas parvenu en entier concédait les mêmes prérogatives à un certain nombre de villes de l'Asie-Mineure.

Une seule restriction est faite par la loi à la concession accordée aux Thermesiens : les publicains, fermiers des impôts recueillis pour le compte du peuple romain, n'auront rien à payer pour les transports qu'ils feront à travers le territoire de Termessus.

Les franchises ainsi accordées aux Ambraciens et aux Thermesiens, dont le souvenir nous a été conservé par les monuments que je viens de citer, ne furent peut être pas les seules, dont la République dut, suivant les circonstances, laisser jouir ; au point de vue de

---

(1) Orelli, n° 3673 : « Quam legem portirieis terrestribus maritimeis-
« que Thermenses majores Phisidiæ capiundis intra suos fines dixerunt,
« ea lex eis portorieis capiundeis esto. Dum ne quid portori ab ieis ca-
« piatur, quei publica populi Romani vectigalia redempta habebunt,
« quos per eorum fineis publicanei ex eo vectigali transportabunt. »

(2) Op. cit., pag. 86.

l'impôt, les provinces soumises. Ces franchises conti-
nuèrent-elles d'exister lorsque, avec les empereurs, la
centralisation eut atteint toute sa puissance ?

On ne saurait douter que sous l'empire et jusqu'à la
dernière époque un certain nombre de cités aient conservé ou obtenu le droit de percevoir pour leur compte
certains *vectigalia*, au nombre desquels figurait le *po-
torium*. Mais si cette perception se faisait au profit de la
cité et par les soins de ses fermiers (1), l'établissement
d'un nouvel impôt n'était pas cependant laissé à sa
discrétion. Il était réservé au pouvoir central de prendre une décision à cet égard : « Vectigalia nova nec
« decreto civitatum institui possunt », disent les empereurs Sevère et Antonin Caracalla, dans un rescrit inséré
au Code Justinien, loi 2, au titre « Vectigalia nova in-
« stitui non posse ; » et au Digeste : « Vectigalia sine
« imperatorum præcepto, neque præsidi, neque cura-
« tori, neque curiæ constituere, nec præcedentia refor-
« mare et his vel addere vel diminuere licet » (2).

Quand les besoins financiers d'une cité imposaient la
nécessité d'une taxe nouvelle, une sorte d'instruction
était faite par les soins du président de la province, et
l'établissement de l'impôt était ordonné par l'empereur.
Un rescrit des empereurs Sévère et Antonin, rendu
sur une espèce particulière était sans doute devenu en
pareil cas la règle ordinaire et a été également conservé
par le Code Justinien au même titre dont il forme la
loi première : « Non quidem temere permittenda est

---

(1) Digeste, n. t., loi 13, § 1 : « Præterea et si quis vectigal conductum
« a republica cujusdam municipii habet, hoc edictum locum habet. » —
Lampride, Alex. Sev., ch. 21.

(2) Digeste, n. t., loi 10, Procœmium.

« novorum vectigalium exactio, sed si adeo tenuis est
« patria tua, ut extraordinario auxilio juvari debeat,
« allega præsidi provinciæ, quæ in libellum contulisti ;
« qui, re diligenter inspecta, utilitatem communem in-
« tuitus, scribet nobis, quid compererit : et an habenda
« sit ratio vestri et quatenus, existimabimus. »

Les cités provinciales ne purent pas néanmoins défendre longtemps victorieusement les revenus qui leur
provenaient de cette source contre les exigences des
empereurs, dont les finances allaient s'appauvrissant
tandis que chaque jour s'accroissaient leurs besoins (1).

A l'époque de Théodose et Valentinien, un partage
que la constitution de ces empereurs (2) nous représente comme une « prisca institutio » avait été établi
entre le Trésor de l'empereur et les caisses municipales. Nous avons dans notre législation moderne des
exemples d'une répartition analogue. Deux tiers des
vectigalia perçus par les cités, en dehors, bien entendu,
de ceux dont le produit avait été, comme le fait remarquer la constitution, de tout temps versé dans l'*ærarium :* « exceptis his vectigalibus quæ ad sacrum patri-
« monium nostrum quocunque tempore pervene-
« runt..... » revenaient au pouvoir central ; le dernier
reste à la disposition des municipes. Théodose et Valentinien confirment cette règle : « Atque hanc tertiam
« jubemus adeo in ditione urbium municipumque con-
« sistere, ut proprii compendii curam non in alieno
« potius quam in suo arbitrio noverint constitutam. »

Quant à la perception de ces *vectigalia* elle était confiée,
de même que la perception des *vectigalia publica*, à des

(1) Code Justinien, liv. iv, tit. 64, const. 10.
(2) Code Justinien, liv. iv, tit. 64, const. 13.

fermiers qui traitaient avec la ville, comme les publicains avec l'État (1). Un passage de Gaïus, que j'ai déjà
cité, nous montre en outre l'édit spécial aux publicains
applicable aussi à celui « qui vectigal conductum habet
« a republica cujusdam municipii. » Quelle que soit la
caisse où va le produit de l'impôt, on peut donc considérer comme soumis à des règles semblables, les rapports du fermier avec le Trésor public et avec les caisses
municipales d'une part, avec le contribuable de l'autre,
et remettre au même moment pour étudier les règles
suivant lesquelles ces rapports sont régis.

CHAPITRE III.

DU VINGTIÈME SUR LES SUCCESSIONS.

I.

Plusieurs auteurs (2) donnent la loi Voconia comme
ayant la première établi l'impôt du vingtième sur les
successions. Rien ne confirme cette assertion. De ce que
la loi Voconia est indiquée par Pline (3) comme une

(1) Tables de Malaga et de Salpenza, ch. 53. — Table d'Héraclée,
lig. LXXIII et s.

(2) Notamment Rudorff : Das testament des Dasumius, Zeitsch. für
gesch. Rechsw., t. XII, p. 336 à 395. — M. Laboulaye dans l'étude consacrée au travail de Rudorff; *Revue de Législation*, 1846, t. II, p. 329.

(3) Panégyrique de Trajan, ch. 42. — Remarquez de plus que Pline
parle de la loi Voconia dans un autre développement que celui où il
loue le Prince des modifications faites à la loi vicésimaire.

source de revenus pour le fisc, on ne saurait conclure que cette source fût alimentée par les droits payés sur les successions.

Un passage de Cicéron que j'ai déjà eu occasion de citer dans une autre partie de ce travail, prouve absolument qu'en 692, l'impôt du vingtième sur les successions n'existait pas : une loi nouvelle vient d'abolir les droits à l'importation et à l'exportation des marchandises en Italie, Cicéron s'en indigne et écrit à Atticus qu'il ne reste plus en fait de « vectigal domesticum » que le vingtième. Or, le vingtième sur les affranchissements était certainement appliqué à cette époque. Si un autre vingtième, source de produits importants, eût été levé sur les successions, précisément en Italie, Cicéron en eût fait mention ; si, établi par la loi Voconia, il avait disparu depuis, notre auteur n'aurait probablemant pas manqué de citer ce fait qui serait venu à l'appui de la thèse qu'il soutenait (1).

Mais on trouve une trace certaine de l'établissement d'un impôt sur les successions dans un édit rendu en 714 par les triumvirs. Destiné à produire de nouvelles ressources pour couvrir les dépenses de la guerre contre Sextus Pompée, cet édit ordonnait, au rapport d'Appien (2), « de payer au fisc une part de ce qui venait

---

(1) Cicéron, liv. ɪɪ, ad Atticum, épit. 16. — Voy. ci-dessus page 13.

(2) Appien, 5, 67 : « ἐσφέρειν... μοῖραν τοὺς ἐκ διαθήκης τί καρπουμενοῦς. » c'est peut-être sur cet édit qu'Ofilius écrivit un commentaire. Le Digeste (loi 2, § 44, *de origine juris*) nous dit que « de legibus vicesimæ primus « conscripsit. » Or, Ofilius vivait à cette époque ; il fut l'ami de César ; il était mort au contraire quand Auguste fit passer la loi vicésimaire dont je vais m'occuper. — A cet édit on peut aussi rapporter l'établissement de la Falcidie ; Dion place le vote de cette loi en cette même année 714 (48, 33) ; il y avait, au point de vue fiscal, intérêt, dès lors qu'un impôt était perçu sur les testaments, à en éviter la désertion.

Naquet.   6

par testament. » Cet impôt disparut avec les besoins qui l'avaient rendu nécessaire.

Quoi qu'il en soit des origines un peu obscures de l'impôt qui nous occupe, c'est sous Auguste qu'il fut organisé par une loi spéciale ; c'est à partir de ce moment qu'il prit place pour plusieurs siècles parmi les impôts du peuple romain.

Sous Auguste, les finances de l'Etat étaient obérées. La guerre civile avait, pendant de longues années, déchiré Rome, l'Italie et l'empire tout entier. De plus une nouvelle charge était venu s'ajouter aux anciennes ; l'armée était permanente. Il fallait, pour réparer les maux de la guerre et pour subvenir aux frais d'entretien des troupes, créer de nouvelles ressources. Auguste fit d'abord porter à l'*ærarium militare* (1) qu'il institua ainsi, des sommes d'argent que lui et Tibère fournirent sur leur propre fortune ; les rois et les peuples tributaires, nous dit Dion Cassius (2), promirent aussi de contribuer à la formation de cette caisse militaire ; mais, continue l'historien, on ne put rien tirer des particuliers, quoique beaucoup s'engageassent d'abord, de leur propre mouvement, à verser de l'argent à l'*ærarium militare*. Les sommes ainsi perçues ne pouvaient toutes ensemble suffire aux dépenses qu'elles étaient destinées à couvrir. Le besoin devenait pressant. Auguste alors demanda au Sénat d'étudier de nouveaux

(1) Suétone, Vie d'Auguste, ch. 49.

(2) Liv. LV, ch. 25. — La traduction de Dion due à M. Gros donne un sens différent à quelques mots de ce passage. Auguste, dit-il, ne voulut rien accepter des particuliers. Je crois le sens que j'adopte plus exact. Auguste en effet, si on lui en eût offert, aurait accepté les dons volontaires ; ce n'est qu'à défaut d'autres ressources qu'il en vint à établir un impôt qui ne fut pas, comme on va le voir, supporté sans difficulté.

impôts. Ce n'était pas qu'il n'eût lui-même son projet, mais son intention était surtout d'amener les sénateurs à prendre d'eux-mêmes le moyen qu'il voulait voir adopter. Le Sénat ne lui offrant pas ce qu'il désirait, l'empereur établit un droit de vingtième sur les successions et les legs. Pour faire accepter cette innovation, il prétendit qu'il avait trouvé le projet d'un pareil impôt dans les papiers laissés par César. Malgré cette précaution, la nouvelle taxe parut trop lourde aux contribuables et on put croire, dit Cassius, qu'il y aurait à ce [propos quelque soulèvement (1). Auguste, pour prévenir une insurrection, usa de politique : il voulut partager avec le Sénat la responsabilité de la nouvelle mesure fiscale ; il lui écrivit donc pour le charger de nouveau d'inventer d'autres moyens d'accroître les revenus de l'empire. Il espérait que les sénateurs, faute de trouver quelque meilleur expédient, seraient conduits à approuver celui auquel il avait eu lui-même recours. La discussion fut vive au Sénat. Mais Auguste sut habilement ramener les esprits et plaçant les citoyens entre deux maux, il les décida à choisir le moindre.

Voici comment il s'y prit pour atteindre son but :

Depuis la guerre sociale l'Italie ne payait pas d'impôt foncier ; les différences qui avaient pu exister dans l'origine entre les parties où la domination romaine s'était rétablie par l'effet de la conquête et celles où elle avait été le résultat d'une soumission volontaire, dit à ce propos M. Pellat dans son analyse de la célèbre dissertation de Savigny (2), avaient disparu par suite de

(1) Don Cassius, liv. LVI, ch. 28.

(2) Dissertation sur le système des impôts chez les Romains au temps des empereurs. Zeitschrift für geschichtliche Rechtswissenchaft, t. VI, Berlin 1828. — M. Pellat, Themis, tome X, page 248.

la guerre italique, et dès lors ce fut une maxime constante que la terre était libre d'impôt en Italie. On comprend que cette immunité devait être précieuse à ceux qu'elle protégeait contre le lourd impôt territorial. Auguste, dit Dion Cassius, annonça un impôt sur les maisons et les fonds de terre, et aussitôt, sans fixer encore ni la quotité de cet impôt ni la manière dont il serait perçu, il fit procéder en plusieurs endroits, par ses agents, à des recensements ayant pour but d'établir un cadastre, base de l'impôt foncier. Il espérait que les contribuables, dans la crainte d'avoir à supporter une plus onéreuse charge, préféreraient payer le vingtième sur les successions. L'événement, ajoute notre historien, justifia le parti que prit Auguste en cette occasion (1).

L'impôt du vingtième sur les successions se trouva ainsi définitivement établi. Il subsista pendant la plus grande partie du temps que dura l'Empire Romain. Son organisation, son assiette subirent d'assez fréquentes modifications que j'étudierai plus loin ; mais l'impôt lui-même resta et fut, pendant plusieurs siècles, une des sources importantes des revenus de l'État.

A quelle époque disparut-il ? C'est une question sur laquelle on a discuté et dont on n'a pas encore donné la solution définitive.

On retrouve la trace de notre impôt sous Héliogabale et jusque sous Valens ; une inscription, datée du règne de cet empereur, donne à Vocontius Vicasius le titre de « procurator vicesimæ hereditatum » (2).

____

(1) Dion Cassius, liv. LVI, ch. 28, in fine.

(2) Lampride, vie d'Héliogabale, ch. 12 : « Ad vicesimam hæreditatum « Mulionem curare jussit. » — Gruter, 286, n° 4.

La loi 3 au Code Justinien *de edicto divi Hadriani tollendo* constate que la loi *Julia de vicesima* a cessé d'être en vigueur. L'édit d'Hadrien n'est plus nécessaire, dit l'empereur : « Quia et vicesima hereditatis ex nostra « recessit republica. » Peut-on, d'après ces mots, décider que Justinien lui-même abolit l'impôt du vingtième sur les successions? Si Justinien, antérieurement à la constitution qui contient les mots que je viens de citer, avait supprimé cet impôt, est-ce en ces termes qu'il rappellerait une telle innovation? Cela est douteux. En pareil cas il est plus prolixe, et ici, puisqu'il s'agit d'un impôt disparu, il est probable que le rédacteur de la constitution n'aurait pas manqué une si rare occasion d'exalter la générosité de l'empereur. L'opinion de Cujas, qui a, d'après ce texte, attribué à Justinien l'abolition de notre impôt, me paraît donc difficile à soutenir.

Mais si l'on ne s'arrête pas à l'opinion de Cujas, sous lequel des prédécesseurs de Justinien placera-t-on le moment où l'impôt « recessit e republica? »

Quelques commentateurs, notamment Alciat et Pancirole (1), ont cru voir, dans un passage d'Ausone, une preuve que l'impôt du vingtième fut supprimé par Gratien. Mais rien n'autorise une pareille supposition. Ausone (2), louant Gratien de sa générosité, rappelle que cet empereur a remis aux débiteurs du fisc des reliquats d'impôts « de condonatis residuis tributorum. » Trajan et Antonin l'avaient déjà fait, s'écrie-t-il, mais Gratien les a surpassés. De ce qu Trajan et Antonin avaient adouci en quelques parties l'impôt du vingtième sur

(1) Alciat, liv. iii, *Dispunct.*, ch. 6. — Pancirole, « Not. Imperii orien- « talis comment. » ch. 74.

(2) « Ausone, ad Gratian. imperat. discipulum grat. act. proconsul., n° 406. — Cf. Cujas, Sentences de Paul, liv. iv, tit. 6.

les successions, Alciat a cru pouvoir conclure qu'il s'agissait ici de cet impôt et qu'Ausone félicitait Gratien d'en avoir délivré ses sujets. Il n'y a pas lieu d'insister; on voit de reste que ce passage a trait à une de ces remises d'impôts arriérés, qui étaient assez fréquentes; et on comprend que Cujas ait reproché à Alciat ce rapprochement fait à la légère.

Une constitution de Justin parle des successions pauvres; ces successions étaient, comme nous le verrons plus loin, dispensées de l'impôt; mais la loi 23 au Code *de Testamentis* ne se rapporte pas à notre sujet; il serait téméraire de prétendre trouver ici la preuve que l'impôt du vingtième subsistait sous le prédécesseur de Justinien (1).

Sur l'époque exacte de la disparition de l'impôt du vingtième on ne saurait donc que se livrer à des conjectures. Le seul point certain c'est que sous Justinien l'impôt a disparu. Aussi ne trouve-t-on, dans les recueils composés sur l'ordre de cet empereur, rien qui s'y applique directement.

Mais la loi *Julia de vicesima* avait été trop longtemps en vigueur, les difficultés qui naissaient de l'application de l'impôt du vingtième avaient trop souvent attiré l'attention des jurisconsultes et l'intervention des empereurs pour qu'on n'en retrouve aucune trace dans les compilations justiniennes. J'ai déjà parlé du passage du titre *de origine juris* où est cité Ofilius et de la loi au Code *de edicto divi Hadriani tollendo*. Le Digeste contient en outre cinq fragments des deux livres de commen-

(1) M. de Serrigny, Droit public et administrat. romain, croit trouver dans cette constitution la preuve que l'impôt n'a été supprimé que par Justinien. No 857, tome II, p. 182.

taires que le jurisconsulte Macer avait écrits sur le vingtième. Plusieurs de ces fragments nous donnent des indications précieuses sur notre impôt. Mais Tribonien a choisi, pour les insérer dans son recueil, les passages qui touchent à d'autres objets, où, au moyen d'interpolations et de changements, il les a détournés de leur véritable sens : cela est surtout remarquable dans la loi 68 au Digeste, liv. xxxv, tit. 2, formée d'un passage de Macer que le compilateur « distrahit ad » Falcidiam » comme le dit Burmann. Un ou deux textes encore peuvent se rattacher à notre sujet, et datent d'une époque où la loi vicésimaire existait encore; ils sont rapportés plus loin.

Nous devons présentement étudier suivant quelles règles, pendant la longue période où il fut en vigueur, cet impôt fut perçu; quelles modifications certains empereurs, selon leur caractère, les uns pour augmenter les ressources du fisc, les autres pour diminuer les charges des citoyens, firent subir à l'impôt du vingtième sur les successions.

II.

Par la loi Julia, le vingtième fut établi sur les successions et sur les legs; Dion le dit positivement (1). Burmann (2) rapporte néanmoins l'opinion d'un ancien commentateur, Beaudouin, qui, dans son traité *de Lege Julia vicesima*, conteste l'autorité de Dion et incline à penser que les legs et les donations ne furent pas soumis à l'impôt : il s'appuie sur ce que les autres au-

(1) Dion, op., cit,. liv. lv, ch. 25.
(2) Burmann, op. cit. ch. 11, p. 162.

teurs ne parlent jamais que du vingtième sur les successions et non d'un droit sur les legs et donations. Burmann soutient que Dion n'a commis aucune erreur. Mais la raison qu'il invoque n'est peut-être pas convaincante ; il eût, dit-il, été trop facile d'éluder la loi ; pour ne pas payer l'impôt on aurait chargé la succession de tant de legs qu'il ne serait plus resté à l'héritier que la quarte Falcidie. C'eût été un sigulier calcul. Tout au plus pourrait-on dire que le fisc aurait souffert de ce que, en fait, il ne restait souvent à l'héritier testamentaire que la quarte Falcidie (1).

D'ailleurs, une découverte épigraphique récente est venue confirmer pleinement l'opinion du savant critique hollandais. On trouve, en effet, dans le testament de Dasumius (2) une disposition d'après laquelle ses héritiers institués doivent acquitter le vingtième sur les legs, de telle sorte que ses légataires n'aient à supporter aucune charge. Pour qu'une telle précaution fût nécessaire, il fallait évidemment que les legs fussent, comme la succession elle-même, soumis au droit de mutation.

Les donations à cause de mort furent sans doute, dès Auguste, assimilées aux legs, avec lesquels elles ont tant d'autres rapports. En tout cas, il est certain que sous Caracalla elles payaient l'impôt. On peut même induire de cette phrase de Dion « ὑπὲρ δωρεᾶς πάςῆς »

(1) M. L. M. de Valroger, de l'impôt sur les successions chez les Romains ; page 8, note 1.

(2) « Hoc amplius quisquis mihi heres heredesve erit eruntve eum « eosque rogo fideique ejus eorumque committo ut quæcunque hoc « testamento cuiquam dedi legavi, ea vicensima omnibus modis libe- « rent..... » Testam. de Dasumius, restitution de Rudorff, op. cit. — Cf. Laboulaye, op. cit., page 334.

qu'à cette époque toutes les donations, même les donations entre-vifs, furent soumises au droit de 5 0/0, sous
le bénéfice des distinctions établies pour la perception
de l'impôt sur les successions (1).

III.

J'ai dit quel avait été le but de la loi Julia : créer une
nouvelle ressource au trésor et faire contribuer aux
charges de l'Etat Rome et l'Italie, que n'atteignait pas
l'impôt foncier payé par les provinces. Les citoyens romains payaient donc seuls l'impôt du vingtième.

Mais qu'arrivait-il lorsque dans la fortune laissée par
un citoyen se trouvait un fonds provincial? Payait-on
l'impôt sur ce fonds ou, de ce qu'il était situé en province, ce bien n'était-il pas soumis au vingtième? En
d'autres termes, l'exemption était-elle *ratione personæ*
ou *ratione loci?* On ne trouve aucun éclaircissement sur
ce point chez les auteurs anciens dont nous connaissons
les écrits relatifs à notre matière; mais la question a
été différemment résolue par quelques commentateurs
contemporains. Si on se réfère à l'esprit dans lequel la
loi Julia a été portée et à l'objet qu'elle se proposait, on
peut dire sans doute que l'impôt du vingtième ne s'appliquait aux citoyens que pour faire peser sur eux, sous
une forme indirecte, un impôt équivalent à l'impôt direct que payaient les fonds provinciaux : donc, lorsqu'un fonds provincial se trouve dans la succession
d'un citoyen, il n'y a pas lieu de percevoir l'impôt sur
sa valeur; il est à l'abri de l'impôt indirect puisqu'il paie

(1 Dion, liv. 77, ch. 9. M. L. M. de Valroger, op. cit. page 22, note 1.

l'impôt direct. Pour être parfaitement logique et consé-
quente avec son origine la loi aurait dû décider ainsi ;
mais une loi fiscale ne possède pas toujours ces qualités ; d'ailleurs, à défaut de tous documents, on en est
réduit à des conjectures, qui, ne pouvant se fonder sur
rien, sont peu intéressantes. La question, quoiqu'elle
ait attiré l'attention des critiques Allemands, ne saurait
donc être utilement discutée (1).

Peu à peu la qualité de citoyen romain fut accordée
à un plus grand nombre d'individus ; le produit de notre
impôt dut s'en accroître, car avec les avantages attachés
au titre qu'ils acquéraient, les nouveaux citoyens devaient nécessairement accepter les charges inhérentes
à leur nouvel état. Si bien que conférer la cité devint
une mesure fiscale, dont les empereurs usèrent large-
ment.

Antonin Caracalla, après avoir modifié le taux du
droit de mutation et l'avoir porté d'un seul coup du
vingtième au dixième (2), voulut faire peser le fardeau
de cet impôt sur tout le monde romain. Les citoyens
seuls le payaient, il fit des citoyens de tous les sujets de
l'empire (3). Je n'ai pas à entrer ici dans l'étude des
conséquences de la constitution célèbre par laquelle
Caracalla accorda, d'un trait de plume, à des peuples
entiers, une si onéreuse faveur. Il est seulement inté-

(1) Huschte dans son traité « Ueber den census und die steuerverfas-
« sung », page 74, note 157, soutient ce système. Bachofen, au contraire
prétend que les deux impôts peuvent parfaitement être perçus en même
temps et l'étaient en effet. Ausgewahlte Lehren (Bonn, 1848) X, Impôt sur
les successions, page 342.
(2) Dion, liv. LXXVII, ch. 9.
(3) Marquardt, Handbuch, etc., pag. 196 et note 1074.

ressant pour nous de marquer l'époque ou l'impôt dont
nous nous occupons devint d'une application générale;
à partir de ce moment, l'idée primitive d'Auguste disparaît complètement ; le vingtième n'est plus la contre-
partie, en Italie, de l'impôt foncier en province.

On connaît toutefois l'erreur historique qu'a commise
Justinien sur ce point. Ulpien avait dit : « In orbe romano qui suntex constitutione imperatoris Antonini
cives romani effecti sunt (1). » Justinien, dans la Novelle 78, ch. 5, croit qu'on parle ici d'Antonin le Pieux.
Un fragment retrouvé de Dion Cassius (2) est venu prouver qu'il se trompait. La façon même dont est rédigée
la phrase d'Ulpien aurait pu faire découvrir l'erreur ; si
Ulpien, écrivant sous Caracalla, avait parlé d'Antonin
le Pieux, il ne l'eût très-probablement pas appelé *Impe-
rator*, mais *Divus;* c'est la seule épithète dont les jurisconsultes qualifient un empereur défunt.

IV.

Notre législation fiscale a établi une certaine proportion entre le taux du droit de mutation par décès et le
dégré de parenté qui unit le défunt au successeur. Le
fils paie un pour cent sur la succession de son père, le

____

(1) Digeste, liv. i, tit. 5, « de statu hominum, » loi 17. Novelle 78,
ch. 5. « Sicut enim Autoninus Pius cognominatus...., » etc.

(2) Dion, liv. lxxvii, ch. 9 : « C'est pour cela que tous les habitants
de l'empire, furent, sous prétexte de leur faire honneur, mais en réalité
pour augmenter le revenu de l'empereur, déclarés citoyens romains ;
les étrangers en effet étaient exempts de la plupart de ces taxes. »

légataire *extraneus* paie 9 p. 100 : entre ces deux extrêmes s'échelonnent les divers degrés de parenté.

Là loi *Julia de vicesima* institua un tout autre système. Il n'y eut qu'une seule quotité du droit, 5 p. 100, et les parents les plus proches ne payèrent pas l'impôt. Pline nous donne le motif de cette immunité : « Le vingtième, impôt léger et tolérable pour les héritiers étrangers, est dur et pesant pour les parents. On l'a donc exigé des premiers et remis aux seconds. On a senti que les citoyens souffriraient avec une peine extrême, ou plutôt ne pourraient souffrir qu'on entamât et qu'on réduisît les biens que leur garantissent le sang, la naissance, la communauté du culte domestique ; des biens qu'ils n'ont jamais regardés comme une propriété étrangère et en espérance, mais comme une possession qu'ils ont toujours eue, et qu'ils devaient transmettre, à leur tour, à leur parent le plus proche » (1).

Mais quels furent ces parents que la loi exempta du vingtième sur les successions? jusqu'à quel degré cette immunité s'étendit-elle? Les auteurs ne nous ont pas fixés sur ce point, et plusieurs hypothèses ont été faites par les critiques modernes. Dion Cassius, dans deux passages différents, désigne les proches dispensés de l'impôt sous le nom de « πάνυ συγγενεῖς » et de « πάνυ προσήκοντες » ; l'idée est bien indiquée par ces mots, qui ne déterminent néanmoins en aucune façon le degré ; l'expression de Pline « domestici hæredes » n'est pas plus précise. Certains auteurs ont cru que cette exception de la loi Julia s'était appliquée aux héritiers siens, ou aux agnats, ou même à la *gens*; d'autres ont pensé qu'elle favorisait les cognats exceptés par la loi Furia ou

(1) Pline, Panégyrique de Trajan, ch. 37.

les *decem personæ*, que le préteur préférait au *manumissor extraneus* (1). Il est bien difficile, sur des données aussi vagues, de se déterminer et de prendre parti dans le débat. La dernière opinion, toutefois, est soutenue par un argument assez fort, sur lequel j'aurai à revenir un peu plus loin, lorsque l'ordre chronologique que j'ai adopté m'amènera au fait sur lequel il repose.

Pour que la parenté fût une cause d'exemption, il fallait qu'elle fût reconnue par la loi civile. Dans le système primitif de la loi Julia, il devait y avoir eu *connubium* entre le père et la mère au moment de la conception, pour que le fils pût invoquer l'immunité qui protégeait les proches parents. C'est ce qui fait dire à Pline (2) : « Cette faveur de la loi s'appliquait aux anciens citoyens : quant aux nouveaux, qu'ils fussent arrivés au droit de cité par le *jus Latii* ou par le bienfait du prince, s'ils n'avaient en même temps reçu les *cognationis jura*, ils restaient étrangers à ceux auxquels ils tenaient de plus près. » Le connubium n'existait pas entre leurs père et mère à l'époque de leur conception, s'ils héritaient d'eux, les *novi cives* devaient payer l'impôt ; car le lien de parenté, qui les en eût déchargés, s'ils étaient nés

(1) Bachofen, die Erbschaftsteuer, op cit., page 335 : « Dion dit : sont exempts d'impôt πανυ συγγενεις, πανυ προσηκοντες. Mais lesquels ? Sur ce point les avis les plus différents ont été émis. Selon Manzano (ch. 23), l'immunité concerne les héritiers siens ; selon Spanheim (orb. Roman., II, 4), les agnats ; selon Rudorff (Testam. des Dasumius, p. 388), les « decem personæ ; » selon Klenze enfin les cognats exceptés par la loi Furia » (Zeitschrift, t. VI p. 60-67). Junge Burmann, op. cit., ch. 11. M. Laboulaye, op. cit., page 330, et Marquardt, Handbuch der römischen alterthumer, tom. III, 2e partie, page 195 et note 1066.

(2) « Hæc mansuetudo legis veteribus civibus servabatur. Novi, seu « per Latium in civitatem, seu beneficio Principis venissent, nisi simul « cognationis jura impetrassent alienissimi habebantur quibus conjunc- « tissimi fuerant. » Panégyriq., ch. 37.

de citoyens romains, n'existait pas aux yeux de la loi civile. Il n'y avait qu'un cas où « ces parvenus du droit de cité » pouvaient jouir de la dispense d'impôt, c'était celui où, en même temps que le droit de cité, ils avaient reçu les *cognationis jura.*

Nerva modifia le premier la loi et en adoucit la rigueur ; il décida que les biens dont la mère héritait de ses enfants, dont les enfants héritaient de leur mère, alors même que les *jura cognationis* ne leur auraient pas été conférés en même temps que le droit de cité, seraient exempts de l'impôt du vingtième. Le père adoptif de Trajan accorda la même immunité au fils sur les biens lui venant de son père, *novus civis,* pourvu que ce fils fût « in patris potestate » (1). Jusqu'alors le fils, même sous la puissance de son père, mais né avant que celui-ci fût devenu citoyen, avait payé le vingtième sur sa succession. Si, en effet, l'empereur avait accordé à un pérégrin, en même temps que la cité, la *patria potestas,* il ne s'ensuivait pas qu'il y eût entre le père et le fils cette parenté civile qui était exigée par la loi Vicésimaire, car le connubium n'avait pas existé entre le père et la mère. Depuis Nerva, cette *redactio in patriam potestatem* suffit pour assurer l'immunité (2).

Trajan fit plus encore. Son panégyriste nous a conservé le souvenir des réformes qu'il accomplit. Pline

(1) « Igitur pater tuus sanxit ut quod ex matris ad liberos, ex libero-
« rum bonis pervenisset ad matrem, etiamsi cognationum jura non re-
« cepissent, quum civitatem adipiscerentur, ejus vicesimam ne darent.
« Eamdem immunitatem in paternis bonis filio tribuit, si modo redac-
« tus esset in patris potestatem. » Id., ibid.

(2) Bachofen, op. cit., pages 336 et 389. Cf. Gaïus, I, §§ 56, 57 et 58 et loi 46 au Digeste, I, 7.

rapporte avec les éloges les plus hyperboliques les in-
novations par lesquelles cet empereur mit sur le pied
d'égalité, au point de vue du vingtième, les *novi* et les
veteres cives. Nerva avait accordé l'immunité au fils sur
les biens de son père ; Trajan exempte également de
l'impôt le père qui hérite de son fils ; de plus, il fait
disparaître la condition imposée par Nerva : « Si modo
« in potestate filius fuisset » ; il n'est donc plus besoin
qu'il y ait eu *connubium*, ni qu'il y ait *patria potestas*. La
raison que donne Pline de ce dernier changement peut
paraître au moins singulière (1).

Enfin, et postérieurement sans doute, Trajan géné-
néralisa sa réforme, « nec vero contentus primum co-
« gnationis gradum abstulisse vicesimæ, secundum
« quoque exemit, cavitque ut in sororis bonis frater et
« contra in fratris soror, utque avus avia in neptis ne-
« potisque et invicem illi, servarentur immunes » (2).
Ainsi, à partir de Trajan, toutes les personnes compri-
ses dans les *decem personæ* se trouvaient dispensées de
l'impôt (3). De là on a tiré argument pour dire que les
proches exemptés de l'impôt par la loi Julia étaient les
mêmes que le préteur préférait au *manumissor extraneus*.
Ce ne peut être là, d'ailleurs, qu'un rapprochement,
une simple coïncidence, car je n'aperçois pas d'autre

---

(1) Panégyriq., ch. 38 : « Tu quidem, Cæsar, illam exceptionem remo-
« visti : si modo filius in potestate patruis fuisset. Intuitus, opinor, vim
« legemque naturæ, quæ semper in ditione parentum esse liberos jussit,
« nec uti inter pecudes, sic inter homines, potestatem et imperium va-
« lentioribus dedit. »

(2) Panégyriq., ch. 39.

(3) « Sunt autem decem personæ hæ : pater, mater, avus, avia, tam
« paterni quam materni ; item filius, filia, nepos, neptis, tam ex filio
« quam ex filia ; frater, soror, sive consanguinei sunt, sive uterini. »
Instit., « de bonorum possessionibus, § 3. »

rapport entre les deux idées, qui ont pu inspirer tour à tour le législateur et le préteur, que la proximité du degré de parenté. Sous cette réserve, je crois qu'en effet l'énumération qui nous est donnée par Pline peut nous aider à déterminer quels étaient ces πάνυ προσήκοντες dont parle Dion Cassius. Trajan, au rapport de son panégyriste, établit l'unité de législation entre les *novi* et les *veteres cives*, et fait disparaître les conséquences rigoureuses de la loi Julia. Il est donc assez naturel de supposer que les parents, que l'on nous nomme et dont on nous indique le degré, sont précisément ceux qui, parmi les *veteres cives*, et d'après la loi primitive, étaient exempts de l'impôt (1).

On peut ajouter que le successeur de Nerva se montra très-généreux, non-seulement en adoucissant la loi pour l'avenir, mais en atténuant son effet dans le passé. Trajan étendit le bénéfice des dispositions que je viens de rapporter à ceux qui n'avaient pas encore payé l'impôt du vingtième, et qui, dans le nouveau système, s'en trouvaient exemptés ; ici l'enthousiasme de Pline ne connaît plus de bornes ; il préfère hardiment le prince aux dieux eux-mêmes, et il s'écrie : « At in præ- « teritum subvenire ne Dii possunt » (2)!

Par les différentes mesures qu'il prit au sujet de l'impôt du vingtième, on voit que Caracalla voulut en faire une source abondante de revenus pour le fisc : non content d'avoir doublé le taux de l'impôt (3), de l'avoir appliqué à toutes les donations, et surtout d'avoir, en

----

(1) Cf. Rudorff, das Testament des Dasumius, Savigny's Zeitschrift, t. XII, p. 388. — Bachofen, op. cit., pages 336 et 337. — Cette solution est contestée par M. de Serrigny, op. cit., n° 845, tom, II, p. 173.

(2) Panégyriq., ch. 40.

(3) Dion Cassius, liv. LXXVII, ch. 9.

conférant le droit de cité Romaine à tous les habitants de l'empire, soumis toutes les provinces à cette taxe (1), il détruisit complètement le système de la loi Julia en ce qui concerne les proches parents, système bien adouci par Nerva et Trajan. Les dispenses accordées à raison de la parenté furent abolies, et l'empereur se réserva d'accorder à son gré l'immunité de l'impôt, du moins pour ce qui regardait les *novi cives* (2), arrivés à la cité par le fait de sa constitution.

La grande réforme de Caracalla, l'extension du droit de cité, subsista ; mais les autres modifications par lui faites à l'impôt du vingtième ne lui survécurent pas longtemps. Dion Cassius (3) nous apprend en effet que Macrin rétablit l'ancien taux et les anciennes exemptions.

Toute une classe d'hérédités avait encore été dispensée de l'impôt par la loi d'Auguste. Les successions pauvres ne payaient pas le droit de mutation. Dion, qui nous indique cette nouvelle exception, ne fixe pas le chiffre au-dessous duquel une succession était réputée pauvre. Trajan s'occupa aussi de cette partie|de la loi :

---

(1) Burmann attribue encore à Caracalla une réforme destinée à augmenter le rendement de l'impôt; Macer, loi 7 au Digeste, liv. XXVIII, tit. 1, dit : « Si mutus, aut surdus ut liceret sibi testamentum facere a « Principe impetraverit, valet testamentum. » Il est bien probable, en effet, que ce droit de tester accordé aux sourds et muets dans ce cas eut pour but d'accroître le revenu du vingtième, car le passage de Macer est extrait de son commentaire *ad legem vicesimam* ; mais rien ne prouve que cette innovation fût due à Caracalla.

(2) Dion Cassius, liv. LXXVII, ch. 9. — M. Laboulaye op. cit. p. 332. — Collat. leg. mosaïc. Tit. 16, ch. 9, § 3.

(3) Dion Cassius, liv.- LXXVIII, ch. 12 : « Il fit concevoir aux citoyen l'espérance de nombreux avantages..... en révoquant les édits de Caacalla en matière de testament et d'affranchissement. »

Naquet.   7

« Statuit enim summam, » dit Pline, « quæ publicanum
« pati possit » (1). Mais, pas plus que Dion, le panégyriste ne nous dit quelle fut cette somme.

A en juger par la douceur des autres réformes fiscales
de Trajan, il est vraisemblable que, sur ce point comme
sur les autres, cet empereur favorisa plutôt les citoyens
pauvres que le fisc. Cette exception, si mal connue
qu'elle soit, n'en est pas moins à noter comme une nouvelle différence entre notre législation et celle des
Romains.

V.

Etant donnée une succession qui échoit à une
autre personne qu'à un proche, exempté par la loi, et
dont la valeur dépasse le chiffre incertain au-dessous
duquel une hérédité était dite « pauvre », ce n'est pas
encore sur le montant total et brut de cette succession
que, d'après la loi Julia, le droit de 5 p. 100 sera perçu.

Certains adoucissements sont admis. Ici encore on
ne peut comparer notre droit fiscal à la législation romaine que pour marquer la distance qui les sépare. Le
droit sur les mutations par décès est, comme on sait,
perçu chez nous, sur l'actif brut de la succession, sans
aucune déduction. La loi *Vicesimaria* était moins rigoureuse.

D'abord on déduisait les frais funéraires ; mais on
avait dû indiquer jusqu'où s'étendait cette faveur. De
là sans doute ce passage du commentaire de Macer, *ad
legem vicesimam hæreditatum*, que le Digeste nous a conservé dans son titre *De religiosis et sumptibus funerum* ; le

1) Panégyriq., ch. 40. — Dion, liv. LV, ch. 25.

jurisconsulte y détermine ce qu'il faut entendre par frais funéraires : « Funeris sumptus accipitur quidquid cor-
« poris causa, veluti unguentorum, erogatum est : et
« pretium loci in quo defunctus humatus est et si qua
« vectigalia sunt (1), vel sarcophagi et vectura et quid-
« quid corporis causa antequam sepeliatur consumptum
« est, funeris impensam esse existimo » (2).

Les publicains chargés de la perception de l'impôt, intéressés à ce que l'immunité qui couvrait les frais funéraires ne fût pas excessive, intervenaient et sur-veillaient la stricte exécution de la loi ; nous en avons la preuve dans un passage de Pline où le panégyriste, énumérant les adoucissements apportés par Trajan au droit fiscal, en ce qui touche le vingtième, s'écrie : « Et si ita gratus heres volet, tota (hæreditas) sepul-
« chro, tota funeri serviet : nemo observator, nemo
« castigator assistet. » (3). On pourrait conclure de là que depuis Trajan les frais funéraires exemptés d'im-pôt ne sont plus restreints à une quotité déterminée. Il faut observer néanmoins que le texte d'Æmilius Macer est postérieur, qu'il est beaucoup plus précis et qu'il suppose un contrôle.

De plus, Hadrien rendit un rescrit par lequel se trou-vait encore limitée l'exception faite en faveur des frais funéraires. Ceux-ci ne doivent pas comprendre les travaux considérables exécutés pour ériger un tom-beau magnifique au défunt. Macer rapportait aussi ce rescrit dans son commentaire, et le passage où il le

____

(1) Burmann, op. cit., ch. 5, p. 54. Loi 8 au Digeste « de religiosis » et loi 3, § 4, « de sepulchris violatis. »

(2) Digeste, loi 37, « de religiosis, et sumptibus funerum, » XI, 7.

(3) Panégyriq., ch. 40.

rapportait forme le paragraphe premier de la loi que j'ai
précédemment citée. Voici l'espèce du rescrit : Si le
testateur a ordonné qu'on construise une colonnade
autour de son tombeau, cette dépense ne sera pas comprise dans les frais dispensés de l'impôt : « Itaque si
« amplum quid ædificari testator jusserit, veluti in
« circuitum porticationis, eos sumptus funeris causâ
« non esse. »

Payait-on l'impôt sur la part de succession que,
d'après le vœu du testateur, l'héritier devait consacrer
à élever une statue aux dieux, à embellir un temple ?
Le legs fait « ad pias causas », comme l'appelle Bouchaud, était-il exempt ? (1). C'est là une des rares idées
que cet auteur, plagiaire de Burmann, ait émise de son
propre fonds : il n'y a pas lieu de s'y arrêter. Les inscriptions qu'il cite à l'appui de son opinion prouvent
précisément le contraire de ce qu'il avance. Les héritiers ont érigé une statue sur l'ordre du testateur,
les inscriptions mentionnent que cela a été fait « sine
» ulla deductione vicesimæ. » De ce que le vingtième
n'a pas été déduit, Bouchaud conclut qu'il n'était pas
dû au fisc : au contraire, « le soin qu'on a pris de dire
« que le vingtième n'avait pas été déduit, prouve évi-
» demment qu'en principe l'héritier était autorisé à le
« retenir, et que, par conséquent, il avait eu à le
« payer. » (2) On a fourni d'ailleurs des deux inscriptions empruntées par Bouchaud à Manzano, et d'une
troisième rapportée par Orelli, conçue dans des termes
analogues, une explication plus simple encore, en les
rattachant à l'immunité qui couvrait les frais funé-

(1) Bouchaud, op. cit., pages 67 et suiv.
(2) M. L.-M. de Valroger, op. cit., page 10.

raires. Il semble, en effet, qu'il ne s'agit pas ici de legs, mais plutôt de monuments élevés à la mémoire des testateurs (1).

Il serait intéressant de savoir si l'impôt se payait sur l'actif brut de la succession, ou seulement déduction faite des dettes laissées par le défunt. C'est là dans notre législation fiscale une onéreuse anomalie. Malheureusement nous n'avons aucun renseignement sur cette question. Dureau de la Malle, dans son *Économie politique des Romains* (2), dit bien qu'on déduisait les dettes, et dans Burmann, à qui il renvoie par une note, on trouve un mot qui prouve en effet que dans l'opinion du savant Hollandais, les dettes devaient être déduites ; mais ni l'un ni l'autre de ces auteurs ne cite aucune autorité qui vienne confirmer leur opinion. Toutefois, il semble si contraire à la logique de percevoir un impôt sur l'actif brut d'une succession, qu'on peut considérer comme probable que la loi romaine ne s'était pas montrée sur ce point aussi rigoureuse que notre loi fiscale.

VI.

Après avoir examiné quelles sont les successions exemptes de l'impôt et quelles parties d'une succession, qui y est soumise, jouissent de la même immunité, nous restons en présence de la masse héréditaire qui doit certainement payer le vingtième. Quand et comment se paie l'impôt, quelles garanties assurent la perception,

(1) Orelli, 3040. — Rudorff, testament de Dasumius.—Laboulaye, op. cit., pag. 333 et notes 4 et 5.

(2) Burmann, op. cit., chap. 11, page 162 ; Dureau de la Malle, op. cit., tome II, page 472.

comment se fait la répartition entre les héritiers ; enfin, quels sont les agents chargés de le recueillir : voilà ce qui nous reste à étudier.

Il y avait intérêt pour le fisc à recevoir l'impôt dans un court délai ; la loi, probablement la loi Julia, avait réglé ce point, ainsi que nous l'apprend Paul, dans un passage du titre *de vicesima* du livre IV de ses Sentences : « La loi, dit-il, ordonne d'ouvrir le testament aussitôt après la mort. » Le délai dans lequel doivent être lues les tablettes qui contiennent l'acte de dernière volonté, a varié suivant les époques, « quamvis sit re- « scriptis variatum » ; mais le jurisconsulte nous dit qu'il est de trois ou de cinq jours. L'une des raisons qu'il donne de cette promptitude est l'intérêt fiscal : « nec enim oportet testamentum heredibus aut lega- « tariis aut libertatibus quam necessario *vectigali* moram « fieri » (1).

Mais cette disposition législative pouvait ne pas suffire à faire rapidement rentrer l'impôt du vingtième. Si, le testament donnant matière à contestation, l'héritier dé- finitif n'était pas immédiatement connu, le fisc devait- il attendre que la justice se fût prononcée sur ce débat pour percevoir les 5 0/0 qui lui revenaient sur la suc- cession ? La seconde partie de l'édit d'Hadrien, dont j'ai déjà parlé, avait certainement pour but d'éviter tout

---

(1) « Testamentum lex statim post mortem testatoris aperiri voluit ; et « ideo, quamvis sit rescriptis variatum, tamen a præsentibus intra tri- « duum vel quinque dies aperiendæ sunt tabulæ ; ab absentibus quoque « cum supervenerint. Nec enim oportet testamentum heredibus aut lega- « tariis aut libertatibus, quam necessario vectigali moram fieri. » — Sur les délais accordés aux absents, voir loi 154 au Digeste, « de verborum « significatione, » texte emprunté à Macer dans son commentaire de la loi Vicésimaire.

retard de ce genre. Justinien, en l'abrogeant, rappelle et confirme certaines de ses dispositions : « Antiquatis « nihilominus et aliis omnibus quæ circa repletionem « vel interpretationem ejusdem edicti promulgata sunt, « sanximus, ut si quis ex asse vel ex parte institutus « competenti judici testamentum ostenderit non can- « cellatum, neque abolitum, neque ex quacumque suæ « formæ parte vitiatum, sed quod in prima figura sine « omni vituperatione appareat et depositionibus testium « legitimi numeri vallatum sit : mittatur quidem in « possessionem earum rerum quæ testatoris mortis « tempore fuerunt, non autem legitimo modo ab alio « detinentur, et eam testificatione, publicarum perso- « narum accipiat. Sin autem…, etc. »(1). Sous Justinien l'impôt du vingtième n'existe plus ; le but primitif de l'édit d'Hadrien ne se retrouve pas au Code ; mais Justinien lui-même nous dit que cet édit « sub occasione « vicesimæ hæreditatis introductum est » ; il est donc hors de doute que l'empereur Hadrien eut pour objet, en faisant envoyer en possession l'héritier désigné par le testament valable en la forme, sauf à ce qu'il fût fait droit ensuite sur le fond, d'assurer le prompt recouvrement de l'impôt. L'héritier avait en effet, d'abord, à se mettre en règle avec le fisc ; c'est sous cette condition qu'il pouvait invoquer le bénéfice de l'édit.

M. Dureau de la Malle ajoute que, pour hâter le

______

(1) Cf. Paul, Sentences, liv. III, tit. 5, § 14: « Sive falsum, sive rup- « tum, sive irritum dicatur esse testamentum, salva eorum disceptatione, « scriptus heres in possessionem mitti desiderat. » Bachofen, op. cit., page 393, rapporte à ce propos une amplification oratoire du genre de celles que j'ai déjà eu à citer à propos du portorium, et qui montre quels délais préjudiciables aurait eu à subir le fisc s'il eût attendu la fin d'un procès aussi compliqué.

recouvrement de l'impôt, Caracalla frappa la somme
due d'un intérêt de 12 0/0 à partir du jour de l'échéance.
Burmann, à qui l'auteur de l'*Économie politique des
Romains* a vraisemblablement emprunté l'opinion qu'il
émet, est plus circonspect et moins affirmatif. La loi (1)
dans laquelle on prétend trouver cette décision peut
s'appliquer à toute autre chose qu'au vingtième ; sans
doute elle est adressée aux « procuratoribus hæredi-
« tatum », mais cela n'est pas une preuve suffisante ;
ni dans le titre, ni dans le texte, il n'est parlé de l'impôt. D'autres auteurs ont d'ailleurs reproduit cette idée
sans la discuter (2). Ce qui paraît le plus probable, c'est
que si, en effet, ce passage se rapporte à notre sujet,
l'intérêt courait de plein droit à partir du jugement qui
avait condamné le contribuable ; il faut donc supposer
qu'il y avait eu procès (3).

VII.

Chaque héritier supportait l'impôt en proportion de
ce qu'il recevait dans la succession ; chaque légataire
devait payer aussi la part proportionnelle à lui afférente. Un passage du testament de Dasumius en fait
foi. Le testateur, par exception à la règle, oblige ses
héritiers à acquitter le droit à la charge des légataires (4).

Il pouvait se trouver des cas dans lesquels déterminer

(1) Cod. Justin., loi 1, « de usuris rei judicatæ. »
(2) M. Bouchard, Finances de l'empire romain, p. 377.
(3) M. de Serrigny, op. cit., tome II, pag. 180.
(4) Testament de Dasumius, restitution de Rudorff, passage cité ci-
dessus, page 88.

la valeur du legs n'était pas facile. Que paiera celui qui est gratifié d'un legs d'aliments par exemple? Cette question, si elle n'avait pas été prévue par la loi Julia, avait du moins préoccupé les jurisconsultes ; nous en trouvons la preuve dans une loi insérée au Digeste (1). Ce texte a été interpolé par Tribonien qui l'a appliqué à la quarte Falcidie ; en effet, à l'époque de Justinien, nous savons que l'impôt n'existait plus, et le calcul, nécessaire pour déterminer si la quarte Falcidie était intacte, présentait les mêmes difficultés. Mais il est hors de doute que le passage dont il s'agit avait été écrit en vue de l'impôt, car il faisait partie de l'ouvrage qu'Æmilius Macer composa sur ce sujet.

Pour établir l'importance du legs, et par conséquent la quote-part d'impôt y afférente, il fallait évaluer la durée probable de la vie du légataire, puisque le legs devait être servi à celui-ci jusqu'à sa mort. Ce calcul, au rapport de notre jurisconsulte, avait été fait par Ulpien, et peut se résumer dans le tableau que voici :

Si le légataire a de 1 à 20 ans, on admet qu'il vivra encore 30 ans.

20	25	—	—	28
25	30	—	—	25
30	35	—	—	22
35	40	—	—	20
40	50	—	—	(2)
50	55	—	—	9
55	60	—	—	8
plus de 60	—	—	—	5

(1) Loi 68 « ad legem Falcidiam. » Burmann, qui pense que les legs d'aliments étaient exemptés de l'impôt, ce que je ne crois pas pouvoir admettre, rapporte le texte de Macer, ci-dessus cité, à cette immunité. La computation aurait, dans cette opinion, pour objet de déterminer dans quelle mesure s'appliquerait l'exemption. Voy. sur ce texte, M. de Serrigny, op. cit., pages 178, 179 et 180.

(2) De 40 à 50 ans la durée probable de la vie est ainsi évaluée. Du

Dans la pratique, toutefois, ainsi que l'ajoute Macer, on usait d'un calcul plus simple : de 1 an à 30 ans, le légataire était réputé avoir encore 30 ans à vivre ; à partir de 30 ans on comptait autant d'années qu'il en fallait pour atteindre la soixantième ; mais jamais on ne comptait plus de trente ans. De telle sorte, dit en terminant notre auteur, que si le legs a été fait à la République, le calcul se fait pour trente années seulement (1).

VIII.

Nous étudierons plus loin ce qu'étaient les publicains, fermiers de l'impôt ; les garanties que le fisc avait contre eux, les mesures prises pour mettre les particuliers à l'abri de leurs exactions. Mais une double question se pose, qu'il faut résoudre dès maintenant : L'impôt du vingtième était-il compris parmi ceux qui étaient affermés ? Le régime de tout l'empire était-il uniforme à cet égard ?

Il est évident, d'après divers passages du Panégyrique de Trajan, que l'impôt était affermé ; à plusieurs reprises, en effet, Pline nous parle du rôle du publicain à propos du vingtième (2). Cela ressort également d'un passage du testament de Dasumius, qui ne peut laisser aucun doute à cet égard : « Suscipiant eo nomine, aut « vicensimæ nomine cum publicano qui id vectigal

nombre 60 on déduit l'âge du légataire, celui-ci est présumé avoir autant d'années à vivre, moins une, qu'il lui en manque pour avoir 60 ans.

(1) Cf. néanmoins Gaïus, Digeste, loi 8, liv. XXXIII, titre 2, et loi 56, liv. VII, titre 1.

(2) Panégyrique, ch. 37 et 40.

« conductum habebit... » (1). Il faut remarquer que ces deux informations sont contemporaines ; le testament de Dasumius est en effet daté de l'an de Rome 862 et Trajan est l'un des légataires.

En outre, on trouve dans plusieurs inscriptions des *magistri* et des *promagistri vicesimæ hæreditatum*. Or, c'était là les titres ordinaires des directeurs et sous-directeurs des sociétés de publicains (2).

Mais, d'autre part, beaucoup d'inscriptions, relevées sur un grand nombre de points de l'empire romain, révèlent toute une hiérarchie de fonctionnaires impériaux qui avaient pour mission de lever l'impôt du vingtième.

Dans les Gaules Belge et Lyonnaise, dans la Narbonaise, en Italie à Caïeta, à Firmum, dans la Campanie, l'Apulie et la Calabre, en Afrique, à Tingis (3), on trouve, dans les *stationes* ou bureaux, des *Procuratores Augusti XX hæreditatum* ou simplement *hæreditatum*. Partout également on voit des fonctionnaires subalternes de la même administration et qui portent les noms de : *tabularii, præsignatores, dispensatores, adjutores, præpositi, tabulariorum, arcarii,* etc., *vicesimæ hæreditatum* (4).

---

(1) Rudorff, op. cit., et Laboulaye, Rev. de législation, loc. cit.

(2) Orelli et Henzen, nᵒˢ 5530, 6642, 3331 et 5120.

(3) Procuratores XX hæreditatum : Gaule Lyonnaise et Belge, Orelli, 798; Caieta, dᵒ 1371; Firmum (Picenum), dᵒ 2223; Afrique, Tingis, dᵒ 3570 ; Campanie, Apulie, Calabre, dᵒ 3835 ; Narbonaise et Aquitaine, dᵒ 5480 et 6929 ; Bythinie, Paphlagonie, Lycie, Phrygie, Galatie, îles Cyclades, Orelli et Henzen 6940; il y en a beaucoup d'autres exemples. Ces inscriptions se ressemblent toutes, je n'en citerai qu'une : « L. Fœstellio, L. F. An. Sabiniano proc. D. Anton. Aug. Pii prov. Pan. inf. proc. XX hær. region. Camp. Apul. Calabr...., etc. »

(4) Notamment Orelli et Henzen, 3331; 6568 ; 6644 ; 6646.

Comment conciler l'existence des sociétés de publicains fermiers du vingtième et celle d'une administration nombreuse dépendant du pouvoir central. Il semblerait, d'après tous ces monuments, que notre impôt devait être non affermé, mais en régie (1).

Quelques auteurs, et notàmment M. Dureau de la Malle (2), affirment, en effet, que l'impôt était perçu, non par des fermiers, mais par des officiers de l'empereur. Cette opinion ne saurait se soutenir en présence des passages de Pline et du testament de Dasumius, cités plus haut.

On ne peut davantage s'arrêter au système d'après lequel l'impôt aurait été levé, en Italie, par des publicains, et en province par des *procuratores Augusti*. De nombreuses inscriptions, en effet, nous montrent, en Italie même, ces officiers de l'empereur en exercice.

Rudorff, dans son étude sur le testament de Dasumius, a émis une autre hypothèse : selon lui, l'impôt aurait été affermé à Rome seulement ; en Italie, dans les provinces, il aurait été levé par les *procuratores*. Mais cette opinion concorde assez mal avec certaines inscriptions qu'on oublie de citer, et dont l'une nous montre à Rome même un *procurator* ; une autre conserve le souvenir d'un *promagister* à Luna en Étrurie ; une troisième enfin, trouvée à Lyon, qualifie le même individu « procurator « XX hæreditatum et promagister hæreditatum. » Or, on sait que les directeurs des sociétés de publicains en province portaient ce titre de *promagister* (3).

(1) Sur toute cette question, voy. Bachofen, op. cit., pages 349 et suiv.

(2) Econom. pol. des Romains, tome II, p. 472. Voy. aussi M. de Serrigy, op. cit. n° 854.

(3) Orelli et Henzen : Procurator in Urbe, 5530 ; promagister à Luna, 5120 ; Procurator et promagister, Lugduni, 6642.

Il semble donc qu'il y ait eu et des officiers impériaux à Rome et des publicains fermiers du vingtième en province. Le système de Rudorff se trouve dès lors assez difficilement acceptable.

Rien ne prouve, toutefois, que tous ces fonctionnaires et ces fermiers aient existé en même temps. J'ai déjà fait observer ci-dessus que les deux autorités sur lesquelles on se fonde principalement pour dire que l'impôt du vingtième était affermé, sont toutes deux de l'époque de Trajan. Il n'est peut-être pas téméraire de supposer que l'impôt fut d'abord, à Rome, en Italie, dans les provinces, affermé à des publicains, puis que, dans la suite, le soin de faire rentrer dans les caisses de l'empereur ce droit de 5 0/0 sur les successions fut confié à des employés du pouvoir central. On se trouverait donc en présence de deux systèmes de perception non pas contemporains, mais successifs.

CHAPITRE IV.

IMPÔTS SUR CERTAINES MUTATIONS DE PROPRIÉTÉ A TITRE ONÉREUX.

I.

Dans notre système fiscal, un grand nombre de mutations à titre onéreux sont depuis longtemps soumises à des impôts qui frappent les signes de la richesse à leur passage d'une main dans une autre. A Rome, on ne peut rien trouver de semblable. On pourrait penser qu'on s'est arrêté devant les difficultés qu'il y a pour le fisc à connaître ces mutations. Les seules en effet sur lesquelles ait été établi un impôt, sont les ventes publiques aux enchères, *auctiones ;* ces ventes, par leur nature ne pouvaient être dissimulées, pas plus que le prix moyennant lequel elles étaient effectuées (1).

L'impôt du centième sur les choses vénales, *vectiga, rerum venalium,* fut institué par Auguste. Il semble que cette taxe nouvelle fut créée à l'époque où, après les guerres civiles, l'empereur chercha à rétablir les finances, à augmenter les ressources du fisc et, particulièrement, à faire peser sur les Italiens, exemptés de l'impôt direct, des charges destinées à compenser l'immunité qui leur était assurée.

Les commentateurs ont confondu cette taxe sur les enchères, tantôt avec les *portoria,* tantôt, et plus souvent encore, avec les impôts de consommation, mis sur les *edulia* par Caligula, et dont il a été question en traitant plus haut de l'octroi à Rome. (2) M. Dureau de la Malle, entre autres, qui reproche pourtant à Burmann d'avoir « embrouillé la matière », me paraît être tombé dans cette confusion qui rend absolument incompréhensible certains textes dont je vais parler (3).

Tacite nous dit que Tibère, lorsque le royaume de Cappadoce fut devenu province romaine, crut pouvoir réduire à un demi pour cent (*ducentesima*) le centième perçu depuis Auguste (4). Dion Cassius, de son côté,

----

(1) Marquardt, t. III, 2ᵉ partie, p. 208 : Handbuch der Römischen Alterthümer de Becker, continué par Marquardt. Gibbon, histoire, etc., ch. 6, n° 2.

(2) Voy. ci-dessus, p. 72.

(3) Dureau de la Malle, op. cit., t. II, p. 460 et 461. — M. de Serrigny, op. cit., p. 185.

(4) Tacite, Annal., liv. ii, ch. 42 : « Regnum in provinciam redactum

nous apprend que Tibère rétablit l'impôt à son ancien taux de un pour cent (1).

Ces deux renseignements ne sont pas contradictoires, et il n'est pas besoin de supposer, comme l'a fait M. Humbert (2), que Dion est moins bien informé que Tacite ou Suétone. Bien au contraire, pour comprendre un passage de ce dernier auteur, il faut admettre que Tibère ramena à un pour cent le droit qu'il avait abaissé d'abord à un demi pour cent. L'historien des Césars mentionne en effet l'abolition par Caligula du centième sur les ventes à l'enchère : « *centesimam auctionum Italiæ remisit* ». Pour que cet empereur ait eu à supprimer le centième et non le droit de un demi pour cent, on doit reconnaître que l'impôt avait dû être rétabli à son taux primitif ; le texte de Dion, loin de contenir une erreur, nous indique la date à laquelle la taxe fut ainsi relevée.

Établi par Auguste, diminué de moitié, puis ramené à son premier taux par Tibère, l'impôt du centième fut donc supprimé, au moins en Italie, par Caligula (3). Comme, d'un autre côté, cet empereur créa de nouveaux et nombreux impôts, qu'il institua notamment cette

---

« est, fructibusque ejus levari posse centesimæ vectigal professus Cæ-
« sar, ducentesimam in posterum statuit. »

(1) Dion, Cassius, liv. LVIII, ch. 16.

(2) Mémoire sur les douanes chez les Romains, op. cit., p. 90.

(3) Telle est l'opinion professée par Marquardt, op. cit., p. 208 ; il y a cependant une certaine difficulté à mettre d'accord ce passage de Suétone avec une médaille bien connue de Caligula, qui porte : R. CC. ; les interprètes lisent : *remissa ducentesima* ; est-ce bien de notre impôt qu'il s'agit ? La médaille en question porte un *pileus*, signe de la liberté, l'emblème de l'*auctio* serait la *hasta* ; voy. sur cette médaille, ci-dessous, ch. 5, sur la *vicesima manumissionum* ; Cf. Walter, Geschichte des Römischen Rechts, n° 312 in fine, et note 99.

taxe sur les comestibles dont j'ai déjà parlé, on comprend quelles difficultés se sont créées les auteurs qui n'ont pas soigneusement distingué la *centesima rerum venalium*, de la taxe *pro eduliis*, du *macelli vectigal* et de l'*ansarium*. C'est cette confusion qui me semble avoir causé l'erreur de l'ingénieux auteur de l'*Economie politique des Romains*. Il considère le droit de un pour cent, institué par Auguste, comme portant sur les denrées et le droit également de un pour cent aboli par Caligula comme frappant les *auctiones* ou enchères : or le droit sur les *res venales* est partout indiqué au taux de un centième; on est donc autorisé à dire que l'impôt remis par Caligula est bien le même qui fut créé par Auguste, et que dans les deux cas, c'est de l'impôt sur les *auctiones* qu'il s'agit; on ne trouve au contraire nulle part quelle était la quotité de la taxe établie par Caligula sur les objets de consommation (1).

La *centesima rerum venalium* se distingue d'ailleurs de l'impôt sur les denrées que l'on doit considérer comme une sorte d'octroi, par la manière dont ces deux impôts sont répartis entre les caisses publiques : tandis que la première de ces taxes alimente l'*ærarium militare* ainsi que nous l'apprend Tacite, la seconde entre dans l'*ærarium publicum*, encore chargé à l'époque de Caligula des dépenses de la ville de Rome (2).

L'impôt du centième disparut-il complètement après Caligula? Nous n'avons sur cette question que des renseignements peu précis. M. Marquardt pense que l'abo-

---

(1) M. Marquardt, op. cit., 2ᵉ vol., partie 2, p. 208, note 1162, reproche cette confusion à M. Dureau de la Malle.

(2) M. Humbert, articles *Ærarium* et *Ærarium militare*, dans le dictionnaire de MM. Saglio et Daremberg.

lition prononcée par Caligula ne fut pas définitive. Le continuateur du savant manuel de Becker invoque un texte d'Ulpien qui semble en effet prouver qu'au temps de ce jurisconsulte le *vectigal rerum venalium* existait encore, car il le cite précisément dans sa définition du mot *vectigalia* (1). D'autre part la suppression rappelée par Suétone paraît n'avoir favorisé que l'Italie, on pourrait donc dire que l'impôt a continué d'exister en province, jusqu'à l'époque d'Ulpien et même beaucoup plus tard.

Le *siliquaticum*, qu'on retrouve au Bas-Empire, droit d'un silique ou de 4 1/6 p. 100 sur toutes les marchandises mises en vente dans les marchés, est encore une de ces taxes, de nature indécise, dont, à raison des objets qu'elle frappe, denrées, objets de consommation, j'ai parlé plus haut en m'occupant des impôts analogues à nos octrois (2).

II.

Les ventes d'esclaves furent grevées par Auguste d'un droit de deux pour cent (3). Ce fut là encore un de ces impôts nouveaux que l'empereur institua pour alimenter cette caisse militaire, *ærarium militare*, à la création de laquelle il apporta tant de soins. Cette taxe fut portée très-rapidement au double de son taux primitif,

(1) Dig., liv. xvi, loi 17, de Verb. signif. : « Publica vectigalia intelli- « gere debemus ex quibus vectigal fiscus capit, quale est vectigal por- « tus vel venalium rerum. » — Marquardt, op. cit., 2e vol., partie 2, p. 208.

(2) Ci-dessus, p. 72 et s. — Cf. Articles cités de M. Humbert dans le Dictionnaire des antiquités et Walter, Geschichte, etc., t. I, p. 388 et note 69.

(3) Dion Cassius, liv. lv, ch. 31.

car une inscription qui date de Claude l'appelle XXV *ve-naliciorum* (1).

Néron, dans un de ces moments de générosité comme on a déjà eu à en signaler, voulut décharger les acheteurs d'esclaves du droit qu'ils avaient à acquitter, mais il ne fit que déplacer le fardeau et l'imposa au vendeur. Tacite, qui rappelle ce fait, ajoute avec une pointe d'ironie, que cette réforme n'atteignit pas son but, car le vendeur augmenta naturellement son prix de toute la charge nouvelle qui pesait sur lui. On voit que la question de savoir qui supporte définitivement l'impôt n'est pas nouvelle (2).

Aucune mention n'est faite, dans la suite, de l'impôt sur les ventes d'esclaves; je ne crois pas du moins qu'on puisse en retrouver la trace, comme l'a prétendu M. de Serrigny, dans la loi première, au Code, *de vété-ranis*. Je ne vois dans ce texte qu'une exemption générale pour les vétérans de payer l'impôt des foires et marchés; peut-être d'ailleurs, à cette époque, les ventes d'esclaves, comme les ventes de toutes autres marchandises, acquittaient-elles un droit, mais il n'y a aucune preuve que ce droit soit encore une taxe spéciale et d'une quotité plus élevée (3).

(1) Orelli, no 3336, et Fabretti, p. 36, 177.

(2) Tacite, Annales, liv. xiii, ch. 31 : « Vectigal quoque quintæ et vice-« simæ venalium mancipiorum remissum, specie magis quam re (*alias* « vi); quia cum venditor pendere juberetur, in partem pretii emptori-« bus adcrescebat. »

(3) M. de Serrigny, op. cit., t. II, p. 187.—Voyez, sur cet impôt, Marquardt, loc. cit., p. 209, et notes 1171 et 1172.

CHAPITRE V.

IMPOT DU VINGTIÈME SUR LA VALEUR DES ESCLAVES AFFRANCHIS.

I.

L'impôt sur les affranchissements est un des premiers impôts indirects que Rome ait connus. Son établissement remonte à l'année 398 de Rome fondée (Ant. Chr. 354). Tite Live rapporte qu'à cette époque le consul Cneus Manlius, chargé de la guerre contre les Falisques, se trouvant près de Sutrium, assembla ses troupes par tribus et leur fit voter une loi dans le camp. C'était la première fois qu'un pareil fait se produisait. Cette loi ordonnait qu'un vingtième de la valeur de l'esclave serait payé au fisc sur tout affranchissement. Les sénateurs, malgré l'irrégularité du vote, l'avaient poussé à cette mesure, car elle devait être d'une grande ressource pour le Trésor qui n'était pas riche. Mais les tribuns, ajoute notre historien, trouvant un tel exemple dangereux, défendirent, sous peine de mort, d'assembler ainsi le peuple hors de la ville et loin de ses magistrats (1).

Cette loi fut longtemps en vigueur. Dans un passage qui nous a fourni déjà plusieurs renseignements pré-

---

(1) Tite-Live, liv. vii, ch. 16 : « Ab altero consule nihil memorabile « gestum : nisi quod legem novo exemplo, ad sutrium in Castris tribu- « tum de vicesima eorum qui manumitterentur, tulit. Patres, quia ea « lege haud parvum vectigal inopi ærario additum esset, auctores fue- « runt. Cæterum tribuni plebis, non tam lege quam exemplo moti, ne « quis postea populum sevocaret, capite sanxerunt. »

cieux, Cicéron cite l'impôt qu'elle avait créé comme le seul qui, après la réforme de Métellus, fût encore payé par les citoyens Romains. (1)

Doit-on croire que l'impôt sur l'affranchissement des esclaves fut supprimé dans l'intervalle de temps écoulé entre 693 et 760 ? Cette opinion est émise par M. Dureau de la Malle, qui s'étonne de ne la trouver « dans aucun des nombreux érudits qui ont écrit sur la *vicesima* » (2). Mais il règne dans la démonstration de l'auteur de l'*Economie politique des Romains* une singulière confusion, analogue à celle qui a été relevée au chapitre précédent. La preuve qu'il donne de la suppression de notre impôt à cette époque c'est que « Dion dit positivement qu'Auguste pressé d'argent pour les besoins de la guerre et pour l'entretien des gardes de la ville, institua un impôt du cinquantième sur la vente des esclaves. » On ne voit pas bien la valeur de cet argument : les deux impôts ne pouvaient-ils coexister ? D'ailleurs M. Dureau de la Malle lui-même ajoute quelques lignes plus loin : « Ce fut peut-être le deux-centième du cinquantième établi par Auguste sur la vente et l'*affranchissement* des esclaves, dont Caligula eut la générosité de dégréver le budget de l'Etat... etc. » ; il y avait donc encore un impôt sur l'affranchissement ? Que devient l'assertion faite quelques lignes haut ? La contradiction est évidente. Tout au plus pourrait-on dire que le taux de l'impôt a changé et que le cinquantième établi par Auguste a remplacé le vingtième de l'ancienne loi. Mais ce serait certainement là une erreur, et M. Dureau de la Malle, en laissant même de côté

(1) Cicéron, ad Atticum, 2, 16.
(2) Dureau de la Malle, op. cit., t. II, p. 467 et 468.

la contradiction que je viens de signaler, semble bien y être tombé. Il a confondu deux impôts différents : l'impôt sur la vente est distinct de celui sur l'affranchissement des esclaves ; ils furent créés à des époques diverses et jamais leur quotité ne fut la même ; on a, d'ailleurs, des inscriptions qui les mentionnent tous deux séparément (1).

Au surplus on ne saurait douter que l'impôt du vingtième sur les affranchissements ait longtemps survécu à l'époque, que l'on a ainsi, sans preuves suffisantes, indiquée comme étant celle de sa disparition.

D'abord le testament de Dasumius, dans lequel on peut puiser tant d'indications précises et qui est, comme on sait, daté de l'an 862 de Rome (109 ap. J. C.), contient une disposition dans laquelle il est parlé en termes très-formels du vingtième sur les manumissions (2).

Dion Cassius, d'autre part, dans le passage célèbre, relatif à l'extention du droit de cité, nous est témoin que notre impôt existait sous Caracalla.

« Après Caracalla, dit M. Serrigny dans son traité du droit public et administratif romain (3), il n'est plus fait mention de cet impôt. Je crois en apercevoir le motif : c'est que cet empereur ayant conféré le droit de cité aux habitants du monde romain, l'impôt qui était

----

(1) Voyez ci-dessus, p. 113 l'impôt sur les ventes d'esclaves. Une inscription nous montre les deux impôts coexistants sous le règne de Claude : « Claudio Drusi F. Cæsari Aug. Germanico pont. maximo tri-« bun. Potest. III... publici XX libertatis, et XXV venali. » Orelli, n° 3336.

(2) Testament de Dasumius, restitution de Rudorff, op. cit. : « ... Quem « enim ita vetuero is neque liber esto neque vicensimæ nomine ei prove « eo publicano XX libertatis heres meus quidquam dato. » Lignes 52 et 53.

(3) Tome II, p. 189.

le prix de l'acquisition du droit de cité par la voie de l'affranchissement n'avait plus de raison d'être et aurait été sans cause. Comme l'a fait remarquer M. de la Meynardière, dans l'excellent mémoire qu'il a consacré à une inscription, trouvée à Poitiers et concernant notre impôt (1), c'est là une appréciation tout à fait erronée ; la réforme de Caracalla, bien loin de faire disparaître notre impôt, avait pour objet et eut pour résultat de l'étendre aux provinces où il ne fut perçu que depuis la constitution de cet empereur. De nombreuses inscriptions montrent le vingtième sur les affranchissements levé dans les provinces (2). Datent-elles d'une époque postérieure à Caracalla? On n'en saurait douter. En admettant même, en effet, que le *jus italicum* concédé à certaines villes emportât la perception de l'impôt du vingtième comme contre-partie de l'immunité foncière, quelques inscriptions nous montrent l'impôt en vigueur dans des pays qui ne jouissaient pas de cette faveur (3). Il n'a donc pu y être perçu qu'après la concession générale du droit de cité. Il n'est pas admissible, d'autre part, qu'un système de perception existât et que des publicains aient pu affermer l'impôt pour recueillir le vingtième sur les affranchissements effectués par des citoyens romains résidant isolément en province avant Caracalla. Tout nous prouve par conséquent que, con-

(1) De l'impôt du 20e sur les affranchissements des esclaves, Poitiers, 1872. Inséré dans le 35e volume des Mémoires de la Société des Antiquaires de l'Ouest.

(2) Muratori, t. I, p. 134 : « Vicesimæ libertatum non tantum frequens « in Italia, sed in provinciis in quibus nulla erant romanorum oppida : « quales fuere Gallia narbonensis et Hispania citerior. » L'inscription récemment découverte à Poitiers, et qui fait l'objet du mémoire de M. de la Meynardière, en est un nouvel exemple.

(3) Notamment Orelli, n° 3333 ; Gruter, 591, 2 ; Muratori, I, 134.

trairement à l'opinion émise par M. de Serrigny, pendant longtemps encore l'impôt fut perçu non-seulement
en Italie mais aussi dans les provinces.

Pas plus que pour la *vicesima hœreditatum*, on ne peut
toutefois fixer l'époque précise (1) où disparut l'impôt
du vingtième sur les affranchissements. Mais on a supposé avec assez de vraisemblance que le moment de sa
disparition est celui auquel, avec Dioclétien, un tout
nouveau système administratif et financier fut imposé
au monde Romain et en particulier à l'Italie (2).

II

La quotité de l'impôt fut, dès l'origine, le vingtième
ou 5 0/0 du prix de l'esclave affranchi (3). Cette quotité

(1) M. de la Meynardière, op. cit., p. 18, nº 1, dit qu'une inscription
citée par Fabretti, p. 36; nº 176, et datant du règne d'Alexandre-Sévère,
fait mention de notre impôt, il en tire la preuve que cet impôt existait
encore au commencement du IIIᵉ siècle. Ce fait est vrai, sans doute,
mais il faut en chercher d'autres témoignages, car l'inscription citée par
Fabretti et rapportée par M. de la Meynardière, est précisément celle que
j'ai donnée un peu plus haut, qu'Orelli a placée sous le nº 3336, et qui
est incontestablement de l'époque de Claude.

(2) « En outre, Maximien ayant eu dans son lot l'Afrique et l'Italie,
l'immunité de l'Italie rejeta tout le poids de l'impôt sur la seule Afrique,
et la charge fut d'autant plus lourde qu'une seule partie de la province
portait tout le faix, puisqu'il y avait dans l'Afrique un assez grand
nombre de colonies privilégiées du *jus italicum*, et à ce titre exemptes
d'impôts. Ce fut alors que, par le conseil de Dioclétien, on fit un nouveau recensement de tout le monde romain, et qu'on changea, pour la
plus grande part, l'ancien système d'impositions.» Baudi di Vesme, op.
cit., ch. 2, nº 12. — Le même auteur dit ailleurs : « Les impositions in-
directes que la constitution de Caracalla avait étendues de l'Italie aux
provinces, furent à peu près abolies par les prédécesseurs de Constantin..... il semble qu'elles furent abolies par Dioclétien même et par
Constantin à l'occasion du renouvellement des rôles et de l'introduction
du nouveau système d'impôts. » Ch. 1, nº 8.

(3) Tite Live, liv. VII, ch. 16.

fut maintenue pendant longtemps ; ce n'est que sous
Caracalla qu'elle changea et que l'impôt fut doublé d'un
seul coup. Cet empereur éleva au dixième le droit qui
se percevait sur les hérédités, ainsi que je l'ai signalé
dans un précédent chapitre, et fit subir la même aggravation à l'impôt qui nous occupe en ce moment (1).
Aussi, pendant quelque temps, désigna-t-on ce droit
sous le nom de *decima* (2). D'ailleurs, le changement
exécuté par Caracalla ne subsista pas longtemps et
l'impôt sur les affranchissements, augmenté en même
temps que celui qui portait sur les successions, fut ramené en même temps à l'ancien taux par Macrin ; Dion
nous a conservé le souvenir de cette réforme (3).

Les cinq pour cent perçus au moment de l'affranchissement devaient nécessairement entraîner une évaluation de l'esclave ; la perception de ce droit, *ad valorem*,
faisait certainement naître des difficultés nombreuses,
car le prix des esclaves variait beaucoup suivant leurs
fonctions : on ne trouve dans les compilations justiniennes aucune trace des procès qui durent, à cette
occasion, s'élever entre les contribuables et le fisc ; on
ne saurait s'en étonner, puisque, à l'époque de Justinien, l'impôt avait disparu depuis longtemps. On peut
cependant établir, d'une façon à peu près certaine,
d'après un passage assez obscur de Pétrone (4), qu'au
temps où cet auteur vivait, c'est-à-dire sous Claude et

(1) Dion Cassius, liv. LXXVII, ch. 9. Voyez ce passage ci-dessus, p. 90

(2) Mosaïc. et roman. legum Collatio, 16, 9.

(3) Dion Cassius, liv. LXXVIII, ch. 12 : « Il fit concevoir de grandes espérances aux citoyens... en rapportant les édits de Caracalla sur 20ᵉ des
affranchissements et des successions. »

(4) Pétrone. ch. 65 ; Cf. Burmann, p. 158 e. 159, op. cit.

Néron, l'évaluation se faisait par les soins du *vicesima-rius*, c'est-à-dire du percepteur même de l'impôt.

III

En principe, c'est au nouvel affranchi qu'incombe la charge de l'impôt. Cela est tout naturel, car c'est lui qui va profiter des immunités attachées à l'état qu'il vient d'acquérir. Aussi Arrien (1), dans sa vie d'Epictète, dit-il : « D'où vient à l'esclave ce grand désir d'être affranchi ? Est-ce l'envie qu'il a de donner son argent pour payer le vingtième ? »

La loi faisait donc supporter le droit par l'affranchi. La meilleure preuve que nous en ayons, c'est que les testateurs prenaient soin de mettre l'impôt à la charge de leurs héritiers, quand ils voulaient compléter la munificence que contenait, à l'égard d'un de leurs esclaves, l'acte de leur dernière volonté. En effet, comme le fait observer Burmann (2), « frustra et inutiliter autem le-
« garet vicesimam si servus ab ea solvenda esset
« immunis... »

C'est ainsi que le Trimalcion de Pétrone (3) lègue à l'affranchi lui-même la somme nécessaire pour acquitter l'impôt : « Ad summum omnes illos in testamento meo
« manumitto : Philargyro etiam fundum lego et con-
« tubernalem suam, Carrioni quoque insulam et *vice-*
« *simam* et lectum stratum. » Dasumius, dont nous lisons le testament original, enjoint à ses héritiers de payer sans difficulté le droit exigé : « Cæteros omnes,

(1) Vie d'Épictète, III, 26.
(2) Burmann, de Vectig., pop. rom., p. 153.
(3) Pétrone, ch. 71.

« quos liberos esse jussi, eos ex meo accipere volo,
« quod eo nomine publicano debebunt, fidei autem
« eorum committo, quisquis mihi heres heredesve
« erunt, ut eam pecuniam singulis dent, tribuant, con-
« cedant sine ulla controversia... » (1).

Il y avait là, sans doute, une distinction qui se faisait d'elle-même. Quand l'affranchissement était le résultat d'un rachat, l'affranchi payait lui-même le droit
qu'il devait au fisc. Lorsque, au contraire, la liberté était
un don du maître, celui-ci, le plus souvent, achevait son
œuvre en payant l'impôt, ou en le faisant payer par ses
héritiers, à la place de l'esclave (2).

Ce double bienfait devait fréquemment se rencontrer
dans les testaments ; nous en avons l'exemple ; le maître,
en effet, s'y montrait prodigue d'affranchissements qui
n'amoindrissaient pas sa fortune (3), il ne lui en coû-
tait pas plus pour mettre le droit à la charge de ses
héritiers.

Le maître devait compléter ainsi quelquefois son acte
de munificence même dans les affranchissements entre-
vifs (4). Du moins on a cru en trouver la preuve dans
un passage de Festus (5), où, définissant le mot « ma-

(1) Das testament des Dasumius, restitution de Rudorff. — M. Laboulaye, Revue de Législation, 1845, t. II, p. 306 et suiv.

(2) Certains commentateurs disent que le maître accordait alors la
gratuita libertas ; ils trouvent ce mot dans Suétone (Vespasien, 16) ; mais
je ne crois pas que dans ce passage l'historien des Césars entende parler du 20e ; il veut, selon moi, exprimer cette idée que Vespasien exigeait le rachat de son esclave, et ne consentait pas à lui faire don de sa
liberté. — Voy. contr. à cette opinion, Burmann, op. cit., p. 153. —
M. de la Meynardière, op. cit.. page 11. Dureau de la Malle, op. cit., II,
p. 469.

(3) La loi Furia Caninia avait été portée en 761, pour prévenir cet
abus. — Cf. M. Demangeat, t. I, p. 247.

(4) Arrien, liv. II, ch. 1, et liv. III, ch. 26.

(5) L'édition Panckouke de Festus porte : « Si usquam digrediatur

numitti », l'auteur met dans la bouche du maître, la formule par laquelle on prononce l'affranchissement ; or, cette formule mentionne un paiement d'une certaine somme fait *pro servo* : le maître ici payait donc lui-même l'impôt à la place de son esclave : « Manumitti dicitur « servus sacrorum causa, cum dominus ejus, tenens « modo caput, modo membrum ejusdem servi, edicit : « Hunc hominem liberum esse volo, ac pro eo auri X « puri, probi, profani, mei, solvam, ut, priusquam di- « grediatur a sacris efficiatur sui juris. »

IV

A l'époque où l'impôt fut établi, c'est-à-dire en l'année 398 de Rome, les modes solennels d'affranchissement, *vindicta, censu, testamento*, conféraient la cité romaine ; tout affranchissement autrement fait n'avait pas d'existence légale ; sans aucun doute, à cette époque les affranchissements de droit strict donnaient seuls lieu au paiement du vingtième.

Mais, plus tard, lorsque la loi eut déterminé l'état des affranchis parvenus à la liberté par un mode non solennel, affranchis *inter amicos* par exemple, lorsqu'elle leur eut accordé, comme le dit Dosithée « une liberté qui leur était propre, en les assimilant aux *Latini Colo-*

« a sacris quum fuerit sui juris ; » le sens devient alors très-difficile à trouver. Ce texte, d'ailleurs, est assez obscur, même dans l'autre leçon. La conclusion qu'on en tire pourrait être discutée, tant à cause de l'énormité de la somme que le maître paie pour son esclave, qu'à cause de l'époque où vivait probablement Festus. Ce passage est néanmoins cité et admis sans observation par Burmann, p. 154 ; M. de la Meynardière, p. 11, et Dureau de la Malle, II, p. 469. — Scaliger, in hoc v°, Fest., éd. 1700.

niarii », lorsqu'en un mot il y eut des affranchis Latins Juniens ; quel fut le droit du fisc à l'égard de ces affranchissements ?

Burmann et d'après lui M. Dureau de la Malle, affirment : « que les esclaves qui, par la manumission, ne recevaient pas la liberté complète en obtenant le droit de cité, étaient exempts du vingtième ; règlement conséquent, puisque alors leur maître pouvait les réduire de nouveau en servitude. » Le commentateur hollandais avait dit déjà : « Quid enim solverent illi qui quotidie a « dominis in servitutem revocari poterant ut exemplum « est apud Ciceronem et causus est in leg. 79, § 3, au « Digeste, *de legatis*, ubi servus legatus et interim ma- « numissus et postea servus factus occurrit » (1).

Ce n'est pas des affranchis Latins Juniens que les auteurs que l'on vient de citer entendent parler ici, les mots « en obtenant le droit de cité » et *qua et jus civitatis Romanæ accipiebant,* le prouvent formellement ; il ne s'agirait donc que des esclaves qui parvenus par un affranchissement, à la cité romaine, pourraient néanmoins retomber en servitude. Quels sont donc les exemples que l'on nous donne de cette situation particulière? Dans la lettre citée, Cicéron exprime à Atticus toute l'indignation qu'il ressent contre un de ses affranchis qu'il avait placé auprès de son fils et qui s'est enfui : « Je suis donc résolu, ajoute-t-il, à invoquer l'ancienne maxime qu'on attribue au préteur Drusus, à l'égard des affranchis qui n'auraient pas juré de nouveau, une fois libres, de rendre certains services à leurs patrons, je déclarerai que je ne leur ai point accordé la liberté, d'autant mieux qu'à leur affranchissement,

(1) Burmann, op. cit., ch. 10.

personne n'assistait de ceux que la loi exige (1). » On
voit que Cicéron pour arriver à son but, qui est de remettre en servitude son infidèle affranchi, compte employer
deux moyens : le serment *operarum* n'a pas été
prêté de nouveau après la manumission, et la manumission elle-même n'a pas été accomplie dans les formes voulues par la loi; le dernier membre de phrase
a quo recte vindicarentur, prouve bien que l'affranchi
n'avait pas « obtenu le droit de cité ». Dès lors on ne
voit pas comment on peut appliquer cet exemple au cas
particulier dont il est question.

Burmann et M. Dureau de La Malle, citent encore un
passage de Celsus duquel ressortirait suivant eux le
droit pour le maître de ne pas tenir compte de certains
affranchissements. Le jurisconsulte suppose qu'un esclave a été légué, puis qu'il a été affranchi, qu'ensuite
il est retombé en servitude; suivant lui, le legs en ce
cas est valable (2). Il s'agit bien là d'un affranchisse-

(1) Cicéron, ad Atticum, liv. vii, ep. 2 : « Chrysippum vero quem
« ego, propter litterularum nescio quid, libenter vidi, in honore habui,
« discedere a puero, insciente me? Mitto alia, quæ audio, multa;
« mitto furta; fugam non fero, qua nihil mihi visum est sceleratius.
« Itaque usurpavi vetus illud Drusi, ut ferunt, prætoris in eo, qui eadem
« liber non juraret, me istos liberos non addixisse; præsertim quum
« adesset nemo a quo recte vindicarentur. »
Cf. Ulpien. Dig. de Operis libertorum, loi 7, pr. : « Ut jurisjurandi
« obligatio contrahatur, libertum esse oportet qui juret et libertatis
« causa jurare. » — Et § 2 : « Jurare autem debet post manumissionem
« ut obligetur; et sive statim sive tempus juraverit obligatur. » — Paul,
Dig. de Manumissis testamento, loi 36 : « Servum testamento ita manu-
« misi : Si juraverit se Cornelio filio meo decem operarum daturum,
« liber esto. Quæritur quid juris sit? Et sciendum est, jurando servum
« conditionem implere; sed non teneri operarum nomine; quia nisi post
« manumissionem juret, non obligatur. ».
(2) Digeste, de Legatis et fideicommissis, III, loi 79, § 3 : « Servus
« quoque legatus si interim manumittatur et postea servus factus sit,
« postea peti potest. »

ment accompli régulièrement; sans cela, en effet, la question ne se poserait même pas; si la liberté de l'esclave n'a été qu'éphémère, elle a existé pourtant réellement; pourquoi supposer qu'un tel esclave pouvait chaque jour retomber sous la puissance du maître? Il a effectivement obtenu la liberté, ensuite, pour une cause entraînant la remise en servitude, l'ingratitude, par exemple, il est revenu à son premier état. Mais au moment de l'affranchissement, qui s'est fait selon les règles du droit strict, on ne pouvait prévoir le retour à la servitude, et le fisc a dû nécessairement percevoir l'impôt du vingtième.

En ce qui concerne les affranchis Latins Juniens, M. Dureau de la Malle et M. Serrigny n'ont pas touché la question : Burmann n'en dit qu'un mot : *tantum vigesima exigebatur…. ab iis qui* optimo jure *libertatem consequebantur*; elle paraît cependant assez complexe et délicate pour qu'on s'arrête à la discuter.

A l'époque où la loi fut portée et jusqu'au moment où les esclaves affranchis par un mode non solennel, eurent la qualité de Latins Juniens et furent assimilés aux *Latini coloniarii*, l'impôt dut nécessairement n'être perçu que sur les affranchissements qui procuraient la cité romaine; les autres modes en effet ne mettaient pas ceux à qui leurs maîtres accordaient ainsi la liberté, dans une situation bien définie; aux yeux de la loi ils restaient esclaves; si le préteur intervenait en leur faveur, ce n'était pas pour leur conférer des droits, mais seulement pour s'opposer à ce qu'on exigeât d'eux les services qu'on eût pu contraindre un esclave à rendre.

Plus tard, lorsque à une date incertaine, la loi «Junia

Norbana » eut déterminé la situation de l'esclave affranchi dans de certaines conditions, mais par un mode non
solennel, en lui conférant, non la cité, mais la « latinité », un tel affranchissement, ayant une valeur légale, efficace par lui-même, au moins quant à la personne, et non pas seulement grâce à l'intervention pré-
torienne, ne donna-t-il pas lieu à la perception de l'impôt? M. de La Meynardière, dont j'ai déjà cité la remarquable notice, répond négativement : « Aussi bien,
dit-il, de tels affranchissements ne furent-ils jamais
soumis au paiement de l'impôt du vingtième » (1).
Mais il n'apporte à l'appui de cette assertion que celle
de Burmann, qui pourra, d'après ce que j'ai dit ci-dessus, paraître insuffisamment motivée, et qui d'ailleurs
s'applique sans aucun doute à une tout autre difficulté.
M. de La Meynardière cite encore ce passage de Cicéron, que donnait déjà le commentateur hollandais, et
qui, outre qu'il semble bien être antérieur à la loi
« Junia Norbana » (2), n'est nullement de nature à autoriser une opinion aussi absolue.

(1) Op. cit., pag. 10.

(2) La date de la loi Julia Norbana est incertaine, ou plutôt on hésite
entre deux dates. M. de Vangerow (op. cit., § 2) et plusieurs autres auteurs pensent que cette loi fut rendue en 772 de la fondation de Rome,
Junius Silanus et Junius Norbanus étant consuls. M. Demangeat (op.
cit., pag. 194, croit que notre loi est antérieure à la loi Ælia Sentia et
qu'il faut en placer la date à l'année 671, sous le consulat de Junius Norbanus et de Lucius Cornelius ; la raison qu'il en donne, c'est que Dosithée (op. cit., § 12) dit : « Lex Junia Latinorum genus introduxit. » C'est
donc, selon l'éminent auteur, cette loi qui créa l'assimilation dont il a
été parlé. M. de La Meynardière (op. cit., pag. 10, note 1), adopte cette
opinion, et il ajoute : « Le texte de Cicéron (celui que j'ai cité ci-dessus)
montre, qu'à son époque, il y avait déjà deux classes d'affranchis, ce qui
ne s'expliquerait pas si la création de ces deux classes devait être recu-
lée jusqu'à l'année 757. » Cette dernière date est celle de la loi Ælia
Sentia. — Le texte de Cicéron me paraît tout à fait propre à appuyer

Cette opinion se fonde, en résumé, sur ce seul argument, non de texte, mais de sentiment : dans certains cas, le maître pouvait reprendre son autorité sur son affranchi, et on croit le prouver ; l'affranchissement ne procure en ce cas qu'une passagère et incomplète liberté, il serait donc injuste d'assujettir celui qui profite d'une aussi mince faveur au même impôt que supporte celui qui va se trouver définitivement libre.

Peut-être un argument d'un autre genre, et que Burmann (1) indique en termes un peu vagues, pourrait être invoqué : lorsque la loi détermina la situation des affranchis mis en liberté par un mode non solennel et en fit des Latins Juniens, les citoyens romains étaient dispensés de tout impôt direct, l'affranchissement qui conférait le droit de cité, emportait donc avec lui une précieuse immunité. Rien de plus juste dès lors que de faire payer une taxe à celui qui avec la liberté allait acquérir la franchise inhérente à sa nouvelle qualité (2). Il n'en était pas de même pour ceux qui, devenus li-

l'opinion adverse. La lettre à Atticus est de 704, et Cicéron ne dit nullement que son affranchi ne pourra devenir citoyen, mais restera dans une classe intermédiaire ; il s'agit au contraire d'un retour complet à la servitude. Cicéron eût-il fondé sa prétention sur ces mots : « præsertim « quum adesset nemo a quo recte vindicarentur, » si la loi qui assurait la latinité à l'esclave affranchi par un mode non solennel, eût déjà existé à cette époque ? On dit que ce passage prouve qu'il existait déjà deux classes d'affranchis ; je ne le vois pas bien clairement ; mais avant la loi Junia on distinguait, en fait, les affranchis par un mode solennel de ceux qui ne devaient de conserver leur liberté personnelle qu'à l'intervention du préteur « interveniebat prætor et non patiebatur manumis- « sum servire » (Dosithée, § 5).

(1) Burmann, ch. 10, pag. 157.

(2) « Il n'était pas rare de voir des *peregrini* se donner en servitude à un citoyen romain, afin d'obtenir, par un affranchissement subséquent le droit de cité et l'exemption d'impôt qui en était la suite. » Serrigny, op. cit., tom. II, p. 188. — Dans le banquet qu'a imaginé Pétrone, un

bres par un affranchissement incomplet, n'entraient pas dans la cité romaine. C'est ainsi, comme on l'a vu dans un précédent chapitre, que, sous Auguste, le vingtième des successions ne frappa que les citoyens romains et fut comme une compensation à l'immunité dont ils jouissaient quant à l'impôt direct (1). On peut toutefois faire remarquer que, à l'époque où la taxe sur les affranchissements fut votée, l'impôt direct était encore payé par les citoyens ; la loi de Cneus Manlius est de 398, la franchise date de 485 environ ; pendant longtemps par conséquent, les deux impôts coexistèrent ; l'analogie avec le vingtième sur les successions n'est donc pas absolument exacte, car l'idée qui dirigea Auguste dans la création de ce dernier impôt, n'était pas dans l'esprit de ceux qui décrétèrent le vingtième sur les affranchissements. On peut douter de plus, que les Latins Juniens payassent l'impôt direct, car, affranchis dans les pays de cité romaine, il faudrait supposer qu'un système de perception eût existé seulement pour eux, et cela est assez difficile à admettre.

La question semblerait sans doute plus difficile à résoudre, et l'on serait encore moins disposé à recevoir, sans la contester, l'affirmation de certains auteurs, si l'on s'occupait de ces Latins Juniens, à qui leur situation particulière était faite, non par le mode employé pour les mettre en liberté, mais par les circonstances spéciales et prévues par les lois « *Junia Norbana* » et « *Ælia Sentia* » dans lesquelles eux ou leurs maîtres se trouvaient

insolent affranchi interpelle un des convives, fils de prince étranger : « Quare ergo servivisti ? » lui dit-il, et l'autre répond : « Quia ipse me « dedi in servitutem ; malui enim civis romanus esse quam tributarius. » Ch. 57.

(1) Voy. ci-dessus page 83.

au moment de l'affranchissement; lequel était alors accompli publiquement, dans des conjonctures qui devaient rendre la perception facile, et, par conséquent,
probable, mais qui, à raison de l'âge, par exemple, du
maître ou de l'esclave, ne pouvait procurer à celui-ci
que la « latinité ». -

V.

Comme les autres impôts que j'ai étudiés jusqu'ici,
le vingtième sur les affranchissements était affermé à
des publicains qui se chargeaient d'en opérer le recouvrement. Cela nous est démontré par un certain nombre d'inscriptions. Ces inscriptions nous revèlent, par
les différentes qualités que prennent les individus qui
y sont nommés, des sociétés de publicains régulièrement constituées pour la ferme de notre impôt, avec
leurs chefs, leurs employés de toute sorte, leurs cais-
siers (1).

De la quotité de l'impôt, le vingtième de la valeur,
vint aux fermiers de la taxe sur les affranchissements
ce nom de *vicesimarii* que leur donnent parfois les auteurs (2).

(1) « M. Lucio, pub. XX, libert. pr. ær., p. h. c. » Orelli, 3333 et la
note.

— « D. M. Seciæ apræ et sex cæpiæ Herameti Apulus Vilicus XX, li-
« bert.» Orelli, 3334. — *Villicus* veut dire proprement fermier. Cf. le passage intéressant que M. de La Ménardière consacre à ce mot contenu
dans l'inscription qu'il commente. Op. cit., pag. 10.

— « D. M. Inachus, public. XX, libert. Inacho parenti piissimo. » Henzen, supp. à Orelli, 6553.

— « Locus sepulturæ familiæ XX, lib. Reg. Transpad. Theopompus
ark... » *Arcarius*, que l'on retrouve dans plusieurs de ces inscriptions,
signifie caissier.

— Junge : Orelli, 3335 : « Tabularius fisci libertatis. — Id. *ibid.* 3354,
3336, 3337, 3338, et Henzen, supp. à Orelli, 6647.

(2) Pétrone, ch. 65 et Arrien, loc. cit.

VI.

L'*aurum vicesimarium*, ainsi qu'on l'appelait, était versé, comme recette extraordinaire, dans le trésor réservé, *in sanctiore ærario*.

On l'y conservait pour les besoins pressants; on le considérait comme une suprême ressource (1). Quel était le produit de cet impôt et de quelle importance pouvait-il être dans les finances romaines?

Il serait intéressant de s'en rendre compte. Malheureusement, pour cet impôt comme pour la plupart des autres, nous n'avons reçu des anciens, à ce sujet, aucun renseignement précis. Toutefois, le revenu du vingtième des manumissions peut sembler, plutôt que celui de toute autre taxe, facile à déterminer; on doit croire, en effet, qu'on arrivera à fixer à peu près quelle était la valeur moyenne d'un esclave, tandis qu'il est impossible d'évaluer, par exemple, le prix de toutes les marchandises soumises au *portorium*. Or si, d'autre part, on connaît le nombre des affranchissements opérés, la question sera résolue. M. Dureau de La Malle a pensé que ce double calcul pouvait être fait, au moins pour une certaine époque. La seule donnée précise qu'il ait à invoquer est celle-ci : Tite-Live nous dit qu'en 543, le sénat puisa dans le trésor réservé l'or produit par les affranchissements, et que la somme mise en réserve et ainsi obtenue s'élevait à « quatuor millia pondo auri » (2).

(1) Tite-Live, liv. xxvii, ch. 10 : « Cætera expedientibus, quæ ab bel- « lum opus erant, consulibus *aurum vicesimarium*, quod in *sanctiore æra-* « *rio* ad ultimos casus servabatur, promi placuit. Promta ad quatuor « millia pondo auri, inde quingena, consulibus..., etc. »

(2) Tite-Live, loc. cit., supr.

De là, l'auteur de l'*Economie politique des Romains* croit pouvoir déduire le nombre des affranchissements accomplis. Il admet d'abord *a priori* que, à l'époque indiquée par l'historien, c'était la première fois qu'on avait recours à l'*aurum vicesimarium* ; il fixe, d'après deux passages, l'un de Tite-Live, l'autre de Polybe, le prix moyen de l'esclave, à ce moment, à 457 fr. 38 c. La taxe serait donc, en moyenne, sur chaque affranchissement, de 22 fr. 85 c., et à raison de 1,380 affranchissements par an le produit annuel de l'impôt serait de 31,533 fr. (1).

Toutes ces hypothèses paraîtront, sans doute, trop hardies ; le raisonnement, d'ailleurs, ne repose pas sur une solide base ; on admet, en effet, comme démontré ce qui ne l'est pas, à savoir que, pendant une période de 145 ans, le produit total de l'impôt n'ait été que de 4,000 livres d'or. En considérant même tous ces chiffres comme exacts, on n'aurait d'ailleurs qu'un résultat insuffisant ; on ne pourrait légitimement conclure de cette période de 145 ans à toute la durée de la république et de l'empire, ou, du moins, du temps pendant lequel notre impôt a été en vigueur, car le prix des esclaves changea.

Ce dernier élément du calcul, le prix des esclaves, qui pourrait donner, sinon le produit exact du vingtième des affranchissements, puisqu'il resterait toujours à

______

(1) Dureau de La Malle, op. cit., t. I, page 289 et suiv. — M. Dureau de La Malle suppose que les 4,000 livres d'or valent 4,496,200 fr. Ce nombre, divisé par 22,85, soit 5 pour 100 de 457.38, prix moyen d'un esclave, donne à peu près 200,000 fr. Ce serait là le chiffre total des affranchissements effectués de 398 à 543 de Rome ; ce chiffre de 200,000 fr. étant divisé à son tour par 145, nombre des années écoulées entre ces deux dates, on obtient 1380, nombre présumé des affranchissements pendant un an.

connaître leur nombre, au moins une idée de l'importance de ce revenu pour l'Etat, a été l'objet d'études importantes; mais, malgré les textes assez nombreux dans lesquels les jurisconsultes nous parlent de la valeur vénale des esclaves, les interprètes n'ont pu se mettre d'accord sur ce point (1). Ce n'est que dans une constitution de Justinien qu'on trouve un tarif fixant le prix de chacune des catégories d'esclaves. Malheureusement ce renseignement précis ne peut nous servir, car à l'époque de Justinien, depuis longtemps déjà, l'impôt du vingtième sur les affranchissements avait cessé d'être en vigueur.

CHAPITRE VI.

IMPOTS SUR LES MINES ET CARRIÈRES ET SUR LE SEL.

§ 1.

Le régime auquel fut soumise l'exploitation des mines et carrières dans l'empire romain pourrait, à lui seul, par les variations qu'il subit suivant les temps et les lieux, fournir l'occasion d'une intéressante étude. L'impôt qui fut pendant si longtemps levé sur les produits des entrailles de la terre « quod, non ex fructibus, « quos terra e sinu suo emittit, decerpebatur, sed ex

(1) Dureau de La Malle, op. cit, t. I, p. 157 et suiv., notamment et tout le ch. 15 du liv. I. — Les résultats obtenus par l'auteur de l'Économie politique des Romains ont été contestés et discutés avec beaucoup de force par M. Wallon, dans son ouvrage : Histoire de l'esclavage dans l'antiquité; partie II, ch. 4, du prix des esclaves à Rome. M. Wallone toutefois, n'arrive pas davantage à une évaluation précise. — Cf. M. de La Meynardière, op. cit., p. 13 et 14.

« ipsis visceribus extrahebatur » semble avoir, lui aussi, changé souvent de quotité, d'assiette, de nature même.

Il est toutefois difficile de se faire, d'après les monuments historiques et législatifs que nous possédons, une idée exacte de cet impôt ; on pourrait même hésiter à le classer parmi les impôts indirects (1). Je m'en occuperai cependant ici, puisqu'il porte le nom de *vectigal* et que les ressources qu'il produit ne proviennent pas, en partie du moins, du domaine public.

Les mines et carrières furent en effet exploitées, tantôt par l'Etat, tantôt par les particuliers ; à de certaines époques même, l'exploitation par l'Etat exista concurremment avec celle par les particuliers. Lorsque l'Etat restait propriétaire, l'exploitation était affermée à des publicains : quand, au contraire, la mine est une propriété particulière, les publicains sont fermiers de l'impôt que doit payer le particulier exploitant. Dans ce dernier cas seulement, il y a impôt.

Sous la république les mines furent, à ce qu'il semble, le plus souvent des propriétés particulières ; le système dont je viens de parler, en dernier lieu, s'appliquait par conséquent, et l'impôt était payé sur les fruits de l'exploitation. Il me paraît néanmoins que les ressources tirées par Caton le censeur, des mines de la Tarraconnaise (2), doivent être considérées comme produites par le domaine plutôt que par un impôt : on a cité, toutefois, le passage de Tite-Live, dans lequel l'historien raconte que, après la pacification de la province,

(1) M. de Serrigny. — Droit public et administratif des Romains tom. II, p. 874.

(2) Tite-Live, chap. 21, du liv. XXXIV. « Pacata provincia, vectigalia « magna instituit ex ferrariis argentariisque, quibus tum institutis locu- « pletior in dies Provincia fuit. »

d'importants *vectigalia* furent établis sur les mines de fer et d'argent, comme le premier texte où nous trouvions la trace du droit sur l'extraction des métaux (1).

Sous l'Empire, au contraire, les mines devinrent presque toutes propriétés du fisc (2); l'avidité des empereurs s'exerça de préférence, à ce que nous apprend Strabon, sur les mines d'or : « Nunc etiam, » dit cet auteur (3), « sunt argenti fodinæ non quidem publicæ « neque hic, neque aliis in locis, sed privatorum pos- « sessiones demigrarunt; aurariæ vero fisci habentur « ut plurimum. »

Il paraît cependant que, même parmi les mines d'or, quelques-unes restèrent propriété privée; leurs produits eurent à payer un droit dont nous ne connaissons pas la quotité (4).

A l'époque de Valentinien et de Théodose un système spécial fut appliqué aux chercheurs d'or. Ce système fonctionnait encore sous Justinien, car nous retrouvons à son Code une des constitutions qui semblent l'avoir établi. La recherche de l'or, en dehors des mines, dans les sables ou les eaux aurifères sans doute, est libre. L'Etat, disent les empereurs, trouvera son avantage à cette liberté. Sur l'or ainsi récolté, les « aurileguli » devront payer au fisc, par homme, sept ou huit scrupules, selon les pays, à titre de *canon metallicus*. En outre, et c'est là un point remarquable, tout le surplus de l'or trouvé devra être vendu au fisc,

(1) Dureau de La Malle, op. cit., p. 440, t. II.

(2) Suétone, Tibère, ch. 49 : « Plurimis etiam civitatibus et privatis « veteres immunitates et jus metallorum ac vectigalium adempta... »

(3) Strabon, liv. III.

(4) Loi 13 au Digeste, 5, de Usufructu, et loi 7, 14, Solut. mat.

moyennant un prix déterminé. Ainsi une sorte de monopole du commerce de l'or est assuré à l'Etat (1).

L'or versé au fisc était brut et non raffiné ; le déchet était calculé à forfait sur le pied de deux pour quatorze ; de telle sorte que l'on prenait quatorze onces d'or brut pour une livre d'or raffiné. C'est là certainement le sens d'une constitution un peu obscure du Code Théodosien, savamment commentée par Jacques Godefroid, et qui se retrouve au Code Justinien (2).

Il ne semble pas qu'à l'origine la propriété de la superficie et celle du dessous aient été distinguées. Il faut arriver jusqu'à Constantin et à ses successeurs, jusqu'aux grandes constructions de Constantinople, pour trouver des carrières exploitées par d'autres que le propriétaire du sol, moyennant une redevance payée à celui-ci. Plusieurs constitutions organisèrent ce nouveau système. Les empereurs décidèrent que dans ce cas un dixième du produit serait payé au propriétaire de la superficie, pour l'indemniser de l'espèce d'expropriation qu'il subit, un autre dixième est payé au fisc à titre d'impôt (3).

Une constitution de Gratien, insérée au Code Théodosien, mais non reproduite par le Code Justinien, dispense les Sénateurs de payer l'impôt sur les produits des carrières de Macédoine et d'Illyrie ; les autres conditions imposées à la liberté d'exploitation, notamment

---

(1) Loi 12 au Code Théodosien, de Metallis et metallariis : « Per annos « singulos septem per hominem scrupuli largitionibus inferantur ab au- « rilegulis, non solum in Pontica diocæsi, verum etiam in Asiana. » J. loi 1 au Code Justinien, hoc titul.

(2) Loi 4 au Code Théod., hoc. tit. et loi 2 au Code Just., eod. tit.

(3) Loi 3 au Cod. Just., eod. tit. — Loi 2 au Code Théod., eod. tit. et lois 1, 10 et 11, eod. tit.

le dixième à payer au propriétaire de la superficie, subsistent même à l'égard de ceux qui se trouvent ainsi favorisés (1).

§ 2.

Le mot *vectigal* s'applique, comme on le sait, en même temps, aux ressources tirées par l'Etat de son domaine privé et des impôts que nous appelons aujourd'hui indirects. Les salines et le sel furent une source de produits pour le Trésor, cela est incontestable ; mais y eut-il un impôt sur le sel levé au moyen d'un monopole créé par la loi, ou les salines appartenant à l'Etat furent-elles simplement affermées et exploitées, moyennant une redevance, par des publicains, tandis que d'ailleurs les salines appartenant aux particuliers, et le sel qu'on en extrayait, restaient libres d'impôts autres que celui qui chargeait la terre ? C'est là une question qui n'a pas encore été résolue d'une façon définitive et que le sens élastique du mot *vectigal* doit nécessairement rendre plus obscure.

La plupart des auteurs et Burmann (2) notamment admettent que l'impôt sur le sel fut établi à Rome par les censeurs A. Livius et C. Claudius : l'un d'eux fut surnommé *Salinator* à cette occasion. Ce fait est fort ancien, il date de l'an de Rome 548, c'est-à-dire de plus de 200 ans avant Jésus-Christ (3).

(1) Loi 8 au Code Théod., eod., tit., et le Commentaire de Jacques Godefroid sur cette loi.

(2) Burmann, op. cit., p. 90. — Boulenger, op. cit., ch. 16. — Dureau de La Malle, op. cit., tome II, p. 464. — De Serrigny, op. cit., tome II, § 191. — Cf. Ludovico Guarini, op. cit. p. 18 et 26.

(3) Tite-Live, liv. xxxix, ch. 37.

Bien avant néanmoins, à l'époque même où pour la première fois on parle de salines, il est déjà fait mention d'un *vectigal salinarum*, dont Burmann et les auteurs qui ont mis à profit ses recherches ne parlent pas. Ancus Marcius, au rapport de Pline et de Tite-Live, fit exploiter des salines auprès d'Ostie ; Aurelius Victor (1) dit du même roi : « Salinarum vectigal insti-« tuit. » Ce n'est pas à dire pour cela, bien entendu, que Ancus Marcius ait établi un impôt sur le sel, mais du moins que cette denrée fournit dès ce moment un nouveau revenu domanial.

Si on laisse de côté ce premier document qui appartient, par le fait qu'il relate, à une époque où tout est contestable parce que la fable et l'histoire s'y croisent à chaque moment, on en trouve un peu plus tard un autre, qui semble indiquer que, si l'impôt n'existait pas avant Livius Salinator, la vente du sel était depuis long-temps exclusivement réservée à l'État.

Tite-Live en effet met au nombre des réformes qui signalèrent l'établissement de la République la création d'un monopole de la vente du sel. C'est ainsi du moins que Burmann et ceux qui l'ont suivi ont tous interprété une phrase de l'historien, célèbre par les difficultés que sa lecture a soulevées : « Vendendi salis arbitrium, quia « impenso pretio venibat, in publicum omni sumpto, « ademptum privatis. » (2) Si l'impôt n'était pas dès ce

---

(1) Pline, liv. xxxi, ch. 7, Tite-Live, liv. i, ch. 33. — Burmann, cite bien ces deux passages, mais il a omis celui d'Aurelius Victor qui seul parle du *vectigal* (de Viris illust., ch. 5). M. Max Cohn a relevé ce texte ; op. cit. infra, p. 162, note 25.

(2) Tite-Live, liv. ii, ch. 9. — Gronovius lit dans ce passage *omne sumptum*, Burmann adopte cette leçon. — Cf. M. de Serrigny, op. cit., III, 2e partie, note 627.

moment établi, le monopole le préparait, car, en détrui-
sant la concurrence au profit de l'Etat, il lui permettait
de vendre la denrée monopolisée à un prix arbitraire et
sans juste rapport avec les frais de la production. Tôt
ou tard cette exagération du prix devait se produire et
constituer l'impôt.

Cet impôt, les mêmes auteurs le comparent à celui
qu'on payait sur les produits des mines ; ils assimilent
son mode de perception au système organisé à l'égard
des *aurileguli* par les constitutions dont j'ai parlé au
précédent chapitre (1). Après avoir constaté, d'après le
témoignage de Tite-Live, que la vente du sel fut réservée à l'Etat dès les premiers temps de la République, ils
croient retrouver la trace du même monopole à la fin
de l'Empire. Rien ne leur donne à penser que dans l'intervalle le système ait été modifié.

Mais comme d'assez nombreux exemples montrent
des salines dans le patrimoine des particuliers on est
obligé, dans ce système, d'admettre que l'impôt ne
portait vraiment que sur la vente du sel, distincte de
sa production. Parmi les salines, dit-on, comme parmi
les mines, les unes appartenaient à l'Etat (2) et étaient
affermées à des publicains, les autres étaient des propriétés particulières (3) ; dans ce dernier cas le sel ne
pouvait être vendu qu'au fisc ou au moins sous la sur-
veillance du fisc ou du publicain qui le remplaçait :
sans doute, au prix déterminé par lui. Ce prix serait
intéressant à connaître, car c'est d'après son élévation

(1) Cf. M. de Serrigny, op. cit., tome II, p. 192, Burmann, p. 98.
(2) Code Just., loi cit. infrà. — Dig. loi 1, pr., Quod cuj. univ. —
Loi 59, § 1, de Hered. inst. — Loi 13, de Public.
(3) Loi 32 au Dig. § 3, de Usu et usufructu. — Loi 5, § 1, de Rebus
eorum qui sub tut.

que pourrait être supputée l'importance de l'impôt supporté en définitive par le consommateur. Malheureusement les conjectures auxquelles on s'est livré sur ce point semblent bien incertaines. On ne saurait admettre comme un argument décisif un seul texte, dans lequel le prix d'une mesure de sel est donné : comment d'un exemple isolé, conclure que le sel s'est vendu au même prix pendant toute la durée de l'Empire ? Comment ensuite déduire de là le taux de l'impôt lui-même si l'on ne connaît pas le prix de revient de la denrée monopolisée ? M. Dureau de La Malle a cru néanmoins pouvoir donner des chiffres certains. En dehors même du peu de fondement qu'il y a à un pareil calcul, il faut encore, pour accepter les chiffres de l'auteur de l'*Economie politique des Romains*, admettre la réduction qu'il opère des valeurs romaines en monnaies françaises (1).

Un système tout différent et tout nouveau vient d'être exposé sur ce point par M. Max Cohn, dans son récent travail intitulé : « Zum Römischen vereinsrecht » (2). Selon lui, les salines et le sel n'auraient jamais été, chez les Romains, l'objet d'une imposition spéciale. Les salines appartenant à l'Etat, et longtemps elles lui appartinrent toutes, étaient affermées et produisaient ainsi ce *vectigal* dont il est question : revenu domanial et non taxe indirecte. Dans les premiers temps, continue M. Cohn, le prix de la vente du sel n'était sans doute pas fixé par les censeurs, et les fermiers conservaient la liberté de vendre aux prix qu'ils jugeaient convenables.

---

(1) Dureau de La Malle, op. cit., tome II, p. 464.
(2) Zum Römischen vereinsrecht, von Dr Max Cohn. Berlin, 1873. ch. 7 : « Ueber die Societates und die Collegia der Staatspæchter, p. 162 et suiv.

Mais la fixation d'un maximum leur fut imposée aux débuts de la République. C'est ainsi que M. Cohn comprend la phrase de Tite-Live que j'ai déjà citée, et que les autres auteurs ont jusqu'ici considérée comme relatant la création d'un monopole; c'est aux fermiers et non aux commerçants ou aux fabricants de sel que l'« arbitrium vendendi » aurait été enlevé « quia impenso « pretio venibat. » La réforme de Livius Salinator n'aurait porté, dans ce système, que sur l'élévation du prix de vente imposé aux fermiers lors de l'adjudication. Cette élévation du prix permettait naturellement de tirer du fermage un loyer plus important. Si toutes les salines, comme semble le penser M. Cohn, étaient encore à cette époque dans la main de l'Etat, et que l'importation fût interdite, il y avait bien dans la fixation arbitraire du prix du sel, à l'abri de toute concurrence, un véritable impôt qui retombait sur le consommateur (1). L'acquisition de nouvelles provinces, possédant de riches salines, serait venue modifier cet état de choses. Parmi ces salines, les unes appartenaient au peuple romain, les autres à des particuliers; à moins d'imposer un prix de vente à ces particuliers, comme aux fermiers de l'Etat, on ne pouvait continuer à appliquer le système en vigueur. Dès lors, suivant M. Max Cohn, les lois de la concurrence s'appliquent librement, et une situation normale est faite au commerce du sel. L'Etat afferme ses salines sans fixer un maximum à ses fermiers; les particuliers exploitent à

(1) Cf. M. Cohn, op. cit., p. 163, note 27, qui convient bien que c'était là une nouvelle charge, mais qui conteste à cette charge le caractère d'impôt. On ne voit pas non plus sur quoi est fondée la distinction que le même auteur cherche à établir à cet égard entre Rome et l'Italie dans la même note.

leur guise celles qui leur appartiennent (1) ; nulle part
il n'est fait mention d'une imposition particulière à leur
charge ; par contre, les salines sont comptées dans l'estimation faite pour la répartition de l'impôt foncier (2).
Quant à la constitution citée par les commentateurs
comme preuve de l'existence d'un monopole du sel aux
derniers siècles de l'empire, M. Max Cohn ne la trouve
pas contraire à son opinion. Cette constitution, due
aux empereurs Arcadius et Honorius, est ainsi conçue (3) : « Si quis sine persona mancipum, id est sali-
« narum conductorum, sales emerit vendereve tenta-
« verit, sive propria audacia sive nostro munitus ora-
« culo, sales ipsi una cum eorum pretio mancipibus
« addicantur. » La fabrication du sel, ou au moins sa
vente, est réservée, dit-on, à l'Etat par cette constitution ; l'exercice du monopole est dévolu aux fermiers
« mancipes, conductores salinarum » qui en tiennent
compte au Trésor par le loyer élevé qu'ils lui paient.
M. Cohn conteste cette interprétation. En parlant des
« salinæ », les empereurs n'entendaient point désigner
les salines, mais bien une place, un bâtiment situé à
l'intérieur de Rome, où le sel était conservé ; ce qu'on
désignerait aujourd'hui sous le nom d'entrepôt. Les
« conductores salinæ » ne sont point autre chose que les
locataires de cet entrepôt. La constitution citée n'éta-
blirait donc que l'obligation, pour tout le sel vendu ou
acheté à Rome, de passer par ces magasins, sous peine

______

(1) Sauf application de l'édit de Dioclétien, fixant un maximum pour
certaines marchandises parmi lesquelles figurent le sel.

(2) Loi 4 au Digeste, § 7, de Censibus. Cf. M. de Serrigny, loc. cit., et
M. Cohn, note 31.

(3) Code Justinien, loi 11 de Vectigalibus.

de confiscation de la marchandise en fraude, et de son prix, au profit des fermiers.

Ce système, que je viens d'analyser avec quelque détail, parce qu'il a été présenté pour la première fois par M. Max Cohn, et qu'il n'a pas encore été reproduit en France, ne semble guère plus que le précédent à l'abri de critiques.

Qu'est-ce donc d'abord que ce dépôt obligatoire dans des entrepôts loués par l'Etat ou par la Ville (1), sinon un impôt sous une forme spéciale? Car la consignation ne devait pas être gratuite, et M. Cohn ne le suppose pas. Même en expliquant la constitution d'Arcadius et Honorius de cette façon, on y trouve, par conséquent, la preuve que le sel supportait une taxe, au moins à Rome, au IVe siècle.

Une autre objection peut être faite. Les empereurs adressent la constitution dont il s'agit à Lampadius, préfet du prétoire : « Iidem A. A. Lampadio PP » ; s'il ne s'agissait que d'un droit de magasinage seulement perçu à Rome, c'est le préfet de la Ville qu'elle intéresserait uniquement. M. Cohn a prévu la difficulté : « Notre constitution, répond-il, qui ne porte pas sa date avec elle, ne peut avoir été rendue que de 396 à 498; or, à cette époque, on ne trouve aucun autre fonctionnaire auquel elle puisse s'adresser, qu'un Lampadius, préfet de la Ville, à qui Symmaque écrivit plusieurs lettres (2).

---

(1) En effet, si c'est là un revenu spécial à la ville de Rome, le produit doit en revenir, comme celui de l'ansarium par ex., à l'*arca publica populi romani* ou caisse de la ville, distincte à cette époque de l'ærarium. Cf. M. Humbert. op. cit., p. 102 et suprà, p. 73.

(2) Symmaq., liv. VIII, let. 62 et 63; Junge, liv. VI, epist. 65 et liv. IX, epist. 31.

De plus, une inscription (1) indique positivement un Lampadius comme étant préfet de la Ville, de 402 à 408. La constitution d'Arcadius et Honorius aurait donc été adressée à ce Lampadius, et l'inscription PP serait le résultat d'une erreur. Cette argumentation ne manque pas de vigueur; Godefroid (2) avait déjà indiqué l'identité probable de ce Lampadius et du préfet de la Ville à qui Symmaque écrivait; l'inscription récemment découverte apporte à cette opinion un puissant secours. Mais si cette constitution n'était destinée qu'à régler une question de police urbaine ou de finances municipales n'intéressant que Rome, ne peut-on pas s'étonner qu'elle porte dans sa suscription, le nom de l'empereur d'Orient? et surtout qu'elle ait été conservée à Constantinople dans le Code Justinien?

Il est, d'ailleurs, une autre partie de la question sur laquelle il est difficile d'être d'accord avec M. Max Cohn. En effet, cette phrase de Tite-Live, dans laquelle l'historien indique une réforme opérée par les premiers consuls : « Salis quoque vendendi arbitrium... ademptum « privatis, » M. Cohn l'applique sans discussion et sans hésitation aux fermiers des salines. Alors que tous les auteurs avaient vu là un monopole créé par l'Etat, non pas tant à son profit, il est vrai, que dans l'intérêt du peuple, il croit qu'il s'agit simplement de la faculté de fixer le prix de vente enlevée aux publicains avec la même intention. S'il eût voulu parler des publicains, je

---

(1) Rapportée par Henzen, n° 7215 : « Nostrum (Lampadium) inter « annos 402 et 408 Urbi præfuisse imperatores docent simul imperan- « tes. » (Note de Henzen).

(2) Godefroid, Prosopographia Codicis Theodosiani, verbo Lampadius : « Occurrit sub Arcadio et Honorio Lampadius... et forti Lampadius P. U. « ad quem extant duæ Symmachi epistolæ.... etc. »

doute fort que Tite-Live se fût servi du mot « privatis. »
M. Cohn, ce semble, aurait dû au moins, à l'appui de
cette interprétation nouvelle, produire quelque argument. Pour être assez obscure, la phrase de l'historien
latin ne me paraît pas moins prouver suffisamment
que, pendant les premiers siècles de la République, la
vente du sel fut exclusivement réservée au fisc. Tout
d'abord il n'y eut pas là un impôt, puisque cette mesure
eut pour but d'attacher le peuple au nouveau régime,
mais la création du monopole devait nécessairement
amener après elle l'exagération du prix de la denrée,
et, par conséquent, le paiement au fisc d'une somme
sans proportion avec le service rendu, c'est-à-dire le
paiement d'un impôt. Le moment où cet impôt com-
mença à être appliqué nous est indiqué presque certainement par ce passage de Tite-Live, que j'ai déjà rapporté : « Novum vectigal ex salaria annona statuerunt, »
et par le surnom de *Salinator*, resté à l'un des censeurs
qui fixèrent, pour Rome du moins, le prix du sel de
manière à faire peser un véritable impôt indirect sur le
consommateur.

CHAPITRE VII

DE LA FERME DES IMPOTS ET DES PUBLICAINS

I

Le recouvrement de la plupart des *vectigalia* et par
conséquent des impôts indirects, compris sous cette
désignation générale, était confié à des fermiers. Le
produit de la ferme était donc pour le Trésor public le
véritable rendement de l'impôt. Ces fermiers portaient

le nom de *publicani*, mais ce nom ne s'appliquait pas
qu'à ceux qui se trouvaient chargés du recouvrement
des impôts indirects; voici en effet la définition qu'Ulpien
nous donne de ce mot : « Publicani autem sunt qu
« publico fruuntur : nam inde nomen habent sive fisco
« *vectigal* pendant, vel *tributum* consequantur ; et *omnes*
« *qui quid a fisco conducunt recte appellantur publicani.* »
Le même jurisconsulte ajoute ailleurs (1) : « Publicani
« autem dicuntur qui publica vectigalia habent
« conducta. »

Aux temps de la République ce sont les censeurs qui
président à l'affermage des impôts ; c'est eux qui, pour
le *portorium*, dressent la liste des objets soumis au droit
de douane et établissent les exceptions (2) ; mais cette
mission ne leur est confiée que sous l'autorité et le contrôle du sénat qui, à cette époque, à la haute main sur
l'administration de l'*ærarium* (3).

Il est facile de voir, dans de nombreux passages des
historiens, combien était important le rôle des censeurs
et quelle influence ils exerçaient sur l'établissement
des impôts, qu'ils n'instituaient pas, à la vérité, mais
dont ils étaient presque toujours les promoteurs auprès
du sénat et dont ils assuraient ensuite l'exploitation, si
bien que Tite-Live a pu dire : « Sub ditione ejus magis-
« tratus... vectigalia Populi Romani sub nutu atque
« arbitrio essent. (4) »

Pendant les premiers siècles de l'empire, le sénat a
conservé l'administration au moins nominale de l'*æra-*

(1) Loi 12, n. t. par. 3.
(2) Burmann, cap. 7 ; Desjard., op. cit., p. 562.
(3) Polybe, liv. vi, 2.
(4) Tite-Live, liv. iv, ch. 8 ; liv. xxix, ch. 37 ; liv. xl, ch. 51.

rium (1) et une partie de son autorité sur l'établlisse-
ment des ressources qui l'alimentent. C'est au sénat
qu'Auguste s'adresse lorsqu'il s'agit de créer l'impôt du
vingtième sur les successions et j'ai rapporté plus haut
la longue et vaine discussion qui eut lieu dans cette
assemblée à cette occasion ; Tibère, d'après Suétone voulut que : « ad Patres conscriptos referretur de vectigalibus
« ac monopoliis; » Néron consulte le sénat quand il veut
supprimer tout d'un coup tous les *vectigalia* et il se laisse
dissuader par lui (2). Mais depuis la guerre civile, la
censure n'était plus exercée qu'à de longs intervalles ;
Auguste, il est vrai, nomma de nouveau des censeurs ;
le véritable objet des fonctions de ces magistrats avait
disparu et leurs attributions, en ce qui concerne les
impôts, passèrent à cette époque aux consuls qui
rédigèrent les cahiers des charges et présidèrent aux
adjudications.

Au Bas-Empire enfin, et dès le troisième siècle, la
distinction entre le *fiscus* et l'*ærarium* n'existant plus, au
moins touchant les droits du prince sur les deux trésors,
l'influence du sénat sur les impôts devient nulle; le
recouvrement des *vectigalia* qui subsistent est toujours
confié à des traitants, mais c'est sous l'autorité de
l'empereur lui-même, ou de ses délégués, que se fait
l'affermage des impôts et que les conditions de cet
affermage sont déterminées (3).

A l'époque où les censeurs étaient encore chargés
d'assurer la perception de l'impôt, plus tard lorsque

(1) Dion Cass., liv. LIII, ch. 16; liv. LXXI, ch. 33; Tacite, Hist., liv. IV,
ch. 9.

(2) Suetone, Tibère, ch. 30. — Tac., ann., liv. XIII, ch. 50 et 51.

(3) Loi 4 au Cod. Justin., liv. IV, tit. 62. « Vectigalia nova. »

les consuls ou les délégués impériaux eurent à remplir le même office, la ferme des différents *vectigalia* était concédée par voie d'adjudication ; cette ajudication était précédée de la publication d'un cahier des charges indiquant le taux du droit à percevoir et, pour le *portorium*, les objets qui y étaient soumis. La *lex censoria* indiquait aussi les cautions et les garanties réelles à fournir par l'adjudicataire, les termes dans lesquels devait être payée la somme moyennant laquelle l'adjucation était faite. Il est vraisemblable que les dispositions principales de cette loi censorienne, répétées de lustre en lustre avant chaque adjudication, formèrent peu à peu un règlement presque invariable, et la véritable loi administrative d'après laquelle les difficultés causées par la perception des impôts devaient être résolues et sur laquelle les jurisconsultes donnaient leurs avis (1).

La ferme était concédée au plus offrant enchérisseur ; mais cette forme de concession dut, comme le mode de perception lui-même, subir parfois, sous l'empire, quelques exceptions. C'est ainsi que Caligula, au rapport de Suétone, ne trouvant pas un profit suffisant dans la ferme des impôts nouveaux qu'il avait imaginés, les fit recouvrer par ses agents et même par des soldats (2). D'autre part, certains empereurs ou leurs délégués, pour favoriser leurs créatures en leur accordant une ferme dont le prix ne fût pas élevé par la concurrence, dérogèrent à l'usage constant d'après lequel sous la République l'adjudication avait lieu aux

___

(1) Dig., loi 203, « de Verbor. signif.; » fragm., cit. sup.

(2) Suet., Caligula, ch. 40.

enchères. Constantin, dans une constitution (1) sur laquelle nous aurons à revenir, rappelle la règle d'après laquelle la ferme des *vectigalia* devait être mise en adjudication publique.

Cette adjudication avait lieu à l'origine tous les cinq ans, durée de la magistrature des censeurs (2) ; elle se faisait à Rome et aux Ides de Mars (3). Dans la suite la durée du bail fut modifiée et réduite à trois ans. Constantin qui sanctionne cette modification, recommande que l'adjudication ait lieu à l'avance et de façon que la perception de l'impôt ne souffre aucune interruption (4).

Depuis l'édit que Néron rendit lorsqu'il eut un instant la pensée de supprimer tous les *vectigalia*, ainsi que cela été rapporté plus haut, les listes des objets imposés, lorsqu'il y avait lieu, en matière de douane et d'octroi, et les clauses du bail, durent être portées à la connaissance du public (5). Déjà auparavant il était d'usage d'apprendre aux contribuables, par la voie des affiches, les charges nouvelles qui leur étaient imposées, mais, afin de multiplier les contraventions, et par conséquent des confiscations lucratives, on avait pu parfois n'obéir à cette règle, que de façon à en rendre l'application inutile. C'est ainsi que Caligula, nous dit Suétone, dans la vie de cet empereur (6) lorsqu'il créa ses nouveaux impôts, les fit bien proclamer, mais ne les

(1) Const. 4 au Cod. Just., n. t.

(2) Cicer. 6 ad Att., ép. 2 ; loi 3, § 6, Dig. «de jure fisci. »

(3) Ciceron. I agrar. cont. Rullum, cap. 3, et II agrar. c. 21 : « Vecti- « galia locare nusquam licet nisi in hac urbe, hoc ex loco, ac vestrum « frequentia. »

(4) Const. 4 au Cod. Just. de vectig. 4, 61, et 7, Cod. Just. de locat. 4, 65,

(5) Tacite, Annal., liv. XIII, ch. 51.

(6) Ch. 40. — Cf. Table de Malaga, ch. 43.

fit pas afficher tout d'abord : de là beaucoup de contraventions ; sur les plaintes du peuple l'empereur fit enfin
afficher la loi, mais ce fut en caractères si menus et dans
un lieu si étroit que personne ne put ni la lire ni en
prendre copie.

C'était généralement une société qui se rendait adjudicataire de la ferme d'un ou de plusieurs des *vectigalia*,
et ces sociétés avaient souvent une très-grande importance ; cependant un rescrit de Sévère (1) nous montre
un simple particulier Hermès, fermier du *vectigal octa-
varum*, c'est-à-dire du *portorium* d'une certaine province.

Des précautions nombreuses étaient prises pour que
les traitants offrissent au fisc les meilleures garanties de
solvabilité. Ces garanties sont de deux sortes : on écarte
de l'ajudication tous les individus dont la fortune se
trouve déjà grevée par le fait de leur situation ou d'obligations antérieures : cette fortune même et les biens des
cautions, exigées pour plus de sûreté, sont pris pour
gage des engagements à remplir.

Les fermiers qui restaient devoir quelque chose au
fisc, à raison d'une première concession, n'étaient pas
admis à une nouvelle adjudication, tant qu'ils ne
s'étaient pas complètement acquittés du reliquat par
eux dû sur le prix de l'ancienne (2). En général les
débiteurs du fisc ne pouvaient se rendre adjudicataires ;
on évitait ainsi de laisser leur dette s'accroître et devenir
d'un recouvrement plus difficile ; toutefois Paul admet
ici ce tempérament que, si pour leur dette tout entière,
ils ont offert des cautions solvables, ils pourront néan-

_____

(1) Const. 7, Cod. Just., liv. IV, tit. 65.
(2) Loi 9 au Digeste nost. tit., § 2.

moins se mettre sur les rangs pour affermer les revenus du vectigal (1). Une prohibition semblable existait à l'égard des tuteurs et des curateurs, tant qu'ils n'avaient pas rendu leurs comptes ; leurs biens en effet ne pouvaient être considérés comme un gage assuré ; l'action *tutela directa* étant à l'époque des jurisconsultes, privilégiée *inter personales actiones*, et, depuis Constantin, ces biens se trouvant grevés d'une hypothèque tacite au profit du pupille ou du mineur de vingt-cinq ans (2). Le mineur de vingt-cinq ans lui-même était exclu des enchères car, comme le dit le jurisconsulte Paul, on pouvait craindre qu'il n'invoquât contre le fisc lui-même le « beneficium ætatis » (3).

Enfin lorsqu'au Bas-Empire les biens des décurions furent pour le Trésor la garantie du recouvrement des impôts directs, on ne voulut pas que ces décurions, en devenant fermiers d'un impôt indirect, pussent se trouver ainsi sous le coup d'une double responsabilité que leur patrimoine n'aurait pas supportée sans dommage possible pour le Trésor ; aussi une constitution de l'an 383, rendue par Gratien, Valentinien et Théodose, les prive-t-elle du droit de se rendre adjudicataires de la ferme d'un revenu municipal ou public (4.)

Après avoir ainsi écarté des enchères tous ceux dont la solvabilité pouvait lui paraître suspecte, la loi romaine exigeait, des personnes qu'elle y admettait, les garanties les plus étendues. Le fisc avait sur les biens de l'adjudicataire un privilége qui le rendait préférable aux

---

(1) Loi 9 au Dig., n. t., § 3.

(2) Digeste, *loc. et cond.*, loi 49 ; Modestin citant une décis. de [l'emp. Sévère. — Loi 20 au Code *de Administ. tut. vel. curat* V, 37.

(3 Digeste, *loc. et cond.*, loi 45, § ult.

(4) Cod. Théod., loi 97, « de decurion, » liv. XII, tit. 1.

créanciers chirographaires; en outre ses biens présents
et à venir étaient, par le cahier des charges et le procès-
verbal de l'adjudication, affectés à la sûreté des obligations qu'il avait contractées; il en était de même des
biens des cautions qui devaient garantir l'exécution de
ces obligations et même des *cognitores* qui étaient chargés d'évaluer les biens servant au cautionnement. A partir de la constitution de l'an 214, (1) l'hypothèque qui
protége le fisc est tacite : » Certum est ejus, qui cum
« fisco contrahit, bona veluti pignoris titulo obligari,
« quamvis specialiter id non exprimatur. » Mais cette
hypothèque n'est pas privilégiée, et si le fisc prime les
créanciers chirographaires et les créanciers hypothécaires qui lui sont postérieurs en date, il n'est préférable
ni sur les biens actuels, ni sur les biens futurs, quoique
cela ait été contesté et qu'en effet certains textes
puissent prêter à controverse sur ce point, aux créanciers hypothécaires antérieurs ou aux rares créanciers
dont l'hypothèque est elle-même privilégiée (2). Si les
fermiers ne payaient pas le loyer moyennant lequel la
ferme des impôts leur avait été concédée, les biens
affectés par eux à la sûreté de leurs engagements, ceux
des cautions, ceux mêmes des *cognitores*, étaient vendus
au profit du fisc. Les garanties prises à cet égard sont
énoncées en détail dans le chapitre 64 de la *Table ae
Malaga*.

De ce même passage du célèbre monument épigraphique on peut tirer un autre enseignement et la confirmation d'une idée déjà indiquée plus haut. Dans les

(1) L. 1 et 2, Cod. Just., « In quib. caus. pign. vel hyp. tacite contra-
« hitur. » Antonin Caracalla, 214 et 215.

(2) De Serrigny, op. cit. Tom. II, p. 14, Dig., loi 28 de Jure fisci,
Cod. loi 2, de Priv. fisci.

municipes qui avaient conservé ou acquis le droit de percevoir des *vectigalia* pour leur compte particulier; la perception était soumise aux mêmes règles qu'à Rome et les fermiers des impôts municipaux peuvent être assimilés aux publicains, fermiers des impôts du peuple romain : « Les cautions, les *cognitores*, lit-on dans la loi de Malaga (1), resteront obligés envers le municipe comme ces personnes et leurs biens seraient obligés au peuple Romain si ces cautions, ces *prædia*, ces *cognitores* avaient été engagés à Rome devant les magistrats qui président à l'*ærarium*. »

Si le fermier, accepté sous toutes ces conditions par les magistrats, ne s'acquittait pas des obligations par lui contractées, les intérêts des sommes en retard lui étaient réclamés et le bail pouvait même être résilié, encore que le temps pour lequel il avait été concédé ne fût pas achevé ; un fragment d'Hermogénien, inséré à notre titre au Digeste (2), nous l'apprend en ces termes : « Non solutis vectigalium pensionibus pellere conduc-
« tores, necdum etiam tempore conductionis completo,
« vel ab his usuras ex mora exigere permittitur. »

Lorsque la chaleur des enchères faisait monter le loyer, moyennant lequel la ferme de l'impôt était concédée, au-delà du prix accoutumé, si d'ailleurs l'adjudicataire offrait de suffisantes garanties, celui qui l'avait emporté dans la licitation devait être accepté pour fermier, et le fisc profitait de la plus-value ainsi donnée à sa ferme (3). Si au contraire on ne pouvait trouver d'enchérisseur pour faire arriver le prix de l'adjudication

(1) Table de Malaga, ch. 64.
(2) Loi 10, § 1.
(3) Paul, loi 9 au Dig., « de Publicanis, » pr.

jusqu'à la somme pour laquelle elle avait été précédemment faite, il paraît qu'en certains cas les fermiers pouvaient être contraints à conserver, aux mêmes conditions, la ferme qui leur avait été adjugée : « Qui « maximos fructus ex redemptione vectigalium conse-« quuntur, » dit Paul, « si postea tanto locari non pos-« sunt, ipsi ea prioribus pensionibus suscipere compel-« luntur. » (1)

Mais la règle générale était que, une fois expirée la durée du bail, une adjudication nouvelle devait avoir lieu :« Ad conducendum vectigal, » dit le même jurisconsulte au même livre de ses sentences, « invitus nemo « compellitur ; et ideo, impleto tempore conductionis « elocanda sunt. » (2)

II

A de rares exceptions près, comme on l'a dit, c'était par des sociétés que les fermes des *vectigalia* étaient exploitées. L'adjudicataire, celui qui « superior in licitatione manet » et qui prend, nous dit Festus, le nom de *auctor* ou de *manceps* « quia in licitatione qui superior « erat, manu sublata, significabat se esse emptionis « auctorem », celui-là est responsable vis-à-vis du fisc, et les cautions qui ont dû garantir ses engagements le sont avec lui ; mais cet adjudicataire ne reste pas seul,

_____

(1) Paul, Digeste, loi 11, « de Public., » § 5.

(2) Digeste, loi 9, n. t., § 1. M. Baudi di Vesme, op. cit., réimp., page 33, ajoute que : « on voit même souvent, pour les punir d'un crime, quelques personnes déclarées adjudicataires des douanes; » il ne cite pas d'exemple de cette anomalie, ni d'autorité qui puisse faire admettre qu'elle ait existé.

il a besoin d'associés prenant part à l'administration dont il se trouve chargé, il a besoin surtout de gros capitaux. Ainsi se formaient ces sociétés *vectigalium publicorum*, composées le plus souvent de chevaliers romains et, après la disparition de cet ordre, de riches citoyens, parmi lesquels les uns, comme le *magister* à Rome et les *promagistri* dans les provinces consacraient leur activité à l'administration de la ferme et les autres étaient de simples bailleurs de fonds. C'est ainsi qu'Atticus, que Cicéron nous représente comme ayant eu des parts dans quelqu'une de ces sociétés (1), ne consentit jamais, au rapport de Cornelius Nepos, à y jouer un rôle actif et pouvant entraîner une lourde responsabilité : « Numquam ad hastam publicam accessit, nullius « rei neque præs neque manceps factus fuit. » (2)

La société *vectigalium* constituait une personne morale. Ce caractère important et qui doit, selon nous, être refusé en droit Romain aux sociétés ordinaires, appartient certainement au genre de sociétés qui nous occupe : « Neque societas, » dit Gaïus (3), « neque colle- « gium, neque hujusmodi corpus passim omnibus con- « ceditur. Nam et legibus et senatusconsultis et princi- « palibus constitutionibus ea res coercetur. Ut ecce *vec- « tigalium publicorum sociis* permissum corpus habere, « vel aurifodinarum, vel argentifodinarum et salina- « rum, etc. »

La société vectigalium se distingue encore des sociétés ordinaires par la façon dont la mort de l'un des associés influe sur le sort de la société et sur les rap-

(1) Cic. ad Attic., liv. I, ép. 19.
(2) Ch. 6, Cic. ad Attic., liv. II, ép. 10.
(3) Loi 13, au Digeste, « Præscript. verbis. »

ports des héritiers du décédé avec les associés survivants. En règle générale la mort de l'un des associés dissout la société « quia qui societatem contrahit, certam « personam sibi eligit ; » cette dissolution n'a pas son effet seulement vis-à-vis de l'héritier de l'associé décédé ; si, l'un des associés étant mort, plusieurs survivent, la société ne continue pas entre ceux-ci, à moins que le contraire n'ait été expressément convenu lorsque la société a été formée « in coeunda societate » (1).

Pour notre société la règle est différente ; alors même qu'aucune convention n'est intervenue à cet égard, l'un des associés venant à décéder, la société n'en continue pas moins entre les survivants, à moins que : « Is « mortuus sit propter cujus operam maximè societas « coita sit, aut sine quo societas administrari non pos- « sit » (2). Mais quelle sera la situation de l'héritier survivant ? Des deux textes assez obscurs qui prévoient cette hypothèse, on peut faire sortir la distinction suivante : S'il n'y a pas eu de stipulation au sujet de la continuation de la société avec l'héritier de l'associé décédé, la société subsiste entre les survivants, mais cet héritier lui reste étranger et ne participe en rien aux opérations qui ont suivi le décès de son auteur. — Supposons maintenant que lors du contrat il a été convenu que la société subsistera entre les associés survivants et les héritiers de l'associé prédécédé ; il semble bien ressortir des deux textes en question que la situation de cet héritier peut différer encore, suivant que la part du défunt lui a été *adscripta* « sed ità demum, » dit Pomponius, « si pars defuncti ad personam heredis ejus

----

(1) Institutes, de Societate, titre 25, § 6.
(2) Pompon., Dig., loi 59, pr., « pro socio. »

« adscripta sit », ou qu'il a été en outre *adscitus*, agréé par les associés survivants : « et circà societates vecti-« galium cæterorumque idem observamus, ut hæres « socius non sit, nisi fuerit adscitus » (1).

Dans le premier cas l'héritier, sans prendre une part active aux opérations sociales continue à courir les chances de gain et de perte de la société : « Verumtamen « omne emolumentum societatis ad eum pertineat si-« mili modo et damnum adgnoscat »; dans le second cas l'héritier « adscitus » devient associé dans toute la force du terme et prend absolument la place de son au-teur dans la société. La légère antinomie que l'on a cru pouvoir constater entre la loi 59 pr. au Digeste *pro socio*, et la loi 63, § 8 au même titre, disparaît donc si l'on admet que Pomponius a voulu parler d'une convention au moyen de laquelle, à l'époque même du contrat, les associés ont voulu, au cas du décès d'un d'entre eux, éviter la dispersion de capitaux qui devaient leur être indispensables et ont accordé en échange à l'héri-tier du défunt associé une chance de gain; tandis qu'Ulpien a eu en vue la convention par laquelle les as-sociés, l'un d'eux étant décédé, s'adjoignent l'héritier de celui-ci et ajoutent ainsi l'« adscitio » à l'« adscriptio ». La part du défunt étant, dans cette hypothèse, supposée « adscripta », si l'héritier n'est pas adjoint à la société, il lui restera naturellement cette situation d'associé bailleur de fonds, indiquée dans le premier cas prévu, et cet héritier, pour sa part, profitera des gains et sup-portera les pertes de la société.

Au-dessous du directeur de la société, de ce « magis-ter » qui restait à Rome où il centralisait les comptes

_____

(1) Ulpien, loi 63, § 8, Digeste, « pro socio. »

et les résultats des opérations de la société, se groupaient hiérarchiquement, de nombreux individus appartenant à des ordres différents. Les uns, associés, étaient délégués à l'administration de la ferme, sur la place même ou était perçu l'impôt affermé, c'étaient les « promagistri » dont parle plusieurs fois Cicéron (1), le « syndicus » qui représentait « l'universitas » en justice; les autres, simples employés, exerçaient diverses fonctions que nous retrouvons désignées dans de nombreuses inscriptions déjà citées plus haut; ces employés ne faisaient pas, bien entendu, partie de la société, mais comme ce P. Rupilius dont nous parle Valère Maxime, sans être eux-mêmes publicains « operas publicanis dabant ». Cicéron se sert, en beaucoup d'endroits, de la même expression (2). Un personnel très-considérable d'esclaves, nécessaire surtout pour la perception du « portorium », complétait ce qu'Ulpien a nommé « familia quæ publico vectigali ministrat » (3).

C'était principalement, il est facile de le voir, ce personnel d'employés inférieurs, recruté de la pire façon (4), qui avait su rendre le nom de publicain odieux dans le monde romain tout entier; il faut éviter avec soin de confondre ces subalternes avides et corrompus, avec les riches chevaliers qui les employaient (5). Toutefois, une part de la responsabilité incombe certainement aux traitants eux-mêmes, qui, intéressés par-des-

(1) Cic., liv. ii, ad Attic., epist. 10 ; in Verrem II, ch. 70.

(2) Valere Max., liv. vi, ch. 9, § 8 ; Cicér. ad fam., liv. xiii, ép. 9, et in Verrem III, ch. 41.

(3) Cicér., de Provinc. consul., V, 10; in Verrem II, ch. 77 ; Ulpien, n. t., loi 12, § 1.

(4) « Plerumque enim vagi servi et fugitivi in hujus modi operis etiam « a scientibus habentur. » Ulpien, loi 12, n. t., § 2.

(5) Cicér. ad Quintum fratrem, liv. i, ép. 1.

sus tout à faire produire à leur ferme le plus gros revenu possible, pressuraient les provinces et autorisaient souvent les excès qui se commettaient en leur nom. Il est intéressant de voir combien Cicéron ménage les fermiers des « vectiglia », sauf à déplorer leurs excès, quand il cause familièrement avec son frère et avec Atticus, ou même à blâmer ouvertement leurs gains, lorsqu'il écrit un traité de morale : « si vectigalia ner-
« vos esse reipublicæ semper duximus, » dit-il, « eum
« certe ordinem qui exercet illa, firmamentum cætero-
« rum ordinum rectè esse dicemus. » Il écrit pour-
« tant à son frère Quintus : « Tuæ voluntati ac diligentiæ
« difficultatem magnam afferunt publicani ; quibus si ad-
« versamur ordinem de nobis optime meritum, a nobis
« et a republica disjungimus ; sin autem in omnibus re-
« bus obsequemur, funditus eos perire quorum non
« modo saluti sed etiam commodis consulere debe-
« mus » (1).

Les précautions prises pour mettre les contribuables à l'abri des exactions commises par les publicains, les peines établies pour réprimer leurs abus de pouvoir, montrent combien était justifiée la haine vigoureuse qui, dans les provinces, accueillait les délégués et les employés des traitants. Ce n'est pas seulement en Judée, où l'horreur des publicains était encore exaltée par des causes toutes spéciales et où les percepteurs de l'impôt n'étaient nommés « qu'en compagnie des assassins,

---

(1) Cic. pro lege Manilia, ch. 7 ; ad Quint. frat., liv. i, ep. 1.— De of-
ficiis, I, ch. 42. Primum improbantur quæstus qui in odia hominum
« incurrunt, ut portitorum, ut fœneratorum. » — « De publicanis quid
« agam, videris quærere. Habeo in deliciis, obsequor, verbis laudo,
« orno ; efficio, ne cui molesti sint. » Ad Attic., liv. vi, ép. 2 ; liv. i,
ép. 17 et II, ép. 1.

des voleurs de grand chemin et des gens de vie in-
fâme » (1), c'est partout où s'exerçait leur action, que
leur, impudence et leur avidité faisaient impatiemment
supporter leur présence : « Ubi publicanus est, » dit Tite-
Live, « ibi aut jus publicum vanum, aut libertatem so-
« ciis nullam » (2). Cette inscription que rapporte Suétone «καλῶς τελωνησαντί, au publicain honnête, » et que les
habitants de l'Asie-Mineure voulurent mettre sur le
piédestal de la statue élevée au père de Vespasien, indique quelle reconnaissance et quelle admiration exci-
tait un homme assez intègre pour présider, sans commettre d'injustice, à la perception des « vectigalia ».

Pour défendre les contribuables contre les abus de
pouvoir et les exactions des publicains, le préteur était
intervenu et avait rendu un édit spécial : « Quantæ au-
« daciæ, quantæ temeritatis sint publicanorum factiones
« nemo est qui nesciat » dit Ulpien dans son Commentaire de cet édit « idcirco prætor ad compescendam eo-
« rum audaciam hoc edictum proposuit ». Cet édit, ou
plutôt ce passage de l'édit du préteur « Titulo de Publi-
« canis », a donné lieu, de la part des jurisconsultes
romains, à des travaux assez importants, à en juger par
les fragments insérés au *Digeste* ; il serait intéressant
d'étudier les difficultés de son application qui nous sont
révélées par les textes ; il faut au moins noter ici celles
de ses dispositions qui ont un rapport direct à notre sujet et les principales conséquences qui en ont été tirées.

(1) Mathieu, V, 46 et 47, — IX, 10 et 11, — XI, 19, — XVIII, 17 ;
Marc, II, 15, 16 ; Luc, V, 30. — VII, 34, XV, 1, — XVIII, 11, — XIX, 7.
(2) Tite-Liv., liv. XLV, ch. 18. — Tac. Annales, liv. XIII, ch. 50 et 51.
— Suetone, Cæsar, ch. 20. — Cujas ad lib. 39, Digeste. — Montesquieu,
Espr. des lois, liv. XI, ch. 18, in fine.

Depuis Néron, la plainte contre le traitant était jugée « extrà ordinem » par le préteur à Rome, et dans
les provinces par ceux qui « pro prætore aut consule
« essent »; ainsi, même pendant la période formulaire,
il n'y avait pas lieu, depuis cette époque et dans notre
cas, à la délivrance d'une formule et au renvoi devant
un *judex* (1).

L'action accordée par le préteur à la victime d'une
extorsion commise par un publicain était au double, si
la poursuite était exercée dans l'année, ou au simple
seulement, si elle n'était intentée qu'après une année
écoulée (2). C'était une action mixte, « pœnalis et rei
« persecutoriæ, » comprenant une unité représentant
la chose, et une unité égale à titre de peine privée. La
question de savoir si l'unité représentant la chose devait
être comprise dans le *double* que le préteur autorisait à
réclamer, avait fait doute à ce qu'il paraît : « Quæren-
tibus autem nobis », dit Gaïus, « utrum duplum
« totum pœna sit et præterea rei si sit persecu-
« tio, an in duplo sit et rei persecutio, ut pœna sim-
« plis sit : magis placuit ut res in duplo sit » (3). S'il y
avait eu violence de la part du publicain, l'action était
au triple : « per vim vero extortum, cum pœna tripli
« restituitur » (4). Mais si la perception exagérée n'é-

(1) Tacite, loc. cit. « Romæ prætor, per provincias qui pro prætore aut
« consule essent, jura adversus publicanos extra ordinem redderent. »
Le préteur dans son édit se sert pourtant des mots « judicium dabo » qui
indiquent une idée contraire et se rapportent à la délivrance d'une formule. Cf. M. Humbert, op. cit., pag. 108 et 126.

(2) Dig., de Publicanis, loi 1, pr. : « Prætor ait: Quod publicanus,
« ejus publicani nomine, vi admerit, quodve familia publicanorum : si
« id restitutum non erit, in duplum; aut si post annum agetur, in sim-
« plum judicium dabo. »

(3) Digeste. n. t., loi 5, § 1.

(4) Digeste, Paul, « de Publ., » loi, 9, § 5.

tait que le résultat d'une erreur, il n'y avait lieu pour le publicain qu'à une restitution pure et simple (1).

Cet édit s'appliquait non-seulement au publicain et à ses esclaves, mais à toutes les personnes qu'Ulpien désigne comme faisant partie de la « familia publicano- « rum ». Que ce soit donc des hommes libres ou des esclaves étrangers qui soient employés par le publicain, pour la perception de l'impôt « hoc edicto continebun- « tur » (2). Le jurisconsulte ajoute que ce qui est dit pour le maître des esclaves s'applique aux autres membres de la société « vectigalis », bien qu'ils ne soient pas les maîtres, « licet domini non sint » (3). Dans le cas où le publicain coupable d'avoir fait une perception exagérée et illicite, est mort, l'action est donnée à la partie lésée contre son héritier, mais seulement jusqu'à concurrence de son enrichissement « quo locuple- « tior factus sit » (4).

Lorsqu'un abus de pouvoir avait été commis par plusieurs publicains, l'action au double n'était pas donnée contre chacun d'eux, mais comme l'avait décidé un rescrit des empereurs, Sévère et Antonin, la solidarité existait entre les délinquants pour le montant de la condamnation, et si l'un d'eux était insolvable, les autres supportaient la part lui incombant (5).

D'ailleurs cette action spéciale que le préteur accorde ainsi à la victime d'un acte de violence ou d'un excès de pouvoir commis par un publicain, ne la prive pas

(1) Id. ibid., loi 16, § ult., rescrit de Sévère et Antonin.
(2) Digeste, n. t., loi, § 5, Ulpien « ad edictum, » et, du même jurisc., loi 12, eod. tit., § 2.
(3) Dig., n. t., loi 3, § 1.
(4) Paul, citant Labeon, Digeste, n. t., loi 4, princip.
(5) Modestin, fragm. 6 au Digeste, n. t.

du recours aux voies de droit ordinaire. On pourrait se
demander dès lors de quelle nécessité était une action
spéciale, alors que les faits délictueux qu'il s'agit de
réprimer, tombent sous le coup d'autres actions déjà
existantes. Ulpien qui se pose la question, n'y fait pas
une réponse très-précise, ni très-concluante : « Dixerit
« aliquis : quid utique hoc edictum propositum est?
« Quasi non est alibi prætor providerit furtis, damnis, vi,
« raptis? Sed è re putavit et specialiter adversus publi-
« canos edictum proponere » (1). L'action dont il s'a-
git est du reste, comme le fait observer le jurisconsulte, plus douce que celles du droit commun ; elle
n'est que du double, alors que l'action « vi bonorum
« raptorum » et l'action « furti manifesti » sont du
quadruple (2).

Le publicain pouvait se mettre à l'abri de la demande
du double, accordée par l'édit, en restituant volontairement la chose illégalement retenue par lui. En certains
cas, il y avait donc un grand intérêt pour la partie lésée, à se servir contre le traitant des moyens ordinaires ; mais le pouvait-elle? La question paraît avoir
soulevé quelques doutes, mais Ulpien, après avoir indiqué les conséquences, pour le publicain, de la restitution volontaire qu'il a faite : « quod si fecerit, omni
« onere exuitur, et pœnali actione, ex hac parte edicti,
« liberatur », répond en ces termes à la question posée : « Unde quæritur, si quis velit cum publicano non
« ex hoc edicto, sed ex generali vi bonorum raptorum,
« damni injuriæ vel furti agere, an possit? et placuit

(1) Loi 1, au Digeste, « de Public., » § 2.
(2) Id. ibid., § 3.

« posse (1). Il serait absurde en effet, ajoute-t-il, de penser que l'édit spécial a pu créer, au profit des publicains,
une situation plus avantageuse que celle qui leur serait faite par le droit commun.

(3) Loi 1, au Dig., n. t., § 4. — Cf., § 1, cit. de l'édit du préteur.

TABLE DES MATIÈRES

CHAPITRE V.

IMPÔT DU VINGTIÈME SUR LES AFFRANCHISSEMENTS.

CHAPITRE VI.

IMPÔT SUR LES MINES ET LES CARRIÈRES ET SUR LE SEL.

CHAPITRE VII.

LA FERME DES IMPÔTS INDIRECTS. — DES PUBLICAINS.

DROIT FRANÇAIS

DE LA SOCIÉTÉ EN NOM COLLECTIF

DE LA SOCIÉTÉ EN NOM COLLECTIF

CHAPITRE PREMIER.

CARACTÈRES DISTINCTIFS DE LA SOCIÉTÉ EN NOM COLLECTIF.

L'art. 20 du Code de Commerce définit la société en
nom collectif de la manière suivante : « La société en
« nom collectif est celle que contractent deux personnes
» ou un plus grand nombre, et qui a pour objet de
« faire le commerce sous une raison sociale. » Cette définition est visiblement imitée de celle que Pothier
donnait de la même société : « Celle que font deux ou
« plusieurs marchands pour faire en commun un cer-
« tain commerce, au nom de tous les associés » (1),
mais en copiant la phrase de Pothier, les rédacteurs
du Code en ont modifié les derniers mots. La définition
du grand jurisconsulte était préférable, car les mots :
« au nom de tous les associés », entraînent nécessairement avec eux cette idée, que les associés sont tous
responsables et pour le tout des opérations de la société.
Sans doute, dire que le commerce est fait sous une raison
sociale, c'est bien exprimer la même pensée, car la raison sociale est précisément la formule du mandat que
les associés sont censés s'être réciproquement donné ;
aussi Pothier ajoutait-il : « C'est pourquoi tous les marchés que chacun des associés fait pour ce commerce

(1) Traité de Contrat de Société, ch. 2, sect. 2, § 3.

sont signés *un tel et Ce*. Il est censé, dans tous ces marchés, contracter tant en son nom qu'au nom des associés, qui sont censés contracter et s'obliger conjointement avec lui par son ministère » (1). Le Code de commerce, dans son article 22, indique la même conséquence de l'engagement signé de la raison sociale : « Les associés « au nom collectif, indiqués dans l'acte de société, sont « solidaires pour tous les engagements de la société, « encore qu'un seul des associés ait signé, pourvu que « ce soit sous la raison sociale. » Il n'y a donc pas là deux idées distinctes : faire le commerce sous une raison sociale c'est, pour deux ou plusieurs personnes, contracter solidairement vis-à-vis des tiers dans toutes le opérations faites pour la société sous cette raison sociale. Le Code de commerce a séparé en deux articles, qui ne se suivent même pas, deux idées qui, dans Pothier, sont justement présentées comme conséquence l'une de l'autre.

La raison sociale est la désignation sous laquelle se fait connaître et se manifeste une collection d'individus réunis pour faire le commerce et qui, grâce à une fiction de la loi, donnent, par leur réunion, naissance à une personne morale, distincte de la personne de chacun des associés. La raison sociale est le nom de cette personne nouvelle et lui sert de signature, et, comme l'engagement contracté par cette personne l'est au nom de chacun des associés et en son propre nom, les tiers créanciers se trouvent en présence d'autant de débiteurs qu'il y a d'associés, plus un : la société elle-même.

Les associés en nom collectif sont donc tenus solidai-

____

(1) Pothier, id., ibid.

rement de tous les engagements contractés au nom de la société par ceux qui ont pouvoir de l'obliger. Responsabilité solidaire de tous les associés et raison sociale, tels sont les deux caractères distinctifs de la société en nom collectif, caractère qu'il convient d'étudier maintenant avec plus de détail.

La responsabilité de l'associé en nom collectif est indéfinie ; les biens de l'associé sont le gage du créancier de la société, comme les biens de la société elle-même. Mais comme le créancier de la société a l'engagement de la personne morale et en même temps l'obligation solidaire de chaque associé, tandis que le créancier personnel d'un associé a bien l'engagement personnel de son débiteur, mais non celui de la société, il s'en suit qu'en cas de concours, on distinguera entre les biens de l'associé qui lui sont restés personnels et les biens qui forment l'actif de la société. Sur les biens de la société, le créancier de l'un des associés n'aura un recours que dans le cas où il ferait valoir les droits de son débiteur ; le créancier de la société ne subira, au contraire, aucun concours sur l'actif social ; sur les biens des associés, il subira le concours des créanciers personnels de chacun d'eux.

A l'ordinaire, le propre de la solidarité est d'avoir pour effet que le créancier peut indifféremment s'adresser à l'un quelconque de ses débiteurs solidaires, pour avoir paiement du montant intégral de sa créance. La solidarité des associés en nom collectif, avec la société, est-elle de cette nature ? En d'autres termes le créancier de la société doit-il, pour se faire payer, s'adresser d'abord à celle-ci, avant d'user de son droit vis-à-vis des associés et sur leurs biens personnels. La question, qui me semble devoir être résolue dans le sens le plus favorable au créancier, a divisé les auteurs.

Il paraît dans la pensée d'un arrêt rendu par la Cour de Toulouse, que le créancier peut s'adresser à l'un quelconque des associés, sans avoir ni à mettre en demeure la société, ni à prendre jugement contre elle : « attendu, dit cet arrêt, que, en droit, il résulte de dispositions formelles et de l'art. 22 du Code de commerce que tous les associés en nom collectif sont solidaires pour tous les engagements de la société, et de l'art. 1203, Code civil, que le créancier d'une obligation solidaire peut s'adresser pour en obtenir le paiement à celui des débiteurs qu'il lui plaît de choisir.... etc. » (1).

Dans une autre opinion, la solidarité des associés avec la société est seulement subsidiaire ; il n'y a pas lieu sans doute, selon les auteurs qui soutiennent cette opinion, à discuter les biens de la société, mais c'est à celle-ci qu'il faut s'adresser d'abord. Mais ici ces auteurs se séparent. Suivant les uns, comme M. Molinier (2), il suffit de mettre la société en demeure. Les associés sont, dit-il, à l'égard de la société, des cofidéjusseurs ou cautions privés des bénéfices de discussion et de division. Chacun d'eux, sans doute, est personnellement tenu des dettes sociales, mais n'est obligé de les payer qu'à défaut de la société. Il en résulte, pour M. Molinier, que le créancier qui dirige son action contre l'un des associés doit établir qu'il s'est adressé à la société et l'a mise en demeure d'exécuter son engagement. Les autres auteurs vont plus loin : S'il n'est pas exact de dire que le créancier est tenu de discuter la société avant de

(1) Toulouse, 7 août 1834.
(2) Traité de droit commercial. Des Sociétés, tome I, nos 354 et 355.

poursuivre les associés isolément, au moins est-il certain qu'il ne peut agir contre eux que lorsqu'il a fait juger la vérité et la quotité de sa créance contre la société. Ainsi, pour M. Pardessus (1), ce n'est qu'après la condamnation prononcée que le créancier peut, en vertu d'un jugement, agir contre chacun des membres de la société pour les contraindre à l'exécution des engagements sociaux. MM. Malepeyre et Jourdain se rangent à cet avis, et ils ajoutent : « D'ailleurs le paiement ne peut jamais être demandé que dans le lieu désigné par la convention, ou, à défaut de convention spéciale, au domicile du débiteur. Or, la société étant débitrice principale, le paiement doit être fait en la maison sociale» (2). Un arrêt de cassation (3), quoique rendu dans des circonstances spéciales, semble devoir confirmer cette opinion ; il est d'ailleurs revendiqué par les auteurs qui la soutiennent.

La troisième opinion est encore plus favorable aux associés ; elle leur accorde le bénéfice de discussion que leur refusent absolument les auteurs qui viennent d'être cités. M. Demangeat (4) estime que ce qui forme avant tout le gage des créanciers, c'est le patrimoine social. Il fait d'ailleurs une distinction, peut-être un peu subtile : « La loi, dit-il, ne dit point que les associés soient tenus solidairement avec l'être moral société ; son idée paraît être simplement qu'ils sont solidaires entre eux. » L'article 22 dit bien, en effet, que les associés sont solidaires *pour* tous les engagements sociaux ; il ne dit pas

(1) Cours de Droit commercial, tome IV, n° 1026.
(2) Traité des Sociétés commerciales, p. 131.
(3) 8 aout 1820. D. 22, 1, 164.
(4) Notes sur Bravard-Veyrières. Traité des Sociétés commerciales, p. 66, note 2.

qu'ils soient codébiteurs solidaires de la société.
MM. Delamarre et Lepoitvin (1), que cite M. Demangeat
en adoptant leur doctrine, disent formellement que le
créancier ne peut contraindre les associés, conjointement ou divisément, avant d'avoir épuisé les biens de
la société sa débitrice directe et principale. Tel est, ajoutent ces auteurs, le sens de notre article 22, lorsqu'il
dit que les associés en nom collectif sont solidaires *pour*
tous les engagements de la société.

La solidarité est-elle de l'essence de la société en nom
collectif? Sans doute lorsque les associés, dans une affaire donnée, se trouveront en présence d'un tiers, rien
ne s'opposera à ce qu'ils stipulent que leur obligation
ne sera pas solidaire ; ce tiers est parfaitement libre de
renoncer en contractant à l'une des garanties excep-
tionnelles que la loi lui accorde.

Mais pourrait-on insérer, dans l'acte constitutif de la
société, une clause générale aux termes de laquelle les
associés déclareraient qu'ils n'entendent pas être tenus
solidairement des engagements de la société? Cette clause
serait-elle valable, alors même qu'elle serait dûment
publiée? Certains auteurs se sont posé la question et
l'ont résolue diversement.

Rien dans la loi, disent les uns, ne prouve qu'il faille
admettre ici une restriction au principe de la liberté des
conventions. Pour eux, ce n'est là qu'un retour au droit
commun, d'après lequel les engagements sont personnels
et non solidaires. Une telle clause serait donc valable à
la condition d'avoir été publiée. Pour les autres, au contraire, la solidarité est de l'essence des sociétés en nom
collectif, « ainsi nommées, dit à ce propos M. Bravard,

(1) Traité du contr. de commiss., n° 240.

« à raison de cette solidarité qui fait que tous les asso-
« ciés n'en forment qu'un en quelque sorte » (1). La
solidarité est le caractère distinctif des sociétés en nom
collectif. Admettre la validité d'une clause excluant la
solidarité, c'est donc créer, en dehors de la loi, une classe
particulière de sociétés de commerce ; dans ces sociétés
figureraient en nom des associés qui ne seraient pas
tenus solidairement ; ce serait un piége continuellement
tendu à la bonne foi publique ; car les tiers, en présence
d'une société en nom collectif, devront naturellement
compter sur les garanties qui sont inscrites dans la loi.
Le Tribunal de commerce de la Seine a fixé sa jurisprudence dans ce sens : « Attendu, dit un jugement du 3
juin 1840, que la loi a défini les obligations imposées
aux associés en nom collectif ; que la solidarité est de
droit absolu à l'égard de tous ces associés ; que des stipulations contraires peuvent bien être introduites dans
les actes de société, mais que ces stipulations ne peuvent être admises par les tribunaux que comme conditions réglementaires entre les associés ; qu'elles ne
peuvent être opposées aux tiers qu'autant qu'ils s'y seraient formellement soumis.... »

II.

La raison sociale étant la désignation de la collection
d'individus qui se sont réunis pour faire le commerce
et qui, chaque fois que cette raison sociale est engagée,
sont censés s'être engagés avec elle, il semblerait naturel d'admettre qu'à l'origine, la raison sociale dans
une société en nom collectif contenait les noms de tous

(1) Op. cit, page 68.

les associés solidaires. La société en commandite, au contraire, dans laquelle une ou plusieurs personnes ne sont pas engagées personnellement par les actes de la société, se serait d'abord manifestée avec une raison sociale dans laquelle figurait le nom ou les noms des gérants et où le mot *et C*^{e} aurait désigné sans les faire connaître les commanditaires, tenus seulement sur le montant de leur commandite. Cette théorie paraît assez vraisemblable au premier abord ; elle a été présentée par M. Fremery et soutenue par un certain nombre d'auteurs. Suivant eux, ce serait seulement assez tard que la raison sociale d'une société en nom collectif aurait été *un tel et C*^{e}. Longtemps une telle manière de désigner une société se serait exclusivement appliquée à la société en commandite. M. Troplong a vivement combattu cette idée ; selon lui, bien avant le xvie siècle, époque à laquelle M. Fremery fixe ce changement d'habitude dans la désignation de la société en nom collectif, cette dernière avait eu déjà pour raison sociale, non pas les noms de tous les associés, mais la formule abrégée *un tel et C*^{e}., sans que le mot *et C*^{e} désignât des associés dispensés de la solidarité (1).

Quoi qu'il en soit, sous l'empire de notre Code, il est parfaitement certain que la raison sociale d'une société en nom collectif peut contenir soit les noms de tous les associés, soit celui d'un ou de plusieurs d'entre eux suivi ou non du mot *et C*^{e}. Si la société a agi sans que, dans le pacte social, une raison ait été indiquée, il n'y en aura pas moins obligation solidaire si les tiers prouvent que, sous la signature seule de l'un quelconque

(1) Frémery, Études du Droit comm., p. 39 et suiv. Troplong, Comment. du titre des Sociétés, n°s 362 et suiv.

des associés, c'était réellement l'être collectif qui agissait ; à plus forte raison, il pourrait être convenu dans l'acte constitutif de la société que la signature sociale sera celle de l'un des gérants sans qu'il soit besoin que cette signature soit accompagnée de la formule *et C*^{e}.

Tous les auteurs font remarquer qu'il ne faut pas confondre la raison sociale avec le nom de l'établissement que la société a pour but d'exploiter ; une telle confusion ne serait pas moins étrange, en effet, que celle qui consisterait à nommer un négociant sous la désignation qu'il a donnée à sa maison, soit pour la distinguer ou attirer les regards, soit pour rappeler l'objet de son commerce ; le nom de l'établissement persiste tant que la maison existe, et la maison survivra à la société ; au contraire, le nom de celle-ci, la raison sociale, disparaîtra lorsque la société cessera, par la dissolution, d'avoir une existence propre et distincte.

L'art. 21, Cod. com., porte que les noms des associés peuvent seuls faire partie de la raison sociale. Il est bien évident, en effet, que les tiers ne peuvent pas être induits en erreur par un nom dont le crédit leur donnerait toute confiance, et qui ne serait là que pour produire ce résultat, celui qui le porte devant disparaître le jour où les tiers se présenteraient pour lui demander l'exécution de l'engagement pris sous ce nom. Mais quelle sera la sanction de cette disposition ? L'art. 21 ne la porte pas avec lui. Il faut distinguer plusieurs cas et résoudre la difficulté en appliquant le droit commun. En ce qui concerne les associés eux-mêmes, en se servant d'un nom qui ne leur appartient pas, ils auront, vis-à-vis des tiers, commis une escroquerie ; il y aura, en effet, de leur part, intention frauduleuse et mauvaise foi ; ils auront voulu tromper les tiers en leur faisant croire à un crédit qui n'existe pas, et ils leur auront ainsi porté préjudice. Il ne faudrait cependant pas aller jusqu'à dire, avec certains auteurs, que les associés, en se servant d'une raison sociale dans laquelle se trouve compris le nom d'une personne non associée, se rendraient coupables ou complices du crime de faux. Il n'y a pas là en effet fausse signature, celui qui signe de cette raison sociale ne donne pas la signature comme étant celle de la personne non associée, mais comme celle de la société et, en effet, cette signature est la reproduction de la raison sociale, la faute consiste précisément à avoir introduit le nom dans cette raison sociale ; il y a plutôt analogie entre cette action et celle de la personne qui, sans être mandataire de Primus, signerait néanmoins par procuration de Primus, avec une intention frauduleuse.

Vis-à-vis de celui dont le nom se trouve ainsi employé, il faut distinguer le cas où cet emploi a été fait à son insu, et celui où il l'a autorisé ou simplement toléré. S'il est indubitablement prouvé que le nom d'une personne a été introduit dans la raison sociale à son insu, ce qui, à la vérité, est assez difficile à imaginer, il ne peut y avoir de difficulté ; cette personne ne saurait être, en quoi que ce soit, responsable d'une faute à laquelle elle n'a en rien participé. La solution ne paraît pas davantage devoir être douteuse au cas où le tiers, dont le nom a été employé, a formellement autorisé cet emprunt. Cette hypothèse pourra assez fréquemment se réaliser lorsqu'un associé quittant une société, celle-ci continue à fonctionner ; les associés voudront ne pas porter atteinte au crédit dont a joui jusqu'alors leur raison sociale; ils craindront les effets d'un changement et pourront obtenir, quelquefois moyennant une compensation, de leur ancien associé, l'autorisation expresse de conserver son nom dans la raison sociale. Dans ce cas, cet associé sera justement condamné à acquitter les engagements sociaux, non pas comme associé, car il n'est associé ni en fait, ni en droit, mais aux termes de l'art. 1382, pour avoir, par sa faute, induit les tiers en erreur et leur avoir ainsi porté préjudice. Il faut tirer de cette idée la conséquence assez importante que le préjudice devra être éprouvé pour que l'ancien associé dont le nom aura été maintenu dans la raison sociale, sans que d'ailleurs il soit encore en réalité membre de la société, puisse être condamné à exécuter les engagements de cette société; il faudra que la société et les associés soient insolvables pour qu'il puisse être condamné; si on l'attaque le premier, il pourra invoquer le bénéfice de discussion, ce qui rend la situation très-différente de celle d'un véritable associé. Il ne pourrait y avoir exception à cette responsabilité que si le tiers créancier avait traité avec la société en connaissant pertinemment la vérité; mais cette connaissance ne pourrait résulter ni de la publicité donnée à la dissolution, car la présence du nom de l'associé retiré, dans la raison sociale, doit faire présumer aux tiers que la retraite n'a pas été exécutée, ni de la clause insérée dans l'acte de reconstitution de la société et publiée, par laquelle l'ancien associé n'aurait donné son autorisation que sous la condition de n'être pas tenu des dettes; cette stipulation peut être assimilée à celle qui dispenserait un des associés de la solidarité; la publicité légale ne peut, dans ce cas, faire supposer que les tiers sont informés ; il faut que la preuve soit donnée qu'ils ont, en traitant, été réellement instruits des circonstances particulières dans lesquelles se trouve la personne avec laquelle ils contractent.

Si le tiers, dont le nom figure dans la raison sociale sans qu'il soit associé, n'a pas autorisé formellement l'usage fait de son nom, mais l'a toléré, hypothèse dont le réalisation pourra également être assez fréquente, lorsque ce tiers, après avoir fait partie de la société, aura cessé d'en être membre, la solution devra être la même ; s'il y a préjudice pour un créancier de la société, celui-ci pourra invoquer contre cet ancien associé, sinon l'application de l'art. 1382, au moins celle de l'art. 1383 ; s'il n'y a pas faute, il y a en effet au moins négligence et imprudence ; mais, dans ce cas comme dans le précédent, si l'ancien associé est complètement désintéressé dans la société, ce n'est pas comme associé qu'il sera tenu, mais à raison du préjudice causé ; il faudra donc qu'il y ait préjudice et, en outre, que les créanciers n'aient pas connu la situation particulière de l'ancien associé ; ici encore cette connaissance ne pourra s'induire ni de la publicité légale donnée à la retraite de l'associé, ni de la notoriété de cette retraite ; il faudra qu'elle soit, non pas présumée en vertu de la loi, mais expressément prouvée, et il y aura certainement là une question de fait laissée à l'appréciation du juge (1).

L'emploi, par l'un des associés, de la raison sociale, après dissolution de la société, doit être considéré tout différemment ; il constitue un véritable faux, si, bien

(1) Cf. Delangle, des Sociétés comm., nº 223 ; Malepeyre et Jourdain, op. cit., p. 28 et suiv. ; Bedarride, des Sociétés, nº 135 et suiv. ; Molinier, op. cit., nº 259.

entendu, il y a eu l'intention frauduleuse, élément essentiel de la criminalité. La société se survit bien à elle-même pour les besoins de la liquidation, mais alors sa signature doit être accompagnée d'une mention qui fasse connaître en quelle qualité il est encore fait usage de cette signature ; en dehors de cette hypothèse, et si l'emploi de la signature après la dissolution a le caractère d'une manœuvre frauduleuse, signer de la raison sociale quand il n'y a plus de société, c'est, comme le dit M. Delangle, « faire figurer comme vivant encore une personne morte. » (1).

CHAPITRE II

ACTE DE SOCIÉTÉ. — PUBLICITÉ.

1

Il y a, pour les associés entre eux, mais surtout pour les tiers, un puissant intérêt à ce que l'existence de la société soit constatée par un acte écrit, et que cet acte soit porté à la connaissance du public. Sans cette constatation et cette publicité, les tiers, en effet, se trouvant en présence d'une collection d'individus agissant sous une raison sociale, seraient obligés de rechercher chacun des associés pour le contraindre à exécuter l'engagement pris en son nom ; et souvent un associé de mauvaise foi réussirait à se dissimuler ; la personnalité de la société ne pouvant être distinguée de celle de chaque associé, il ne pourrait y avoir, à proprement parler, d'actif social, gage des créanciers sociaux à l'exclusion des créanciers personnels d'un associé ; les difficultés

(1) Op. cit., n° 224.

sans cesse renaissantes que créent les sociétés de fait montrent quelle est la nécessité de contraindre les associés en nom collectif à se faire connaître dès l'origine de leur association.

Cette nécessité a été dès longtemps reconnue. Au xvie siècle, les statuts de plusieurs places d'Italie, de Sienne notamment, prescrivaient aux sociétés de marchands de déclarer, à certains officiers publics qui en tenaient registre, les noms des membres qui les composaient. L'ordonnance de 1579, rendue par Henri III, emprunta cette mesure en ne l'appliquant toutefois qu'aux étrangers, entre les mains de qui était une partie du grand commerce et qui, de plus, étaient plus difficiles à saisir pour les nationaux : « Et voulons, dit l'art. 357 de cette ordonnance, que toutes compagnies jà faites ou qui se feront ci-après entre lesdits étrangers estant en notre royaume, seront inscrites ès bailliages, sénéchaussées et hôtels communs des villes, où ils seront tenus nommer et déclarer leurs partisans et associés sous peine de faux, et que ceux qui auront les banques et sociétés ne pourront avoir nulle action l'un contre l'autre, s'ils n'ont fait leur enregistrement comme ci-dessus. » On reconnut bientôt qu'une semblable obligation devaient être imposée aux commerçants regnicoles qui formaient des associations. L'ordonnance de 1629, connue sous le nom de Code Michaud, disposa que : « L'art. 357 de l'ordonnance de Blois, touchant la publication des associations entre marchands et désistement d'icelles aurait lieu entre les sujets français, ainsi qu'il était ordonné pour les étrangers. » Le Code Michaud rencontra dans son application une résistance longue et opiniâtre ; aussi la disposition qui vient d'être rappelée resta lettre morte jusqu'en 1673, époque où fut rendue la célèbre ordonnance sur le commerce. Les deux précédentes ordonnances prescrivaient seulement un enregistrement qui, à la vérité, rendait nécessaire la constatation préalable de la société par un écrit : l'art. 1er du titre IV de l'ordonnance de 1673 établit expressément l'obligation de constater par un acte écrit les sociétés en nom collectif ou sociétés générales; il ajoute qu'aucune preuve ne pourra être faite par témoins contre et outre le contenu en l'acte, ni sur ce qui serait allégué avoir été dit avant, lors ou depuis, encore qu'il s'agisse d'une valeur de moins de 100 livres. L'art. 2 exige qu'un extrait de l'acte de société soit enregistré au greffe de la juridiction consulaire et, à défaut, à l'hôtel commun de la ville. La sanction de ces prescriptions se trouve dans l'art. 6 : « Les sociétés n'auront d'effet à l'égard des associés, leurs veuves et héritiers, créanciers et ayants cause que du jour où elles auront été enregistrées et publiées. » L'ordonnance indiquait en outre quel devait être le contenu de l'extrait; elle exigeait les mêmes formalités de publicité pour les actes portant changement d'associés ou de nouvelles clauses. Tout le système que nous allons retrouver dans les lois qui nous régissent était ainsi constitué; toutefois, l'ordonnance de 1673 avait commis une singulière méprise en mettant sur la même ligne, d'ailleurs en termes assez ambigus, les associés et leurs créanciers au point de vue de la nullité de la société; on ne conçoit pas, en effet, comment cette nullité peut nuire aux tiers, alors que la publicité n'est prescrite que dans leur intérêt, et que la contravention à la loi qui l'organise, ne doit entraîner une res-

ponsabilité que contre les associés coupables au moins
de négligence. Peut-être est-ce à cause de cette obscu-
rité et de cette injustice que l'ordonnance de 1673 n'eut
pas, sur ce point, plus d'effet que celle qui l'avait précédée : « Quelque précises que soient les dispositions
de l'ordonnance, dit Pothier, l'auteur des notes sur
Bornier nous apprend que ces formalités d'enregistrement au greffe et d'affiche dans un tableau sont tombées en desuétude et ne s'observent plus » (1).

Les articles 39 et 41 du Code de commerce ont reproduit, en leur donnant encore plus de précision et
de force, les termes de l'article Ier, titre IV, de l'ordonnance de 1673. Les sociétés en nom collectif ou en commandite doivent être constatées par des actes publics ou
sous signature privée, en se conformant, dans ce dernier cas, à l'article 1325 du Code civil. — Aucune
preuve par témoins ne peut être admise contre et outre
le contenu dans les actes de société, ni sur ce qui serait
allégué avoir été dit avant l'acte, lors de l'acte, ou depuis, encore qu'il s'agisse d'une somme au-dessous de
150 francs. Laissons de côté, pour un moment, la question de savoir si, lorsque la société dont l'existence n'est
pas constatée par un acte public ou sous seings privés
a fonctionné pendant un certain temps, les associés ne
peuvent être admis à fournir la preuve des conventions
intervenues entre eux et à se prévaloir les uns envers
les autres, et, pour le passé, des règles établies par ces
conventions.

Pour faire maintenir la société dans l'avenir, un associé pourrait-il invoquer un commencement de preuve
par écrit, autorisant la preuve orale ou l'aveu même de

(1) Loc. cit., ch. IV, art. 2, § 2 in fine.

la partie? Cet associé pourrait-il dire que les articles 39 et 41, Cod. com., ne faisant que reproduire l'article 1341 du Code civil, il n'y a aucune bonne raison de ne pas admettre ici l'exception consacrée par l'art. 1347? Le texte de l'art. 39 est formel; il ne fait pas la même distinction que l'art. 1341 ; toute société doit être constatée par un acte écrit, dans les formes indiquées. Quand bien même, au reste, la preuve orale serait recevable pour faire constater l'existence de la société, elle serait inefficace à assurer son maintien dans l'avenir. La validité de la société ne dépend pas seulement, en effet, de l'acte qui doit constater la convention : il faut encore que cet acte ait reçu une certaine publicité organisée par la loi : le commencement de preuve par écrit, l'aveu de la partie, ne feraient pas que la publicité ait pu être donnée conformément à la loi. Dès lors, la preuve orale serait impuissante; ne pouvant avoir d'effet, elle ne saurait être admise : *Frustra probatur quod probatum non relevat.*

L'acte constatant la société en nom collectif peut être, soit rédigé par un notaire en la forme authentique, soit simplement fait entre les associés sous signatures privées. Dans ce dernier cas, l'article 1325 s'applique, c'est-à-dire qu'il devra y avoir de l'acte autant d'originaux que de parties ayant un intérêt distinct, et que chaque original devra porter mention du nombre d'exemplaires de l'acte qui auront été rédigés.

L'acte qui n'aurait pas été fait ou qui ne mentionnerait pas qu'il a été fait en autant d'originaux qu'il y a d'intérêts distincts, pourrait être annulé sur la demande d'une des parties. Il est bien entendu, d'ailleurs, que l'exception d'invalidité de l'acte non conforme aux dispositions de l'article 1325 n'est pas opposable aux tiers. Cette invalidité ne peut avoir son effet que sur l'avenir, même entre les associés; quant au passé, l'existence inattaquée de la société rendrait l'acte obligatoire pour tous. Si même l'acte a été exécuté par celui qui l'attaque, toutes les formalités de publication prescrites par la loi ayant d'ailleurs été observées, la demande serait non recevable. L'exécution créerait contre la demande une fin de non-recevoir péremptoire aux termes de l'article 1325 lui-même.

Les ordonnances de 1579 et de 1623 avaient, comme on l'a dit plus haut, prescrit l'enregistrement et le dépôt des actes de sociétés d'abord pour les étrangers seulement, puis pour les nationaux eux-mêmes; l'ordonnance de 1673 renouvela ces dispositions et exigea que l'extrait de l'acte de société fût enregistré au greffe du consulat, ou à défaut de juridiction consulaire, au greffe de l'hôtel de ville ou à celui de la juridiction ordinaire, et qu'il fût inséré en un tableau exposé dans un lieu public (art. 2). Ces prescriptions restèrent, on a dit pour quelle raison, à peu près impuissantes; le Code de commerce, à son tour, à côté de la nécessité de l'acte écrit, a établi tout un système de publicité pour cet acte, qu'il est si intéressant pour le public de connaître. L'article 42 exige que l'extrait des actes de société soit remis dans la quinzaine de leur date au greffe du tribunal de commerce de l'arrondissement dans lequel est établie la maison du commerce social, pour être transcrit sur le registre et affiché pendant trois mois dans la salle des audiences; si la société a plusieurs maisons de commerce situées dans divers arrondissements, la remise, la transcription et l'affiche seront faites au

greffe du tribunal de commerce de chaque arrondissement. L'élément le plus considérable de la publicïté est,
de nos jours, la presse. Les anciennes ordonnances n'a-
vaient pas eu à se préoccuper d'un état de choses qui
n'existait pas encore; le Code de commerce avait omis
de le faire. Un décret rendu le 18 février 1814 par l'im-
pératrice Marie-Louise, régente, avait réparé cette
omission et décidé que l'extrait à afficher devrait en
outre être inséré dans les affiches judiciaires et les journaux de commerce. Mais la constitutionnalité de ce décret n'avait pas tardé à être révoquée en doute; la jurisprudence avait varié sur ce point; la Cour de cassation, après avoir partagé l'opinion contraire, avait fini
par consacrer l'inconstitutionnalité par un arrêt solennel rendu, toutes chambres réunies, le 3 mars 1832.
Dans cette situation, et l'utilité de la publicité par la
voie de la presse étant reconnue par ceux-là même qui
niaient la valeur légale du décret, une disposition législative devenait nécessaire. La loi du 31 mars 1833 fut
bientôt proposée et portée; elle ajoutait à l'article 42
les dispositions suivantes : «Chaque année, dans la
première quinzaine de janvier, les tribunaux de commerce désigneront au chef-lieu de leur ressort, et, à
leur défaut, dans la ville la plus voisine, un ou plusieurs journaux où devront être insérés, dans la quinzaine de leur date, les extraits d'acte de société en nom
collectif ou en commandite et régleront le tarif de l'im-
pression de ces extraits. Il sera justifié de cette insertion par un exemplaire du journal certifié par l'imprimeur, légalisé par le maire et enregistré dans les trois
mois de sa date. » Le décret du 17 février 1852 a retiré aux tribunaux de commerce la désignation des

journaux où doivent paraître les insertions légales, et l'a attribuée aux préfets.

La loi du 24 juillet 1867, sur les sociétés, a abrogé les articles 42 à 46 du Code de commerce ; mais les dispositions qu'elle leur a substituées ne modifient pas très-profondément le système qui vient d'être indiqué, en ce qui concerne les sociétés en nom collectif. Ces sociétés, d'ailleurs, ne figuraient pas dans le projet de ia loi de 1867 ; dans ce projet, les dispositions relatives à la publicité étaient exclusivement applicables aux sociétés coopératives ; c'est la commission du Corps législatif qui exprima le désir que ces dispositions fussent appliquées à « toute société commerciale ; » sur l'avis conforme du Conseil d'Etat, le projet fut modifié en ce sens ; mais la loi, telle qu'elle a été votée, se ressent un peu de la confusion apportée par l'amendement dans l'économie du projet. Les principales formalités restent les mêmes ; elles consistent toujours dans un dépôt à faire, dans une insertion à publier. Toutefois, ce n'est plus seulement un extrait qui doit être déposé au greffe du tribunal de commerce, mais un double de l'acte lui-même, un autre double doit être aussi déposé au greffe de la justice du paix du lieu où la société est établie. L'affiche dans le prétoire n'est plus ordonnée. On peut critiquer la disposition de la loi de 1867 concernant le dépôt d'un double de l'acte de société en nom collectif dans deux greffes. Si, en effet, l'article 63 de la même loi était exactement observé, ce qui n'a pas lieu, au moins à Paris, les tiers ne pourraient prendre connaissance de l'acte déposé ; cet article, en effet, dispose limitativement que, « lorsqu'il s'agit d'une société en commandite par actions ou d'une société société ano-

nyme, toute personne a le droit de prendre communication des pièces déposées aux greffes... etc.» C'est là une
des anomalies causées par la marche suivie dans la confection de la loi. Le délai accordé pour remplir les formalités de dépôt est, non plus de quinzaine, mais d'un
mois. Dans le même délai, un extrait doit être publié
dans l'un des journaux désignés pour recevoir les an-
nonces légales ; la question de savoir si l'extrait, sous
l'empire de la loi de 1833, devrait être inséré dans tous
les journaux ainsi désignés, se trouve tranchée par
cette décision : un seul journal suffit aujourd'hui.

La preuve des formalités à remplir au greffe n'est
soumise à aucune forme déterminée; la transcription sur
le registre établit *ipso facto* la remise. Il n'en est pas de
même de l'insertion ; ici la preuve ne peut sans doute
résulter que de la représentation du numéro du journal renfermant cette insertion. Mais il importait d'empêcher une fraude possible : la fabrication après coup
d'un numéro du journal. La disposition de la loi de 1833,
relative à l'enregistrement et à la légalisation de la signature de l'imprimeur, dans un délai de trois mois, a
été exactement reproduite par l'article 56 de la loi nouvelle.

Les deux articles suivants indiquent ce que doit contenir l'extrait à publier. Les tiers devront y trouver tout
ce qui les intéresse : la nature de la société, la raison sociale, les noms des associés, la désignation de ceux qui
sont autorisés à gérer, administrer et signer pour la société, l'époque où la société commence et celle où elle
doit finir, la mention et la date des dépôts au greffe.

L'extrait doit-il contenir l'indication du capital social dans une société en nom collectif? L'art. 57 de la

loi nouvelle est assez obscur sur ce point; il paraît toutefois certain que cet article, en parlant de la publication du capital social, n'entendait pas viser les sociétés
en nom collectif; on doit voir encore là un des résultats fâcheux de la méthode suivie dans la discussion;
les créanciers de la société, en effet, n'ont pas intérêt
à connaître le capital social d'une société en nom collectif, puisque tous les associés sont solidairement
responsables; ce qui les intéresse, c'est la consistance personnelle de chacun des associés. La question était universellement résolue en ce sens, sous l'empire du Code
de commerce. On ne voit pas dans la discussion qu'il
y ait eu chez le législateur aucune intention d'innover
sur ce point. Le tribunal de commerce de la Seine (1) a
ainsi décidé la question : « Attendu, dit le jugement,
après avoir visé la disposition de l'art. 57, qu'il ressort
des termes employés par le législateur, qu'il n'a point
entendu étendre cette obligation aux sociétés en nom
collectif; qu'en effet il a énoncé que l'extrait devait contenir le montant du capital social et le montant des
valeurs fournies ou à fournir par les actionnaires ou
commanditaires; qu'on a donc limité cette obligation
aux sociétés dans lesquelles se trouvent ces intéressés;
que cette distinction est d'ailleurs justifiée par l'obligation, résultant pour les associés en nom collectif, d'une
responsabilité indéfinie et solidaire pour toutes les opérations sociales; que, en conséquence, la publication a
été régulièrement faite, etc. » (2).

La loi de 1867 a énoncé les indications que l'extrait à
publier doit contenir; il est bien entendu que cet extrait

(1) 16 octobre 1873. Teulet et Camberlin, 1874, n° 7947.
(2) Voy. néanmoins arrêt de Cassation req. du 20 juillet 1870. — Dalloz, 1871, I. 339, et la note de l'arrêtiste.

peut utilement en contenir d'autres. Il y a en effet, en matières de fraudes commerciales, comme le fait justement remarquer M. Bravard (1), deux contrats distincts : un premier contrat qui se forme entre les associés seulement, un second contrat qui intervient entre la société, les associés et les tiers. Le premier se forme par l'accord des volontés des personnes qui se mettent en société ; le second par la publication d'un extrait contenant les clauses qu'il importe aux tiers de connaître. A côté de celles de ces clauses dont la loi ordonne la publication, parce que, dans toute société en nom collectif, il sera d'une absolue nécessité pour les tiers d'en être informé, il peut y en avoir d'autres, variant selon les cas et les intentions des associés, qui intéressent également les personnes qui traiteront avec la société. La première condition de la validité de ces clauses vis-à-vis des tiers est qu'elles aient été publiées. On n'examine pas ici quelles sont les stipulations au moyen desquelles les associés peuvent vouloir modifier des relations que, d'après le droit commun, ils auraient avec le public ; cet examen trouvera sa place quand on étudiera les effets des engagements sociaux ; mais on doit, dès à présent, établir que, si elles n'avaient pas été publiées, leur valeur ne pourrait pas même être discutée ; les tiers, à qui on voudrait les opposer, les écarteraient de prime abord en invoquant le défaut de publication.

II.

La sanction des prescriptions de la loi sur la publicité à donner aux conventions sociales se trouve dans

(1) Op. cit., p. 41.

les derniers mots de l'art. 42, Code comm., reproduits, purement et simplement, par l'art. 56 de la loi du 24 juillet 1867 : « Les formalités prescrites seront observées, à peine de nullité, à l'égard des intéressés ; mais le défaut d'aucune d'elles ne pourra être opposé aux tiers par les associés. »

Il faut examiner les effets de cette sanction sur les rapports des associés entre eux, des associés avec les tiers créanciers de la société, et des créanciers personnels de chaque associé avec les créanciers de la société dont la nullité a été prononcée par défaut de publicité.

Et, d'abord, les associés peuvent-ils s'opposer cette nullité les uns aux autres ? Il y a eu, à l'origine, controverse sur ce point. M. Delvincourt avait émis l'opinion que, aux termes de l'art. 42, l'acte de société, parfait entre les associés, était seulement privé de toute valeur vis-à-vis des tiers. « La nullité, disait-il, est prononcée, non pas en faveur des associés, mais contre eux. La nullité, n'étant que le résultat d'une faute générale et commune, ne doit, en aucun cas, profiter aux auteurs de la faute. Cette doctrine, condamnée par la Cour de cassation dès le 2 juillet 1817, n'a plus été sontenue, et ne saurait l'être en présence des termes de la loi. La nullité est une peine qui s'applique également à tous les associés, et cette nullité peut être invoquée par un associé contre ses coassociés.

Si la nullité de la société est prononcée, parce qu'il n'y a pas eu d'acte écrit, ou pour défaut de publication, lorsque cette société ayant déjà fonctionné pendant un certain temps, les mises ont été versées, des opérations commerciales faites, des gains ou des pertes réalisés, comment se règleront les rapports des associés ? La nullité s'applique incontestablement à l'avenir, à tous les effets que le contrat n'a pas encore produits ; mais, pour le passé, que décidera-t-on ? Locré n'a sans doute pas reproduit « l'esprit du Code de commerce, » lorsqu'il a écrit : « On jugera comme s'il n'y avait pas eu de société ; c'est-à-dire qu'il n'y aura, pour le passé comme pour l'avenir, ni solidarité active entre les associés, ni communauté de perte et de gain. » Cette opinion, dont la conséquence naturelle serait qu'un des associés pourrait se trouver débiteur de l'autre du montant total de la mise de celui-ci, alors que leur intention évidente a été de suivre une commune fortune, n'a été adoptée par aucun auteur et n'est soutenue par aucune jurisprudence. Mais, si l'on admet, comme l'exige l'équité, que la nullité de l'acte ne pourra influer que sur l'avenir, et que la société ayant eu une existence de fait, sinon de droit, c'est bien d'un règlement entre personnes associées qu'il s'agit, une question délicate et diversement résolue s'élève encore : appliquera-t-on à ces faits accomplis, dont on ne saurait méconnaître l'existence, les stipulations de l'acte de société, s'il y en a un, celles dont on pourrait prouver l'existence par tous les moyens de preuve, s'il n'a pas été fait d'acte, ou seulement les dispositions de la loi ? Est-on, en ce qui concerne les rapports des associés entre eux, en présence d'un acte nul ou simplement annulé ?

Certains auteurs, notamment M. Molinier (1), pensent qu'il faut faire abstraction de l'acte de société et déterminer les droits des parties comme s'il n'existait pas. Ils reconnaissent bien les droits qui résultent des rapports que les opérations faites en commun ont éta-

(1) Op. cit., n° 273.

blis entre les parties, mais ils pensent que ces rapports ne seront pas régis par la convention, qui ne saurait avoir un effet légal, faute d'avoir été constatée ou publiée suivant le vœu de la loi ; on appliquera les règles du droit commun. Il suit de là que, dans cette opinion, l'apport de sommes versées dans la caisse sociale et les opérations faites en commun pourront être établies par les livres, par la correspondance, et, au besoin, par la preuve testimoniale, mais que la répartition des bénéfices ou des pertes ne s'opérera pas suivant les bases fixées dans l'acte de société ; car ces bases n'avaient été posées qu'en vue d'une société en nom collectif, qui n'a pas été réalisée et qui est nulle ; elle sera faite d'après l'art. 1855 du Code civil, et la part de chaque associé, dans les bénéfices ou dans les pertes, sera en proportion de sa mise.

La doctrine contraire, suivie par la majorité des auteurs et appuyée d'une jurisprudence aujourd'hui constante, me paraît préférable. S'il n'y a pas eu d'acte écrit, les associés devront être admis à prouver leur convention en ce qui concerne les effets qu'elle peut avoir sur la liquidation de leur société de fait. Si un acte a été rédigé, mais qu'il n'ait pas été publié, ce sera lui qui devra déterminer les rapports des associés quant aux faits accomplis, et notamment régler la proportion dans laquelle ils doivent, entre eux, contribuer aux bénéfices ou aux pertes. La nullité de l'acte de société, dit un arrêt de la Cour de cassation du 31 décembre 1844, ne peut rétroagir sur les faits accomplis avant la demande en nullité ; le tribunal qui, après annulation de l'acte social, renvoie devant arbitres la liquidation des affaires sociales, ne peut, sans excès de pouvoir, prescrire à ces arbitres de liquider cette société, non d'après les bases de l'acte annulé, mais d'après le droit commun. Si donc il a été stipulé dans l'acte social que les bénéfices seraient inégalement partagés ou les pertes inégalement supportées, c'est dans la proportion établie par l'acte que le partage doit être fait (1).

En dehors de la répartition des bénéfices ou des pertes, l'acte, quoique non publié, pourrait encore avoir sa valeur pour assurer l'effet de certaines conventions accessoires qui y seraient insérées, seulement, bien entendu, pour le passé. Ainsi je pense que, dans notre cas, un associé pourrait réclamer, pour le temps pendant lequel a fonctionné la société, le prélèvement de gérance à lui alloué par la convention.

Les questions soulevées sur l'application de la juridiction arbitrale aux difficultés naissant entre les associés, au sujet des faits accomplis, ont, depuis la loi de 1856, perdu tout leur intérêt. Mais les opinions émises par les auteurs à ce propos doivent servir à la solution de difficultés qui peuvent se présenter encore aujourd'hui. On admettait, en effet, que les contestations entre les membres de la société, annulée pour défaut de publicité, relatives à la société de fait qui avait existé entre eux antérieurement à l'annulation, étaient de la compétence des arbitres forcés, mais seulement par application de l'art. 51 du Code de commerce, et non du contrat ; de telle sorte que si les parties avaient inséré sur ce point, dans l'acte de société, quelque clause particulière, dérogatoire au droit commun, cette clause res-

(1) Bédarride, op. cit., n° 364 et s. ; Delangle, n° 539 ; Troplong n° 249 ; M. Rataud, à son cours.

tait sans effet. C'est là une application du principe déjà
posé : l'acte ne régit que le passé entre les associés ; or
c'est après la nullité prononcée que la liquidation commence et que peuvent s'engager les contestations. Si
l'acte non publié a prévu, ainsi qu'il arrive souvent, le
mode de liquidation qui devra être suivi dans tous les
cas de dissolution de la société, il sera sans valeur à
cet égard, et la liquidation aura lieu d'après le droit
commun, en répartissant toutefois les bénéfices et les
pertes dans la proportion convenue dans le pacte
social.

Si donc il a été stipulé, qu'arrivant la dissolution de
la société, tout l'actif social restera à l'un des associés,
moyennant paiement du passif et remboursement à
l'autre associé de ses droits dans la société, aucun des
deux ne pourra, dans notre cas, se prévaloir de cette
stipulation, ni l'un pour se faire considérer comme
acquéreur, par le fait même de la rupture de l'association, ni l'autre pour se faire considérer comme cessionnaire. Un arrêt de la Cour de Lyon du 2 juillet 1871 (1)
peut paraître, à première vue, contraire à cette opinion ;
« Il est généralement admis, dit-il, que le contrat de
société susceptible d'être annulé à raison de l'inaccom-
plissement des dispositions des art. 42 et 46 Cod. com.
n'en fait pas moins la loi des parties pour la liquidation de la communauté qui a existé entre les associés..., etc. » Mais il faut remarquer que l'espèce sur
laquelle cet arrêt a été rendu est bien différente de l'hypothèse que nous avons construite. Au cas particulier,
le pacte social contenait une clause aux termes de laquelle, arrivant le décès d'un associé, la part revenant

(1) Dalloz, 1871, 2, 141.

à ses héritiers devait être réglée d'après le dernier inventaire ; la dissolution de la société avait en effet été causée par le décès de l'un des associés, et c'étaient ses héritiers qui invoquaient la nullité en se fondant sur l'inobservation des prescriptions de la loi, au moment où la nullité était ainsi invoquée, les conventions sociales relatives à la liquidation ne pouvaient plus être considérées comme influant sur l'avenir. Dans notre hypothèse, au contraire, un des associés ne pourrait se prévaloir de la clause relative à la liquidation à forfait sans se fonder sur le pacte social, non pas au sujet d'un fait accompli durant la société et avant que la nullité soit invoquée, mais pour régler d'après lui une liquidation qui n'est que la conséquence de la rupture de cette société ; on ferait ainsi produire à l'acte un de ses effets futurs, par rapport au moment où a été prononcée la nullité.

C'est par la même raison qu'on a jugé (1) que si une clause avait fixé une indemnité à payer par l'un des associés à l'autre dans le cas où la société serait, par son fait, dissoute avant l'échéance du terme fixé pour sa durée, l'associé sur la demande duquel la dissolution aurait été prononcée ne pourrait être contraint à l'exécution de cette clause. Il y a plusieurs motifs de décider ainsi, mais, de notre point de vue, nous n'avons à en considérer qu'un seul et il est suffisant : « La stipulation pénale, si elle a pour but de contraindre chacun des associés à rester dans les liens d'une société nulle, affecte exclusivement l'avenir » (2).

L'accomplissement des formalités prescrites par la

(1) Paris, 23 décembre 1831.
(2) Jung. Cass., 4 janv. 1853, Teulet et Camberlin, II, 463.

loi, donne à la société en nom collectif sa perfection, et en fait remonter les effets au jour auquel les parties se sont trouvées liées par leur consentement échangé; si donc la publication a eu lieu dans le mois de la date de l'acte, les effets de celui-ci remontent à cette date pour les associés et pour les tiers mêmes, puisqu'il y a eu nécessairement ou acte authentique ou acte sous signatures privées ayant acquis date certaine par le fait de l'enregistrement.

Si la publication ou le dépôt n'ont eu lieu qu'après le délai d'un mois fixé par la loi, ou si l'enregistrement du journal n'a eu lieu qu'après les trois mois, mais si ces formalités sont accomplies avant qu'aucune demande en nullité ait été formée, une telle demande pourra-t-elle encore se produire? Il est généralement admis par les auteurs que la nullité de la société se trouve couverte par la publication tardive : « Si avant la demande, dit M. Pardessus (1), l'affiche et l'insertion dans les journaux ont été faites, il semble naturel de décider que les conditions de l'acte doivent avoir leur effet. M. Molinier se rallie à cette opinion mais exige seulement que tous les associés concourent au dépôt au greffe, « car, dit-il, après l'expiration des délais légaux le droit de demander la nullité de la société est acquis à chacune des parties et il nous paraîtrait contraire aux principes de les priver de l'exercice de ce droit sans leur fait » (2). Ainsi, dans cette opinion, l'expiration du délai de quinzaine donne le droit aux associés de provoquer l'annulation du contrat; mais, tant que la demande en nullité n'est pas formée, l'accomplissement

(1) Op. cit., no 1008.
2) Op. cit., no 276.

des formalités de publicité est utile et empêcherait que la nullité pût être plus tard prononcée. On ne paraît pas s'être suffisamment rendu compte des effets de cette régularisation tardive ; on ne parle ici que des associés, mais les droits des tiers peuvent-ils être modifiés par cette régularisation ? M. Bedarride me semble aller trop loin, quand il dit que si l'accomplissement tardif des formalités a eu lieu « l'intérêt des tiers est à couvert non-seulement pour l'avenir, mais encore pour le passé, car la publicité de l'acte vient régulariser la position de tous. »

Si l'on adoptait cette doctrine, il faudrait, comme l'ont fait certains de ses partisans, distinguer entre les deux périodes qui ont l'une précédé, l'autre suivi les publications tardives, et distinguer encore entre les personnes qui demandent la nullité. Un arrêt de la Cour de Paris, du 27 janvier 1855, tout en admettant que la publication d'un acte de société peut être valablement faite après le délai prescrit, a su faire en partie ces distinctions ; il a déclaré que le retard a pour conséquence de priver les opérations antérieures de la validité rétroactive que la loi leur attribue, lorsque la publication a eu lieu dans le délai voulu et de ne donner effet à la société entre les associés et à l'égard des tiers que du jour où elle a été publiée. M. Demangeat dit également, dans une note sur Bravard (1), qu'au point de vue du tiers il faut distinguer : le tiers a-t-il traité dans l'espace de temps qui s'est écoulé entre l'expiration du délai et l'accomplissement de la publicité, il pourra demander la nullité ; il ne le pourra pas, s'il a traité à un moment où la publication avait eu lieu, bien qu'elle

(1) Op. cit., p. 46, note 3.

fût postérieure à l'expiration du délai. Mais que décidera-t-on, dans cette opinion, à l'égard des créanciers personnels si, comme le pensent plusieurs de ceux qui la soutiennent, ils doivent être compris parmi les intéressés autorisés à demander la nullité de la société? A leur égard les motifs d'une distinction manquent absolument. — Malgré les autorités nombreuses qui appuient cette doctrine, je crois donc qu'elle ne doit pas être adoptée. La nullité prononcée par la loi est une peine prononcée contre les associés négligents, elle ne saurait être couverte par une réparation tardive de la faute commise, et à l'arrêt précité de la Cour de Paris, je pense qu'on doit de beaucoup préférer celui de la même Cour, qui a confirmé par adoption de motif un jugement du tribunal de commerce de la Seine ainsi rendu : « Attendu que la société contractée entre les parties n'a pas été revêtue des formalités prescrites par l'art. 42 du Code de commerce ; attendu que l'on prétend que par des publications postérieures au délai imparti par l'article précédent, et avant qu'aucune instance ait été introduite la nullité édictée a été couverte. Mais, attendu qu'on doit considérer cette disposition légale comme essentiellement d'ordre public ; qu'en effet la rigueur du délai prescrit et au delà duquel la nullité faute de publication est engendrée, est une nécessité pour que les associés obéissent au vœu de la loi et une garantie pour les tiers contre leur négligence involontaire ou calculée à faire légalement connaître les conditions de leur pacte social, qu'il s'ensuit qu'il y a lieu de prononcer la nullité demandée » (1).

(1) Trib. de com., 25 février 1857, cour de Paris, 11 juillet 1857. —

III.

Après avoir frappé de nullité, à l'égard des intéressés,
la société non constatée ou publiée conformément à ses
prescriptions (art. 42 du Cod. de comm., 56 de la loi
de 1867). La loi a ajouté immédiatement : « mais le défaut d'aucune de ces formalités ne pourra être opposé
à des tiers par les associés. » De ce qu'une société n'aura
pas été publiée, un des associés ne pourra donc pas
échapper aux conséquences de cette société, vis-à-vis
des tiers qui auront traité avec elle. Il n'est pas difficile
d'apercevoir le motif de cette disposition et on ne peut
qu'en approuver la justice ; les associés ne peuvent pas
profiter de leur faute ; la fraude serait d'ailleurs trop
aisée s'il en était autrement.

Les tiers n'ont pas, comme les associés, à établir la
preuve littérale de l'existence de la société. S'ils ont
traité avec une collection d'individus agissant sous une
raison sociale, ils ont le droit d'établir par tous les
moyens de preuve la solidarité qui existe entre ces individus, en dehors de tout acte de société régulier, par
le fait seul du mandat donné à l'un d'entre eux de les
engager tous en traitant en leur nom ; ils ont le droit
de rechercher tous les membres, même dissimulés, de
cette association. Ils pourraient invoquer les livres, les
factures, les comptes-courants, montrer ainsi que
les intérêts de toutes ces personnes étaient communs
pour le commerce auquel elles se livraient, et indiquer
la part que les associés, qu'ils prétendraient obligés

Teulet et Camberlin, 1857, no 2103. — Junge, Cour de Paris, 26 janvier
1855. — Dalloz, 53, 2, 196.

Naquet. 14

par les engagements sociaux, auraient prises aux opérations sociales.

Si donc une société était annulée entre associés pour défaut d'observation des formalités exigées par la loi, la position des tiers vis-à-vis des associés ne se trouverait en rien modifiée. Mais une question se soulève ici, dont la solution peut avoir sur les droits des créanciers de la société l'influence la plus grande : qui doit-on comprendre dans le mot *intéressés* contenu dans l'art. 42 du Code de commerce et répété par notre article 56. En dehors des associés, écartés de la présente question par la disposition même, ne faut-il reconnaître pour intéressés à la nullité de la société, et pouvant la demander que les créanciers de la société, ne doit-on pas au contraire accorder les même droits aux créanciers personnels de chaque associé?

Les créanciers de la société seront, il est vrai, le plus souvent plutôt intéressés a son maintien qu'à son annulation, il peut toutefois se trouver tel cas, celui par exemple où la clause conférant le pouvoir de gérer à un seul des associés n'aura pas été publiée, dans lequel un créancier aura intérêt à faire prononcer la nullité. Mais le créancier personnel d'un des associés aura toujours un intérêt considérable à faire annuler une société qui soustrait à son attente une partie de la fortune de son débiteur pour en faire le gage exclusif du créancier social. La loi a-t-elle, en parlant des intéressés, entendu parler des créanciers personnels ? En d'autres termes, doit-on donner au créancier personnel une action directe pour faire annuler la société; n'a-t-il, au contraire, à sa disposition, conformément à l'art. 1166, que l'action qui appartiendrait à son débiteur?

Suivant la réponse que l'on fera à ces questions, le résultat sera bien différent. Si le créancier personnel a une action directe, il pourra opposer la nullité de la société aux créanciers de celle-ci; s'il ne peut invoquer que l'action de son débiteur, il pourra faire prononcer la nullité de la société à l'égard des coassociés de celui-ci, mais il ne pourra pas plus opposer cette nullité aux créanciers de la société que son débiteur lui-même ne serait autorisé à le faire. Or, si la société reste valable à l'égard des créanciers sociaux, l'actif de la société forme le gage de ceux-ci, à l'exclusion des créanciers personnels; si, au contraire, la nullité de la société est prononcée au profit des créanciers personnels sans que les créanciers sociaux soient protégés contre eux, comme ils le sont contre les associés, il n'y a plus d'actif social distinct de l'actif de chaque associé et les créanciers personnels viennent concourir avec les créanciers de la société sur tous les biens de leur débiteur, autant sur ceux qu'il a conservés, que sur ceux apportés par lui à la société, ou plutôt sur ceux dont il est propriétaire dans ce qui n'est plus à leur égard qu'une indivision, et non une société ayant une personnalité séparée.

Quelques auteurs persistent, malgré une jurisprudence qui ne varie plus aujourd'hui, à penser que la loi, en parlant des intéressés, n'a eu nullement en vue les créanciers personnels des associés. On convient volontiers de l'intérêt qu'ils peuvent avoir à ce que la société soit annulée, mais on ne croit pas devoir leur reconnaître plus de droits que n'en ont ceux dont ils sont les ayant-cause. La preuve que ce n'est pas d'eux qu'on a voulu parler, c'est, dit-on, que les énonciations dont on a prescrit la publication ne les intéressent en aucune façon, tandis que la seule qui les intéresserait, l'indication des apports, n'est pas obligatoire. Il est donc bien clair que la publication n'est nullement faite en vue des créanciers particuliers, qu'elle ne les intéresse pas et qu'ils ne peuvent pas de leur chef se prévaloir de ce qu'elle n'a pas eu lieu (1).

Je crois cette opinion exacte en ceci, que le législateur, en écrivant le mot *intéressés*, n'a eu en vue que deux classes de personnes : les associés et les créanciers de la société; mais il me semble bien difficile, en présence du sens large de ce mot *intéressés*, de ne pas permettre aux créanciers personnels de demander à être comptés parmi ceux qui peuvent invoquer la nullité de la société; d'autre part, on ne peut leur opposer le mot *associé* contenu dans la dernière disposition de l'article.

La Cour de cassation et la plupart des auteurs (2) admettent sans hésiter l'action directe du créancier personnel et refusent par conséquent un privilége à son égard, dans ce cas, au créancier social sur l'actif de la société. — « Vu l'art. 42 Cod. comm., dit un arrêt de la Chambre civile du 18 mars 1851 ; attendu que l'art. 42, après avoir indiqué les formalités à suivre pour la publication des actes de société, ajoute que ces formalités seront observées à peine de nullité à l'égard des *intéressés;* attendu que les créanciers personnels des associés sont intéressés, dans le sens de cet article, à se prévaloir de la nullité d'une société commerciale qui n'a pas été régulièrement publiée et dont l'existence diminuerait à leur préjudice l'actif de leur dé-

<hr>

(1) Bravard, op. cit., p. 50.
(2) Bedarride, op. cit, n° 369 ; Delangle, n° 547 ; Pardessus, n° 1009.

biteur et qu'il n'existe aucun motif légal de ne point
appliquer cette règle à la femme qui exerce en qualité
de créancier de son mari, les droits résultant de son
contrat de mariage... », etc. Un autre arrêt de la même
Chambre, du 13 février 1855, consacrant la même doctrine, en fait l'application : « Attendu, dit la Cour,
qu'aux termes de l'art. 42 Code comm., les formalités
relatives à la publication des sociétés commerciales
doivent être observées à peine de nullité à l'égard des
intéressés ; qu'ainsi à l'égard de ces derniers autorisés
à contester, sinon l'existence de fait au moins l'existence
légale de ces sociétés, elles sont comme si elles n'exi-
staient pas... Qu'il suit de là en premier lieu... que lorsque la liquidation d'une telle société se fait, non pas
entre les associés, mais à l'égard des créanciers personnels de l'un ou de l'autre d'entre eux, on doit opérer, non par l'application des principes qui sont la
conséquence de l'existence de la société régulière, constituant un être moral, mais par l'application de ceux
qui dérivent au contraire de la distinction des personnes et des droits des associés. » (1).

On peut dire qu'aujourd'hui la question ne se plaide
plus (2), mais les conséquences de cette solution sont
elles-mêmes d'une application fort délicate et méritent
d'être étudiées avec attention. Supposons une société
en nom collectif dont les publications n'ont pas été

(1) Add. Angers, 2 avril 1865.

(2) Le dernier arrêt sur la question, Lyon, 28 janvier 1873, débute par
ce considérant : « Attendu qu'il est hors de toute controverse sérieuse
que ce moyen, fondé sur le texte même de la loi, peut être invoqué par
les créanciers personnels de l'un des associés ; qu'il est bien certain, en
effet, que ces créanciers sont des tiers intéressés dans le sens de l'art. 42
du Code de commerce. »

faites ; la faillite est déclarée ; un créancier personnel
de l'un des associés demande la nullité de la société
qui est prononcée. Comment se régleront les droits de
chacun ? La société n'existant plus au regard du créancier personnel il n'y a plus une seule faillite, ou plutôt,
si l'on admet que la faillite de la société entraîne celle
de tous ses membres, il n'y a plus autant de faillites
que d'associés plus celle de la société, mais seulement
autant de faillis que d'associés, et l'actif de la société
se trouvera divisé en autant de masses distinctes qu'il
y a d'associés ; à chacune de ces masses viendront naturellement se joindre les biens personnels de chaque
associé. Sur les masses ainsi formées, les créanciers
personnels arriveront en concours avec les créanciers
sociaux, qui ne se trouveront de la sorte avoir aucun
privilége sur l'actif de la société. Une dernière difficulté
reste à résoudre : les créanciers sociaux doivent-ils figurer dans chacune des masses, en concours avec les
créanciers personnels, pour la totalité de leurs créances,
ou au contraire le passif se divise-t-il à cet égard entre
les associés comme l'actif lui-même. Un arrêt de la
Cour de Rennes a appliqué ce dernier système : « Considérant, dit-il, que les créanciers sociaux perdant ainsi
vis-à-vis des créanciers personnels leur droit de préférence sur le fonds social, ils ne peuvent par la même
raison et à l'égard de ces mêmes créanciers conserver
l'action solidaire que, conformément à l'art. 22 Code
comm., leur eût assurée contre les associés une société
régulièrement établie ; qu'il y aurait en effet contradiction manifeste à déclarer la société comme n'ayant jamais existé au regard des créanciers personnels des
associés en concours avec les créanciers sociaux, et ce-

pendant à lui faire produire en même temps l'un de
ses principaux effets, c'est-à-dire la solidarité et ce, au
détriment de ces mêmes créanciers personnels. » Je ne
puis croire que cette façon de régler les droits respec-
tifs des créanciers personnels et sociaux sur les masses
composées comme il a été dit ci-dessus, soit parfaitement équitable. La solidarité de l'engagement des associés vis-à-vis des créanciers sociaux existe en dehors de
l'acte de société et résulte de la manière dont l'obligation a été contractée, soit par tous les associés, soit par
l'un d'eux au nom de tous ; le passif social ne doit pas
se diviser entre les associés au regard des créanciers de
la société et dans chacune des masses distinctes il figu-
rera tout entier, en subissant seulement dans chacune
d'elles le concours des créanciers des associés.

IV

On a dit que la publication régulière de la société
forme entre les associés et les tiers qui sont censés la
connaître un véritable contrat. Il s'ensuit naturellement, que toute modification aux clauses publiées lors
de la constitution de la société doit être portée à la connaissance du public comme ces clauses l'ont été elles-
mêmes ; sans cette publication, ces modifications seront
non-seulement nulles vis-à-vis des tiers auxquels on ne
saurait les opposer puisqu'ils n'en ont pas été légalement informés, mais même, et à titre de peine, entre
les associés eux-mêmes, sans que, bien entendu, ils puissent opposer cette nullité aux tiers. La publicité est donc
aussi nécessaire pour les modifications intéressant les
tiers au cours de la société qu'elle l'est au moment où

elle prend naissance ; la sanction est la même. L'art.
61 de la loi du 24 juillet 1867 a repris en le modifiant
un peu l'art. 46 du Code de commerce qui avait établi
cette règle et prescrit la peine à appliquer pour son
inobservation : « Sont soumis aux formalités et aux
pénalités prescrites par les art. 55 et 56 : tous actes et
délibérations ayant pour objet la modification des statuts, la continuation de la société au delà du terme fixé
pour sa durée, la dissolution avant ce terme et le mode
de liquidation, tout changement ou retraite d'associés
et tout changement à la raison sociale.

Je remets à m'occuper de la publication à faire en
cas de dissolution avant terme, et en cas de changement ou retraite d'associés au moment où j'étudierai la
dissolution elle-même, soit que la société soit dissoute
à l'égard de tous les associés en même temps, soit
que la dissolution n'ait lieu qu'à l'égard d'un seul
ou de plusieurs d'entre eux ; il faut dès maintenant
passer en revue les autres conventions modificatives
des statuts sociaux, que la loi ordonne de porter à la
connaissance du public.

Modification des statuts. — Toutes les conventions contenant quelque modification des clauses qui ont été primitivement publiées, sont soumises aux formalités de
la publication. Comme les clauses primitivement publiées devaient être celles qui sont de nature à intéres-
ser les tiers, il s'ensuit que les modifications à publier
sont exclusivement celles qui pourraient avoir pour
résultat d'altérer ou de modifier les droits des tiers.
Si donc des associés en nom collectif, lors de la formation de leur société, ont fait connaître aux tiers quelque
clause qu'il eût été inutile de publier, le montant de leurs

apports par exemple, il n'y a pas lieu, si au cours de la société cette clause est modifiée, si le capital social est augmenté ou diminué, de porter ce fait à la connaissance du public par la voie légale. A plus forte raison, si les nouvelles conventions ne touchent que les associés entre eux, si par exemple elles ne modifient que les prélèvements de gérance ou la proportion dans laquelle se répartissent les bénéfices et les pertes, il est inutile de les publier.

Continuation de la société au delà du terme fixé pour sa durée. — Les mêmes motifs qui imposent la nécessité de faire connaître au public la naissance de la société se retrouvent lorsqu'on est en présence de l'intention qu'ont les associés de prolonger la vie de cette personne morale que la loi leur a permis de créer. Les tiers ont autant d'intérêt à connaître la prorogation qu'ils en ont eu à être informés de la constitution de la société; il était donc tout naturel de soumettre l'une et l'autre aux mêmes formalités de publicité, et de prononcer dans les deux cas une même sanction. Les effets de la non-publication d'une prorogation seront donc, soit entre les associés, soit entre les tiers et les associés, les mêmes que ceux de l'inobservation des règles prescrites pour la publicité à donner à la formation de la société. La nullité ne pourra être opposée aux tiers, qui seront admis à établir la preuve de la prorogation par tous les moyens à leur disposition.

Changements à la raison sociale. — La conséquence de l'inobservation de cette prescription de la loi serait que les engagements pris sous l'ancienne raison sociale seraient valables au profit des tiers; mais les obligations contractées sous la nouvelle le seraient aussi, car les associés ne peuvent se prévaloir contre les tiers du défaut de publication.

Un dernier cas est à considérer. Celui où les associés conviendraient d'admettre parmi eux un nouveau membre. Le défaut de publication fait que la société n'existe pas valablement à l'endroit de ce nouvel associé. Sans doute il n'en serait pas moins obligé envers les tiers; mais, si ceux-ci y avaient intérêt, ils pourraient faire prononcer la nullité de la société en ce qui le concerne. La question se poserait vis-à-vis de ses créanciers personnels, de la même façon que pour les créanciers personnels des membres d'une société non publiée, et si l'on adopte le système proposé plus haut, les créanciers personnels du nouvel associé seraient admis à invoquer la nullité de la société à son endroit même contre les créanciers de la société. De même, en ce cas, le nouvel associé pourra se prévaloir de la nullité de la société vis-à-vis des anciens associés, mais seulement bien entendu pour l'avenir, et ceux-ci pourront également, sous la même réserve, l'écarter de leur association.

CHAPITRE III.

RAPPORTS DES ASSOCIÉS ENTRE EUX ET AVEC LA SOCIÉTÉ.

Après avoir indiqué les conditions nécessaires à la constitution valable d'une société en nom collectif, il faut étudier les conséquences de cette constitution. La société existe, la nouvelle personne morale est née, quels seront les rapports de cette personne avec les associés et les tiers? Pour s'en rendre compte, il faut examiner successivement comment est gérée et administrée la société, quels sont les devoirs des associés entre eux et vis-à-vis de la société, quel est l'effet des engagements de la société, et à quelles conditions les tiers peuvent l'avoir pour obligée.

I

A défaut de stipulations spéciales sur le mode d'administration, les associés sont censés s'être donné réciproquement le pouvoir d'administrer l'un pour l'autre (art. 1859 Code civ.). Chaque associé est, dans ce cas, le mandataire de ses coassociés et de la société elle-même. Il peut vendre et acheter, engager la signature sociale pour toutes les opérations du commerce en vue duquel la société a été formée. Mais la convention peut restreindre ce droit. L'acte de société ou un acte postérieur, dûment publié, peut désigner parmi les associés un ou plusieurs administrateurs, qui auront seuls le pouvoir d'agir pour la société ; les autres associés conservant seulement le droit de contrôler leurs actes ; ce qui arrivera plus souvent, c'est que tous les associés ayant bien une certaine partie du droit d'administrer, une autre, la plus importante, la plus dangereuse par ses conséquences, leur sera enlevée ; ils auront tous le droit d'acheter au comptant, de vendre au prix, et de la manière qu'ils jugeront le plus avantageux, mais ils n'auront pas la disposition de la signature, et ne pourront engager la société sous sa raison sociale.

Mais les associés pourraient-ils renoncer tous et absolument à l'administration de la société, et confier la gérance à un étranger ? Il faut distinguer de ce cas celui

où, un ou plusieurs des associés étant gérants, constituent un mandataire, auquel ils donnent le droit de signer pour la société. Il est bien certain que le mandataire ainsi nommé devra signer de son nom, en le faisant précéder de la mention de la procuration qu'il a
reçue. Mais si les associés se sont volontairement dé-
pouillés de la gérance, et l'ont confiée à un tiers pris en
dehors d'eux, le gérant ainsi désigné devra-t-il encore
indiquer sa qualité de mandataire, chaque fois qu'il
donnera une signature, et s'il signe de la raison sociale
sans mentionner sa qualité, sera-t-il aux yeux des tiers
engagé comme s'il était lui-même l'un des associés? La
question a divisé les auteurs. Il faut d'abord remarquer
qu'une pareille combinaison se présentera bien rarement ; la société en nom collectif est, en effet, non-seulement l'association des capitaux et du crédit, mais encore de l'activité de plusieurs personnes. On peut plus
légitimement supposer qu'une société ayant deux maisons, l'une d'elles sera administrée par un mandataire
autorisé à signer, mais ce cas rentre dans notre première hypothèse. Dans la seconde, je pense, malgré les
autorités considérables qui appuient l'opinion contraire,
que, sauf dans les espèces où certaines circonstances de
fait pourraient influer sur le juge, le gérant étranger
qui aurait signé de la signature sociale, sans mentionner
qu'il n'agit que par procuration, pourrait être, comme
les associés eux-mêmes, poursuivi pour l'exécution de
l'engagement par lui souscrit. Vainement prétend-on,
comme le fait M. Bedarride (1), que la signature sociale
est dans ce cas pour le gérant « la formule du mandat
de gérer qu'il a reçu », la signature sociale employée

(1) Op. cit., n° 144.

par un gérant associé est bien la formule du mandat qu'il est censé avoir reçu de ses coassociés, mais c'est en même temps la formule au moyen de laquelle il s'engage. Les mêmes auteurs prétendent que si la clause qui confie la gérance à un étranger a été publiée !dans la forme prescrite par la loi, les tiers ne sont plus recevables à prétendre qu'ils ont été trompés et qu'ils ont fait confiance au signataire lui-même. Mais les tiers n'ont pas à connaître cette clause ; celui qui signe d'un nom collectif un engagement, sans indiquer qu'il contracte au nom d'autres personnes, se trouve, par là même, aux yeux des tiers, compris dans la collection d'individus obligés par la signature. Si toutefois il est prouvé que le tiers poursuivant a eu expressément connaissance de la véritable qualité du gérant étranger, la solution de la question devra différer, et le gérant ne sera pas tenu personnellement ; mais je ne pense pas que cette connaissance puisse s'induire, soit de la publicité légale, soit d'une publicité quelconque donnée à la convention qui a établi la situation. Le tribunal de commerce de la Seine, semble pourtant dans son jugement du 12 octobre 1855, reconnaître comme suffisamment connue par les tiers la qualité du gérant étranger lorsque : « l'autorisation a été portée à la connaissance des tiers par des insertions dans les journaux de la localité » (1). Mais le même jugement ajoute aussitôt: « qu'il est constant, en outre, qu'en traitant avec Hanquet et Ce, le demandeur n'a fait confiance qu'à la solvabilité apparente de cette maison, et non à la solvabilité personnelle du défendeur. » Quant à l'arrêt de la

______

(1) Teulet et Camberlin, V, 19, n° 1563.

Cour de Paris si souvent invoqué et discuté à ce propos,
il me paraît laisser la question entière, car, s'il a condamné le gérant étranger à exécuter les engagements
par lui souscrits de la raison sociale, sans mention de
sa qualité, c'est en se fondant sur l'art. 1383, et en lui
faisant supporter ce qu'il a considéré comme la conséquence de sa négligence (1).

Les associés gérants peuvent faire tous les actes
d'administration, mais la convention peut restreindre
et limiter leurs pouvoirs ; sans examiner ici quel sera
l'effet de ces restrictions vis-à-vis des tiers, cette impor-
tantequestion devant trouver plus loin sa place, il faut
néanmoins remarquer dès maintenant que, entre les associés, la convention, à cet égard, a toute sa valeur : si
donc l'un des associés gérants avait outrepassé ses
pouvoirs, tels qu'ils sont définis par le pacte social, par
exemple, en signant un engagement, alors qu'il a été
stipulé que tous les achats seraient faits au comptant,
ses coassociés pourront l'assigner en dissolution de société, et cette dissolution sera prononcée par le tribunal, qui pourra en outre, suivant la nature des faits,
accorder aux demandeurs des dommages-intérêts.

Si la convention est muette sur ce point, les pouvoirs
des associés gérants seront-ils sans limite ? Il est parfaitement certain que les actes par lesquels le fonds social
serait aliéné, ou qui modifieraient complètement la
nature des opérations en vue desquelles la société a
été constituée, leur sont interdits. Ils ne sont toutefois
pas des mandataires ou des administrateurs ordinaires

____

(1) 3 mars 1831. — En ce sens, Malep. et Jourd., op. cit., p. 124 et
125. — Delangle, n° 260. — Cont. Bédarride, loc. cit. — Molinier, op.
cit., n° 314.

et leurs pouvoirs sont beaucoup plus étendus ; ils pourraient donc valablement concourir à un concordat,
même à un arrangement amiable, et transiger dans tous
les cas où il ne s'agirait pas d'une propriété dont, comme
on vient de le dire, ils ne pourraient pas disposer.

Mais si les actes des gérants, tout en ne dépassant
pas les limites de l'administration, telle qu'elle doit être
entendue à leur égard, semblaient à leurs coassociés
dangereux pour la société, ceux-ci auraient-ils le droit
de s'opposer à ces actes ? Il faut distinguer ici le cas où
tous les associés sont gérants, de celui où l'un ou plusieurs d'entre eux le sont à l'exclusion des autres. Dans
cette dernière hypothèse, le gérant statutaire ne peut
être entravé dans son administration, que s'il excède
ses pouvoirs, tels qu'ils sont définis par la convention,
ou s'il commet des actes frauduleux et détourne la société de son but. Si tous les associés sont administrateurs, soit parce que cela a été ainsi stipulé, soit parce
que la convention n'a point réglé ce point, il en sera
tout autrement. Chaque associé aura, non pas en sa
qualité d'associé, mais en sa qualité d'administrateur,
le droit de s'opposer aux actes que voudraient faire les
autres en la même qualité. Leurs droits et leurs pouvoirs sont égaux ; si l'un veut faire un acte le croyant
utile à la société, tandis qu'un autre qui, lui aussi, aurait le droit de faire cet acte, le croit inopportun ou
dommageable, celui-ci pourra s'opposer à l'opération
avant qu'elle soit conclue (art. 1859, n° 1, Code civ.)
Il faudra nécessairement en référer à la majorité des
associés ; s'il n'y a pas de majorité, soit parce qu'il n'y
a que deux associés, soit parce qu'il est reconnu impossible d'en former une, la dissolution de la société devra

être prononcée. Ce sera d'ailleurs le seul remède aux contestations de ce genre entre associés, car le juge qui pourra prononcer la dissolution, ne pourrait pas intervenir dans le débat et s'immiscer en aucune manière dans la gestion.

La question de savoir si les pouvoirs du gérant d'une société en nom collectif sont irrévocables, se résout également par une distinction. Si la gérance a été conférée à un des associés par un acte postérieur au contrat de société, les principes qui régissent le mandat lui sont applicables ; la majorité des associés pourra donc le révoquer *ad nutum* ; il en serait de même si le pacte social avait prévu le cas et stipulé que le gérant pourrait être révoqué par la majorité. Mais si cette convention n'a pas été faite, et si le gérant ou les gérants ont été nommés sans réserve dans les statuts de la société, ou bien encore si, dans le silence de l'acte, chaque associé est administrateur, la désignation du gérant résulte alors directement du pacte social, et cette convention, à moins d'accord de toutes les parties, est irrévocable comme toutes celles insérées au contrat. Malgré cette irrévocabilité, le gérant statutaire qui contreviendrait aux stipulations de l'acte constitutif de la société, et dépasserait la limite donnée par cet acte à son pouvoir, ne serait pas, bien entendu, à l'abri des réclamations de ses coassociés ; la condition résolutoire est toujours sous-entendue dans les contrats synallagmatiques, pour le cas ou l'une des parties ne remplit pas ses obligations (art. 1184, Code civ.) ; mais dans cette hypothèse, comme dans celle où un associé veut s'opposer à l'acte contraire à la convention que voudrait faire le gérant, la révocation du gérant en faute entraînera toujours après elle la dissolution de la société, si le gérant révoqué n'accepte pas la situation nouvelle qui lui est faite. Si le tribunal prononce la révocation du gérant, la société peut encore continuer, si celui-ci adhère au jugement et consent à ce que l'acte constitutif soit modifié en conséquence. Mais s'il ne voulait pas consentir à cette modification, il est bien évident que la dissolution serait la suite nécessaire de la sentence, car il faut le consentement unanime des associés pour introduire un changement quelconque dans l'acte constitutif, et le juge peut prononcer la dissolution, mais non pas introduire des modifications dans les conventions des parties ; on ne peut obliger le gérant révoqué à continuer la société sous une loi qui n'est pas celle qu'a créée la convention primitive (1).

II.

La première, la principale obligation de l'associé envers la société est de réaliser son apport : « Chaque associé est débiteur envers la société de tout ce qu'il a promis d'y apporter » (Code civ. 1845). L'apport peut d'ailleurs consister en toute espèce de choses ayant une valeur pécuniairement appréciable ; ce sera de l'argent, un immeuble, un fonds de commerce, un brevet d'invention, l'industrie personnelle d'un associé; il peut être fait en toute propriété ou simplement en jouissance.

Lorsque l'apport est une somme d'argent, l'échéance du terme auquel elle devait être versée dans la caisse sociale constitue suffisamment en demeure l'associé

(1) Malep. et Jourd., op. cit., page, 123.

Naquet.

qui n'a pas fait ce versement, et fait courir de plein droit les intérêts contre lui (Code civ. 1846). C'est là une importante dérogation au droit commun, d'après lequel les intérêts ne courent contre le débiteur que du jour de la demande. Il peut souvent arriver que faute de l'argent sur lequel elle avait le droit de compter, la société manquera une affaire avantageuse ou ne pourra exécuter ses engagements ; en règle générale, les dommages-intérêts résultant du retard dans l'exécution d'une obligation, qui se borne au paiement d'une somme d'argent, ne peuvent consister que dans la condamnation au paiement des intérêts fixés par la loi (Code civ. 1153). Par une nouvelle dérogation au droit commun, le législateur a expressément établi que l'associé, dans notre cas, c'est-à-dire quand il est en retard pour verser sa mise, peut, en sus de l'intérêt légal, qu'il doit de plein droit, être condamné à payer des dommages-intérêts, s'il y a lieu. Il a été jugé que les intérêts moratoires sont dus par l'associé retardataire, alors même que, d'après le statut social, les intérêts de son apport doivent lui être payés par la société. Le tribunal de commerce de Marseille avait décidé le contraire ; selon lui, la disposition de la loi dont il s'agit « n'aurait pour objet que d'établir l'égalité entre les associés, en obligeant ceux qui sont en retard d'effectuer un versement à la société, de lui rapporter les intérêts qu'est présumé produire l'argent resté entre leurs mains ; » or, dans l'espèce, si l'apport avait été fait à l'époque fixée, les intérêts auraient dû être payés à l'associé, l'égalité n'est donc pas troublée, et la société n'a pas à souffrir du retard, puisque, pendant ce temps, elle n'a pas eu à payer d'intérêt. La cour d'Aix, par son arrêt

du 1ᵉʳ mars 1869 (1), a justement repoussé cette doctrine : la disposition de l'art. 1846 n'a pas seulement
pour but de faire rétablir à la société des intérêts dont
elle aurait joui, si l'apport avait été réalisé au jour dit,
elle est précise et absolue, et l'obligation qu'elle impose
à l'associé est indépendante de toute question de préjudice occasionné par le défaut de versement ; les intérêts
de la mise ne peuvent d'ailleurs courir qu'à compter
du jour où le versement aura été effectué, d'où il suit
que la compensation de la dette d'intérêts expressément créée par l'art. 1846 se ferait avec une créance
non encore existante.

Dans une société en nom collectif, les associés, avec
leurs capitaux et leur crédit, apportent presque toujours
à la société leur industrie. L'article 1847 Cod. civ. leur
sera donc applicable dans la plupart des cas, et ils devront compte à la société de tous les gains qu'ils auront
faits, par l'espèce d'industrie qui fait l'objet de cette société. Il faut même aller plus loin et décider que l'associé administrateur qui, dans le silence de la convention, négligerait les affaires sociales pour exercer une
industrie particulière, fût-elle différente de celle que la
société a pour objet, se trouverait en faute vis-à-vis de
la société et devrait compte à ses coassociés du préjudice qu'il leur aurait ainsi causé. Il n'en serait pas de
même de l'associé non administrateur, qui n'aurait pas
fait l'apport de son industrie ; celui-là pourrait même
faire un commerce semblable à celui de la société,
pourvu, bien entendu, que, par sa concurrence, il ne
nuise en rien à la prospérité des affaires sociales (2).

(1) Dalloz, 1870, page 219 et la note.
(2) Malep. et Jourd., op. cit., p. 68 ; Molin., op. cit., n° 326.

Les apports une fois réalisés, les associés peuvent encore se trouver obligés envers la société, à raison de leur fait ou de leur faute; ils lui doivent, en effet, compte de tout ce qu'ils retirent du fonds commun, qui lui appartient, et indemnité des pertes dont ils sont la cause par leur faute. La société, être moral, est seule propriétaire du fonds social; il suit de là que l'associé qui prélève une somme pour son usage particulier se constitue débiteur de la société, et lui doit, par disposition spéciale de la loi, les intérêts de cette somme à partir du jour où il l'a prise (Cod. civ. 1846). Il pourrait même, dans ce cas, comme dans celui de retard apporté à la réalisation de l'apport, être tenu à des dommages-intérêts, si la société avait éprouvé des pertes ou manqué de faire des bénéfices, par suite de la privation d'une partie de ses capitaux. La conséquence rigoureuse et nécessaire de la distinction, établie entre la personne de la société et celle des associés, est que si l'associé a, non pas fait un emprunt à la caisse sociale, mais a soustrait, frauduleusement, à l'insu ou contre le gré de ses associés, une partie du fonds social, il a commis un vol ou un abus de confiance. Vainement prétendrait-il qu'il a pris un objet qui lui appartient pour partie; le droit des associés n'existe pas directement sur le fonds social, mais envers la société qui seule est propriétaire de ce fonds. Il est bien certain, toutefois, qu'en fait, il sera difficile de distinguer le simple emprunt du détournement; si le dol ne pouvait être prouvé, il y aurait au moins dans les prélèvements excessifs faits par un associé, qui ne pourrait rétablir à la société les sommes par lui prises (1), une cause suffisante de dissolution.

(1) Paris, 27 août 1863. — Teul. et Camb., XIII, 286.

L'article 1850 Cod. civ. porte que « chaque associé est tenu envers la société des dommages qu'il lui a causés par sa faute, sans pouvoir compenser avec ces dommages les profits que son industrie lui aurait procurés dans d'autres affaires. » L'associé n'est donc pas responsable envers la société seulement de son dol, il le serait encore de sa faute ; cela n'est pas douteux pour la faute lourde, résultant d'une négligence ou d'un défaut de soins complets, mais quel sera le point où l'on devra s'arrêter ? Quelle proportion de prudence et de soins exigera-t-on d'un associé, pour ne pas considérer comme une faute, l'acte dont le résultat aura été fâcheux pour la société ? Il faut admettre d'abord qu'il ne suffit pas qu'une opération soit désavantageuse, pour que la responsabilité de l'associé soit engagée ; dans les affaires commerciales surtout, nul ne peut prévoir exactement le résultat des opérations les mieux conçues et les plus prudemment dirigées ; si une affaire ne réussit pas, on ne saurait toujours l'imputer à faute à celui qui l'a entreprise ; mais, en dehors de la part qui doit être faite aux circonstances imprévues, que pourra-t-on exiger justement de l'associé ? En droit romain, il était de principe que l'associé ne devait aux affaires sociales que le même souci et le même zèle qu'il était dans l'habitude d'apporter à la gestion de ses affaires personnelles ; celui qui a fait choix d'un associé doit supporter, disaient les jurisconsultes, les conséquences de son choix : « Quia qui parum diligentem sibi socium ad- « quirit de se queri debet » (1). Sans doute, cette considération doit influer sur l'esprit du juge, qui a à se prononcer sur la responsabilité, mais je pense, avec

(1) Gaïus, L. 72, D. pro Socio.

M. Molinier (1), qu'il est inexact de dire que l'associé ne doit apporter à la société que les mêmes soins, la même diligence qu'il est dans l'habitude d'apporter aux affaires qui le concernent personnellement. Il est libre d'administrer ses biens comme il l'entend, mais, en acceptant la qualité de gérant, il s'est par là même engagé à veiller aux affaires de la société avec toute la vigilance dont il est capable; il doit donc aux affaires sociales les soins d'un bon père de famille, sans que ces soins puissent jamais être moindres que ceux qu'il donne à ses propres intérêts. Il serait juste, d'ailleurs, de décider que l'associé qui reçoit un salaire à raison de sa gestion ou qui, à cause des soins qu'il s'est chargé de donner aux affaires sociales, a droit à une part plus forte dans les bénéfices, encourt une responsabilité plus étendue que celui qui n'a pas d'appointements fixes, et dont la position est égale à celle de ses coassociés. Si l'associé administrateur a fait plus qu'il ne devait rigoureusement, s'il a, par d'heureuses opérations, procuré des profits à la société, celle-ci ne lui doit rien à ce propos, et il ne pourrait compenser par les bénéfices réalisés, grâce à lui, les pertes que sa négligence aurait causées dans d'autres affaires.

De ce principe que l'associé ne doit pas moins veiller aux intérêts sociaux qu'à ceux qui lui sont propres, la loi a tiré, comme conséquence, la règle suivant laquelle il doit être procédé dans différentes hypothèses où les intérêts particuliers d'un associé se trouvent en conflit avec ceux de la société.

Si l'associé administrateur est personnellement créan-

(1) Op. cit., n° 335.

cier d'une personne qui doit aussi à la société, les deux dettes étant exigibles, le paiement qu'il reçoit sera imputé sur chaque créance proportionnellement à sa quotité; quand bien même l'associé aurait indiqué, dans la quittance, que la dette acquittée est celle qui le concerne particulièrement, l'imputation se ferait suivant la même loi. Pour concilier la disposition de l'article 1848 Cod. civ. qui vient d'être rapportée avec celle de l'article 1253 même code, suivant laquelle le débiteur de plusieurs dettes a le droit de déclarer, quand il paie, quelle dette il entend acquitter, il faut admettre que l'article 1848 n'a son effet qu'entre les associés; à l'égard du débiteur, l'article 1253 conserve sa valeur, mais l'associé doit compte à la société de la somme par lui reçue dans la proportion établie.

Si au contraire l'associé créancier a imputé le paiement en entier sur la créance de la société, cette imputation aura son effet; si le débiteur devient insolvable, l'associé ne pourra demander à la société le même partage que celle-ci aurait été en droit d'exiger de lui si l'imputation avait été faite autrement. (Art. 1848, *in fine*.)

III.

Les opérations de commerce faites par la société et les résultats divers qu'elles auront eus, certains faits accidentels, peuvent rendre la société l'obligée des associés et par suite engendrer des obligations entre ceux-ci.

L'associé a action contre la société pour être indemnisé des pertes qu'il a personnellement éprouvées, par suite des risques inséparables de la gestion des affaires

sociales (art. 1852 Code civ.). Mais, suivant la remarque de Pothier, que le rédacteur du Code a simplement
copié en cet endroit, la société n'est pas obligée d'indemniser l'associé des pertes qu'il a souffertes et dont
la gestion des affaires de la société n'a été qu'une occasion purement accidentelle (1).

La société se trouve encore la débitrice de l'associé
qui a versé, au delà de sa mise, certaines sommes dans
la caisse sociale, ou qui a payé toute la dette sociale,
mais au point de vue de l'action que l'associé créancier
aura contre ses coassociés pour recouvrer sa créance
il importe de distinguer avec soin les hypothèses, la
nature de cette action devant différer profondément
suivant la qualité en laquelle l'associé aura agi.

Si l'associé a traité comme un tiers envers la société,
soit en lui prêtant des capitaux qu'il a stipulé ne pas
se confondre avec son apport et qui seront portés, non
à son compte de mise, mais à son compte courant, soit
en lui vendant des marchandises, il peut agir comme
un tiers ordinaire pourrait le faire et, sauf les restrictions qui vont être indiquées, se prévaloir de la solidarité comme le pourrait faire un tiers. C'est ce qu'a
décidé justement un arrêt de la Cour de cassation, chambre des requêtes, du 22 février 1859 : « Attendu qu'un
associé, qui contracte avec ses associés est un tiers par
rapport à eux, et peut se prévaloir à leur égard du
bénéfice de la solidarité à laquelle l'art. 22 Code com.
soumet les associés en nom collectif pour tous les engagements de la société... » Si la société elle-même est
solvable, l'associé créancier recevra son paiement inté-
gralement de la caisse sociale; si la société est consti-

(1) Pothier, Contrat de Société, n° 131.

tuée en perte, par suite de ce paiement, il supportera
tout naturellement sa part de cette perte. Mais si la
société est insolvable, il aura, conformément au principe qui vient d'être établi, action solidaire contre ses
coassociés. Toutefois, à raison de sa double qualité de
créancier et d'associé, c'est-à-dire de débiteur solidaire
des dettes de la société, sa situation se trouvera être un
peu différente de celle d'un tiers créancier. Il ne pourra
réclamer le paiement de la dette à chacun de ses coassociés que sous déduction de la part lui incombant;
cette portion se trouvant éteinte par confusion; il devra
de même supporter sa part de l'insolvabilité de l'un
des coassociés. Si en effet, à raison de cette insolvabilité, l'un des associés se trouvait payer plus que la portion qui lui incombe, cet associé pourrait réclamer à
l'associé créancier la part qu'il doit supporter dans cet
excédant. Ce sont donc les règles de la solidarité qui
s'appliquent ici. Supposons pour montrer l'effet de ces
différents principes, quatre associés en nom collectif,
ayant fait des mises égales ; admettons, pour simplifier,
qu'ils doivent également participer aux pertes. Primus
est créancier de la société pour une somme de 8,000 fr.
qu'il est obligé de réclamer à ses coassociés. Sa créance
est réduite par confusion à 6,000 fr.; Secundus, deuxième
associé, est insolvable, sa part, soit 2,000 fr., doit rester
par parts égales à la charge de tous ses coassociés ; soit
encore 666 fr. à déduire de la créance de Primus. Ce
dernier pourra alors réclamer le surplus, 6,334 francs,
solidairement aux deux autres associés solvables, sauf,
bien entendu, compte à faire entre ceux-ci.

Il faut d'ailleurs remarquer que l'associé créancier
ne pourrait en vertu de sa créance prétendre entrer en

concours avec les créanciers de la société. On n'aboutirait là qu'à un circuit d'actions, car l'associé est lui-même tenu solidairement pour le montant total des dettes de la société envers ces créanciers.

Prenons maintenant le cas où l'associé ne se trouve créancier de la société qu'en sa qualité d'associé ; s'il a augmenté sa mise, s'il a payé la dette à laquelle il était solidairement tenu avec la société, ou s'il se trouve avoir supporté dans la perte une part plus forte que celle qui devait lui incomber d'après la convention. Il y a là, suivant les cas, l'application de deux principes du droit commun. Si l'associé a payé la dette commune, il a le même sort que le débiteur d'une dette solidaire qui a payé toute cette dette : l'obligation contractée solidairement envers le créancier se divise de plein droit entre les débiteurs qui n'en sont tenus entre eux que chacun pour sa part et portion ; sauf répartition sur la tête de chacun et proportionnellement à sa part, de la partie de la dette incombant à l'un des associés qui serait insolvable. Si la créance de l'associé a une autre source, si elle provient, par exemple, de ce qu'il se trouve supporter une perte plus grande que celle qui devrait, d'après la convention, rester à sa charge, ce qui peut facilement arriver au cas où les mises sont inégales, cette créance ne s'en divise pas moins entre les associés, car la solidarité ne se présume pas et la loi n'a établi là solidarité qu'en faveur des tiers qui traitent avec la société et non entre les associés eux-mêmes ; mais là aussi l'insolvabilité de l'un des associés serait supportée par tous les autres et proportionnellement à leurs parts (1).

(1) Cf. Cass., 16 février 1874 ; Teulet et Camberlin, ann. 1874, p. 406.

IV.

Lorsque l'acte de société, dit l'art. 1853 Code civ., ne détermine point la part de chaque associé dans les bénéfices ou pertes, la part de chacun est en proportion de sa mise dans le fonds de la société. A défaut de convention sur ce point, la loi suppose donc chez les associés l'intention de partager les bénéfices et de supporter les pertes dans la proportion de leurs apports. Si les mises n'avaient pas été évaluées il y aurait présomption que les associés les ont considérées comme égales ; mais cette présomption ne serait pas invincible et le juge pourrait par tous les modes de preuves, admis en matière commerciale, chercher à s'éclairer sur la nature, la qualité et la valeur respective des apports. « Les dispositions de l'art. 41, Code com., qui défendent d'entendre des témoins sur ce qui serait allégué avoir été dit lors de l'acte de société ne feraient pas obstacle à l'admissibilité de la preuve testimoniale, car elle ne porterait pas sur une convention, elle n'aurait pour objet que de constater en fait la valeur des mises des associés, pour en venir à la fixation de leur part par application de la loi. » (1).

Si parmi plusieurs apports inégaux un ou plusieurs ne consistent qu'en industrie, ceux-ci seront considérés, au point de vue de la répartition des bénéfices et des pertes, et dans le silence de la convention, comme égaux à la mise la moins forte (Code civ. 1853).

Dans le cas où les associés auraient déterminé la proportion suivant laquelle doivent se partager les béné-

(1) Molinier, op. cit., no 377.

fices sans fixer celle dans laquelle ils auront à supporter les pertes, ou si l'omission contraire avait été faite,
il faut admettre que l'on appliquerait aux bénéfices
comme aux pertes une seule et même règle, les uns
et les autres devraient être répartis dans la même proportion ; la loi, il est vrai, n'a pas prévu cette hypothèse, mais il y a lieu de penser que si la convention
est restée muette sur ce point, l'intention des parties
n'en était pas moins formelle.

Les associés, n'arrivant pas à s'entendre sur les parts
qui doivent revenir à chacun d'eux dans les bénéfices
et dans les pertes, peuvent convenir de s'en rapporter à
l'un d'eux ou à un tiers pour déterminer cette proportion (art. 1854 Code civ.) ; le règlement ainsi fait ne
peut être attaqué à moins qu'il ne soit évidemment
contraire à l'équité ; nulle réclamation n'est admise
contre ce règlement lorsqu'il s'est écoulé plus de trois
mois depuis que la partie qui se prétend lésée en a eu
connaissance ou si ce règlement a reçu de sa part
un commencement d'exécution.

Rien n'empêcherait les associés de convenir d'une
proportion différente pour le partage des bénéfices et
des pertes, de dire, par exemple, que tel associé aura
50 p. 100 dans les bénéfices et supportera seulement
25 p. 100 dans les pertes ; mais ce que la loi prohibe absolument, c'est la convention léonine qui donnerait à
l'un des associés tous les bénéfices ou le dispenserait
de toute contribution aux pertes. L'acte de société qui
contiendrait une telle clause serait nul. L'attribution
exclusive de tous les bénéfices à un seul associé vicie-
rait, en effet, la cause des conventions sociales ;
la société, ne serait plus, comme le veut l'article

1833 Code civ., formée dans l'intérêt commun des parties. Quant à la clause qui permettrait à un associé de participer aux gains sans supporter une part des pertes, elle était considérée comme valable par les jurisconsultes romains qui exigeaient seulement que compensation fût faite entre les résultats des diverses opérations de la société ; le droit de l'associé ne pouvant consister qu'à prendre sa part du bénéfice net, ou à refuser de rien supporter dans la perte existant en définitive : « Quod ita intelligi oportet, » dit Justinien (1), « ut, si in aliqua re lucrum, in aliqua damnum allatum « sit, compensatione facta solum quod superest intelli- « gatur lucri esse. » Pothier admettait la valeur de cette convention : « Un contrat de société peut être valable, dit-il, quoique l'un des associés ne doive supporter aucune part dans les pertes » (2), et il reproduit l'observation déjà faite par Justinien sur la façon d'interpréter cette clause. Les rédacteurs du Code civil ont formellement proscrit une telle convention ; sous notre loi, la clause qui aurait pour résultat d'affranchir un associé de toute contribution aux pertes, de lui faire assurer sa mise par ses coassociés, entraînerait la nullité de la société. Le motif de cette décision est, sans doute, que la convention dont il s'agit pourrait facilement servir à déguiser des prêts usuraires. La restriction que, d'après les travaux préparatoires, on est autorisé à faire à cette disposition de la loi, l'indique bien ; si, en effet, il se trouvait quelque associé dont la mise fût uniquement en industrie, disait M. Gillet dans son Exposé des motifs au Tribunat, il pourrait être con-

____

(1) Instit., § 2 *in fine*, *De societate*.
(2) Contrat de Société, no 19, 20 et 21.

venu de l'exempter des pertes ; cette exemption serait à son égard considérée comme une partie du prix qu'on aurait mis à ses travaux. » L'article 1855 ne vise que les sommes ou effets mis dans la société, c'est d'eux, en effet, qu'on pourrait espérer, en les affranchissant des pertes, tirer un intérêt usuraire.

Mais un asssocié en nom collectif pourrait-il stipuler qu'il ne contribuera aux pertes que jusqu'à concurrence de son apport ou d'une partie de la somme qu'il a dans la société ? Cette convention qui n'aurait aucune valeur vis-à-vis des tiers, puisqu'en sa qualité d'associé il est tenu envers eux du paiement de toutes les dettes sociales, serait parfaitement licite entre les associés.

La société en nom collectif étant essentiellement une société de personnes, contractée *intuitu personæ*, un des associés ne peut, sans le consentement de ses coassociés, se substituer un tiers dans la société ; il ne peut pas davantage, sans ce consentement, introduire de nouveaux membres dans la société (art. 1861 Code civ.), mais rien ne l'empêche, conformément au même article du Code civil, de s'associer une tierce personne relativement à la part qu'il a dans la société ; les lois romaines et notre ancien droit avaient déjà établi ce principe : « Socii mei socius, meus socius non est. » (1).

La conséquence nécessaire de ce principe c'est que l'associé de l'associé, qu'on a coutume de désigner sous le nom de croupier, n'a aucun droit direct sur la société, et que les associés n'auront, en aucun cas, à tenir compte de l'association qui lie l'un d'entre eux à celui qui vis-à-vis d'eux reste un tiers. Le croupier ne pourra donc jamais, sauf au cas de dol, exiger qu'on lui com-

(1) L. 19 et 20. Dig. *Pro socio*.

munique les livres de la société, ni intervenir dans la
confection des inventaires d'où doivent résulter les bénéfices ou les pertes dont il partagera une part avec celui des associés qui s'est lié avec lui ; le Tribunal de
commerce de la Seine et la Cour de Paris ont plusieurs
fois rendu des jugements et arrêts en ce sens (1).

CHAPITRE IV.

EFFETS DES ENGAGEMENTS DE LA SOCIÉTÉ.

I.

Aux termes de l'article 22 du Code de commerce :
« les associés en nom collectif indiqués dans l'acte de
société sont solidaires pour tous les engagements de la
société encore qu'un seul des associés ait signé, pourvu
que ce soit sous la raison sociale ; » telle est la règle générale qui régit les rapports des associés avec les tiers,
et nous avons vu, en définissant notre société, que cette
solidarité est tellement de son essence, que les associés
ne pourraient s'en affranchir en publiant la convention
d'après laquelle chacun d'eux ne serait tenu que pour
sa part. Ces mots de l'article qui vient d'être rapporté :
« les associés en nom collectif, *indiqués dans l'acte de
société* », ne visent évidemment que le cas le plus ordinaire, celui où il a été, conformément à la loi, rédigé
un acte, ensuite publié. La nullité de la société, non
constatée par un acte écrit, ne saurait être opposée aux
tiers, et si les associés ou l'un d'eux ne sont pas indiqués dans l'acte de société, il est certain que les créan-

(1) Paris, 9 déc. 1865, T. et C., t. XV, p. 413.— Comm. Seine, 28 mars
1867 ; T. et C., t. XVI, p. 350.

ciers de la société auraient néanmoins, contre ces associés occultes, une action solidaire.

Il faut examiner maintenant en détail à quelles conditions les tiers, qui contractent avec la société, auront
pour obligés elle et tous les associés solidairement avec
elle, et quelles restrictions la convention des associés
peut apporter au principe.

En règle générale, tous les associés ayant le droit de
gérer et d'administrer, et l'usage de la signature sociale, s'il n'a été rien stipulé à cet égard, tous les enga-
ments contractés par l'un quelconque des associés engagent la société; nous supposons ici les engagements
contractés de bonne foi, et dans l'intérêt de la société,
les difficultés qui peuvent naître dans les hypothèses
contraires devant trouver plus loin leur solution.

Mais les associés, ainsi que nous l'avons vu plus haut,
peuvent convenir que l'un ou plusieurs d'entre eux seront seuls gérants de la société, les autres associés
n'ayant pas la disposition de la signature sociale. Le
tiers contractant devra nécessairement, pour avoir la
société comme obligée, traiter avec un associé ayant la
signature sociale.

Les associés ne seront solidairement responsables des
engagements souscrits de la signature sociale que si
celui qui a signé avait qualité pour le faire ; si donc,
par l'acte de société, la signature sociale avait été réservée à un ou plusieurs associés, gérants à l'exclusion
des autres, les engagements souscrits de la raison sociale par un associé sans droit pour en disposer, ne
pourraient être opposés à la société. Il faudrait, bien
entendu, que les modifications conventionnelles apportées aux pouvoirs ordinaires des associés eussent été

publiées dans la forme légale ; mais suffirait-il, comme l'a enseigné M. Pardessus (1), pour invalider l'engagement vis-à-vis de la société, que celui qui l'invoque ait connu l'acte qui enlève à l'associé, souscripteur de l'engagement, le droit d'obliger la société ? La plupart des auteurs ont repoussé cette doctrine, et c'est avec raison. La désignation des associés autorisés à gérer, fait partie des indications que la loi ordonne (art. 42, Code com., 56 de la loi du 24 juillet 1867), de porter à la connaissance des tiers : si donc la clause restrictive du pouvoir d'administrer n'a pas été publiée dans la forme légale, l'acte sera nul et ne pourra être opposé aux tiers vis-à-vis desquels le droit commun sera seul applicable. Il est généralement admis que la convention sociale, eût-elle été dûment publiée, la société n'en sera pas moins obligée, s'il est prouvé que, dérogeant au mode de gestion originairement établi, les associés ont, sans débat, exécuté des engagements contractés sous la raison sociale par un associé non gérant. Les associés sont alors censés avoir volontairement abandonné leur convention primitive et avoir conféré un mandat tacite à celui qui a agi.

Si un associé non gérant a contracté, sous la raison sociale, un engagement dont la société a profité, celle-ci peut-être tenue jusqu'à concurrence du profit qu'elle en a retiré ; nous admettons, bien entendu, qu'ici l'associé n'a pas agi *proprio nomine*. En s'appropriant l'opération, la société est censée l'avoir ratifiée ; mais il ne faut pas voir là une ratification ordinaire, rendant l'acte aussi complètement valable que s'il avait été ré-

____

(1) Cours de droit comm., n° 1023.

Naquet. 16

gulièrement fait ; la société ne sera engagée qu'à concurrence de son profit ; le surplus de l'obligation restera à la charge de l'associé ; M. Delangle fait justement remarquer que ni l'associé, ni le créancier, ne pourront se plaindre des conséquences de cette solution, l'un ayant contracté sans en avoir le droit, l'autre coupable de ne pas s'être assuré de la capacité de la personne avec laquelle il traitait (1). Le créancier aura à prouver que la société a profité et jusqu'à concurrence de quelle somme elle a profité de l'opération faite en son nom par des associés exclus de la gestion.

La convention sociale peut ainsi ne pas accorder, à quelques-uns des associés, les pouvoirs qui leur appartiendraient, d'après le droit commun en matière de sociétés. Mais les associés, pour se mettre à l'abri des conséquences d'une mauvaise gestion, peuvent, tout en nommant plusieurs gérants, ou en conservant tous le droit d'administrer, désirer restreindre les pouvoirs que le gérant, disposant de la signature sociale, tient de la loi elle-même ; quel sera l'effet, vis-à-vis des tiers, de ces clauses restrictives ?

Supposons d'abord que les associés sont convenus que tout engagement souscrit au nom de la société devra être revêtu de la signature de plusieurs des gérants, ou de tous, et ont déclaré que l'engagement ne sera obligatoire pour la société qu'à cette condition. Le tiers, porteur d'un engagement souscrit de la signature sociale par un seul des gérants, n'aura-t-il pas d'action contre la société ? On a soutenu que l'art. 22 du Code de commerce, en disant que tous les associés sont solidaires pour tous les engagements de la société, encore qu'un

(1) Op. cit., n° 240.

seul des associés ait signé, semble exclure toute restriction à la faculté personnelle qu'il reconnaît à chaque associé d'engager la société. Mais, puisque la loi autorise l'attribution de la signature sociale à l'un des associés, à l'exclusion des autres, il est manifeste qu'elle ne saurait être contraire à la restriction que les associés ont voulu imposer aux pouvoirs de ceux à qui ils ont confié la gérance. La clause pour être opposable aux tiers devrait d'ailleurs avoir été publiée conformément aux dispositions de la loi. Dans ce cas comme dans le précédent, le créancier porteur d'un engagement couvert d'une seule signature, aura pour seul obligé, pour le tout, l'associé souscripteur, mais il aura recours contre les autres associés, jusqu'à concurrence de la somme qui sera prouvée avoir profité à la société.

Les associés peuvent aller jusqu'à interdire aux gérants toutes les affaires qui ne seraient pas traitées au comptant ; une telle clause est-elle valable au regard des tiers, et serait-elle opposable au créancier, porteur d'un effet, revêtu de la signature sociale par un des associés administrateurs ? Si cette convention a été portée à la connaissance des tiers par la voie légale, je crois que la société doit être admise à s'en prévaloir. Il ne me paraît pas, en effet, qu'il y ait de différence véritable entre cette hypothèse et celle où il a été stipulé que tous les associés devraient avoir signé l'engagement pour qu'il puisse être opposable à la société. C'est dans l'extrait publié de l'acte de société que les tiers doivent chercher quelle est la capacité de l'associé avec lequel ils traitent. Si par la convention un des associés a été exclu de la gérance et n'a pas la disposition de la signature sociale, est-il moins rigoureux que dans notre hypothèse, de repousser l'action des tiers qui auraient traité avec cet associé, en se fiant seulement aux dispositions de l'art, 22, Code comm., et sans avoir pris souci des restrictions à la règle générale contenues dans le pacte social et publiées dans l'extrait?

L'opinion contraire a cependant été soutenue en doctrine et mise en pratique par la jurisprudence. M. Bravard estime qu'une telle clause, eût-elle été publiée, n'en serait pas moins nulle, comme contraire à l'essence de la société en nom collectif. Si les associés, dit-il, ne veulent pas que leur responsabilité personnelle soit engagée, qu'ils mettent leurs capitaux dans une société de choses ; mais s'ils sont entrés dans une société de personnes, ils ne peuvent pas en retrancher un de ses attributs essentiels. Or, le caractère propre de cette société, c'est de spéculer sur le crédit des associés bien plus que sur les capitaux qu'ils ont apportés. Plusieurs jugements du tribunal de commerce ont même décidé que la clause d'un acte de société, par laquelle chacun des associés s'interdit de traiter aucune affaire excédant un chiffre déterminé en l'absence de ses coassociés, et sans leur consentement par écrit, a un caractère purement contractuel et ne constitue pas, au regard des tiers, une restriction à la valeur et aux effets que la loi attribue à la signature sociale (2). Enfin, un arrêt de la Cour de Paris, confirmant un jugement du tribunal de commerce de la Seine, a considéré, encore une fois, la convention dont il s'agit, comme portant atteinte au principe de la solidarité elle-même:

(1) Op. cit., p. 57.
(2) Trib. comm. Seine, 24 novembre 1856; Teul. et Camb., 1857, no 2240.

« considérant, dit cet arrêt, que la solidarité qui ressort
« de l'art. 22 du Code de commerce entre les associés en
« nom collectif pour tous les engagements de la société
« revêtus de la signature sociale est d'ordre public ; que
« si les associés cherchent à restreindre cette solidarité,
« leurs conventions à cet égard n'intéressent qu'eux seuls
« et ne peuvent porter atteinte aux droits des tiers expressément réservés par l'article susvisé » (1). Mais cet
arrêt, ayant été déféré à la juridiction souveraine, la
Cour de cassation vient tout récemment, par son arrêt
du 22 décembre 1874, d'annuler la décision prise par
la Cour de Paris (2), et cette jurisprudence nouvelle se
fonde précisément sur les motifs, que j'ai donnés plus
haut, de l'opinion qui me paraît préférable. Il n'est pas
douteux, à la vérité, que les principes émis à ce propos
par M. Bravard et par la Cour de Paris, ne soient parfaitement exacts, mais ces principes ne peuvent dans
l'espèce rencontrer leur application. Il ne s'agit pas, en
effet, de savoir si une obligation régulièrement contractée, au nom d'une société collective, lie les associés solidairement, alors même que par une clause du pacte social,
il serait stipulé que les obligations sociales ne seront
pas solidaires ; cette question n'est pas douteuse, et sa
solution ne peut arrêter un instant. La véritable question est celle-ci : l'engagement contracté au mépris de
la clause restrictive, qui a interdit au gérant de traiter
aucune affaire à crédit, peut-il être considéré comme
une dette sociale, plutôt que celui par exemple qui au-

(1) 14 août 1873. — Teulet et Camb., 1874, p. 166, no 7998.
(2) Cité par M. Pont, dans la dissertation consacrée par lui à cette
question sur laquelle il émet un avis conforme à ce dernier arrêt. Recueil
périodique de Garnier, no de février 1875, art. 4017.

rait été contracté par un associé, ne pouvant pas disposer de la signature sociale. Il est facile de voir que
les autorités qui viennent d'être rapportées n'ont pas
touché ce point. La seule condition qui paraisse indispensable à la validité d'une pareille clause à l'égard des
tiers, c'est que les formalités de publicité aient été accomplies; un arrêt de la chambre des requêtes l'avait
justement décidé dans une espèce où, malgré la convention interdisant tout engagement et toute signature,
le gérant avait souscrit des billets à un tiers : « Considérant, dit l'arrêt, que le défaut de publicité de l'acte
qui renfermait cette convention exorbitante du droit
commun, la rendait sans application contre les tiers,
lesquels ayant contracté dans l'ignorance d'une telle
convention, étaient réputés avoir agi de bonne foi » (1).
La clause qui ne pourrait être opposable aux tiers serait celle par laquelle les associés conviendraient que,
toutes les affaires ne pouvant être traitées qu'au comptant, les engagements qu'ils viendraient à souscrire
tous ensemble ne seraient pas obligatoires pour la société. Là en effet, il y aurait atteinte portée au principe
essentiel des sociétés en nom collectif; bien plus, une
telle convention serait radicalement nulle, car il ne peut
dépendre des associés de se dépouiller de la faculté de
s'obliger; cela ne vaudrait pas plus, disent MM. Malepeyre et Jourdain, que la déclaration d'une personne
qui, à l'avance, protesterait de nullité contre tous les
engagements postérieurs qu'elle prendrait (2). Mais ces
auteurs confondent deux cas tout à fait distincts; la
dernière convention qui vient d'être supposée est bien

(1) Cass. req., 24 juin 1829.
(2) Op. cit., p. 59.

différente de celle par laquelle les associés ont interdit
à un gérant de traiter à crédit; or, c'est d'elle seulement que parlent MM. Malepeyre et Jourdain. Aussi,
peut-on, dans notre système, accepter la conclusion à
laquelle ils arrivent, et qui s'appliquera naturellement
à notre deuxième hypothèse : « le concours des signatures des associés suffirait pour constater leur changement de volonté et détruire ainsi leurs conventions
primitives. » La convention frappée de nullité par la
Cour de Paris et par le système de nos adversaires,
n'implique en aucune façon l'idée que les dettes résultant d'engagements souscrits collectivement par tous
les associés n'obligeront pas la société. Il n'y a pas là
déclaration que la société ne s'engagera jamais, et que
les associés ne pourront être tenus solidairement, il y
a seulement restriction des pouvoirs du, ou des gérants ;
on leur impose la nécessité de traiter toujours au comptant, comme on leur interdirait de souscrire séparément, et sans le concours de leurs coassociés, aucun
engagement opposable à la société. Si le gérant a contrevenu à la convention, son associé pourra, ainsi que
l'écrit M. Pont, dans la dissertation qu'il a donnée au
sujet du dernier arrêt de la Cour de cassation, répondre
à la poursuite du créancier porteur de l'effet : « La garantie de la solidarité ne vous est pas acquise, parce
qu'une stipulation particulière que vous avez dû connaître, puisqu'elle a été publiée, ne permettait pas au
gérant d'engager la société par l'acte dont vous de-
mandez l'exécution, et que, dans ces conditions, la
dette contractée n'est pas une dette sociale. »

II

L'engagement souscrit de la signature sociale, par le gérant qui est autorisé à disposer de cette signature, oblige la société.

Tous les associés se trouvent solidairement obligés, sans qu'il y ait lieu de rechercher si l'opération a profité à la société; on ne peut exiger des tiers qu'ils s'assurent de l'emploi des fonds qu'ils ont confiés à un associé autorisé à traiter avec eux et qui contracte sous la raison sociale; ils ne sauraient être responsables de l'infidélité du mandataire qui détourne de leur destination les objets qu'il a reçus au nom de la société. Il est parfaitement certain, par exemple, que si un associé gérant a négocié des effets en les endossant de la signature sociale et a dissipé le produit de cette négociation, leur montant n'en pourra pas moins être réclamé à la société et à tous les associés solidairement. Sur ce point tous les auteurs sont d'accord avec la jurisprudence : « Lorsque la dette a été contractée au nom de la société, disait déjà Pothier (1), elle oblige tous les associés quand même la dette n'aurait nullement tourné au profit de la société. Par exemple, si l'un des associés a emprunté une somme au nom de la société, le créancier qui a son billet signé : et Compagnie, peut en demander le paiement à tous les associés, car le créancier qui a prêté la somme ne pouvait pas prévoir l'emploi qu'il ferait de la somme qu'il lui a prêtée pour la société : les associés doivent s'imputer de s'être associés à un associé infidèle, de même, qu'en pareil cas, un commettant doit

(1) Traité du contrat de société, n° 101.

s'imputer d'avoir préposé à ses affaires une personne infidèle. »

Cette règle toutefois n'est pas sans exception. Il est bien certain, en effet, qu'au cas de fraude ou de mauvaise foi de la part du tiers, la société ne serait pas tenue à exécuter l'engagement souscrit par un associé gérant qui en aurait seul profité. Si donc le tiers avait su que l'intention de l'associé était de s'approprier le bénéfice de l'opération et de s'enrichir aux dépens de la société, s'il avait surtout profité lui-même de ce détournement, il ne pourrait invoquer la signature sociale, dont aurait été revêtu l'engagement à lui souscrit par le gérant infidèle, pour poursuivre la société et par suite les associés. Tout le monde est encore d'accord sur ce point, et la jurisprudence a fait de nombreuses applications de cette doctrine ; un arrêt de la Cour de Paris du 14 août 1852 décide que « l'abus de la signature sociale n'a pu engager l'associé non souscripteur de l'effet, vis-à-vis de ceux qui ont reçu cette signature sachant qu'il en était fait abus ; que si le dol ne se présume pas, il peut être établi par toutes espèces de preuves, notamment par des présomptions dont l'appréciation est abandonnée à la conscience du juge.... » (1). Il n'y a aucune raison de faire à cet égard une situation plus avantageuse au tiers-porteur de bonne foi d'un engagement ainsi frauduleusement contracté. La bonne foi du tiers-porteur ne peut pas rendre plus valable un effet qui lui a été endossé par le créancier qui l'a reçu de mauvaise foi ; celui-ci n'a pu conférer au cessionnaire de sa créance plus de droits qu'il n'en a lui-même ; aussi je ne crois pas qu'il faille accepter

(1) Paris, 14 août 1852. Teulet et Camberlin, t. 1er, n° 359.

la doctrine qui semble ressortir d'un arrêt de la
Cour de Paris ; d'après cet arrêt, il faudrait que le tiers-
porteur fût lui-même de mauvaise foi, pour que sa réclamation pût être repoussée par la société : « Considérant, dit-il, qu'il n'est pas justifié que Morel et Megard,
en recevant les traites dont s'agit au procès, aient eu
connaissance qu'elles étaient le produit d'un abus de la
signature sociale, concerté entre Thüs fils et Lombard
frères ; — Qu'aucune preuve de ce fait n'est énoncée
dans le jugement et ne résulte des documents de la
cause ; — Qu'en l'absence de cette preuve, l'abus de la
signature sociale, même en admettant qu'il ait eu lieu
de la part de Thüs fils, de concert avec Lombard frères,
ne saurait être opposé aux appelants et que provi-
sion est due aux titres dont ils sont saisis régulièrement.... etc. » (1).

L'accord entre la jurisprudence et la doctrine cesse
lorsqu'on arrive à déterminer les faits qui doivent être
réputés entachés de fraude et de mauvaise foi. En
dehors des cas où la mauvaise foi est palpable et prouvée, doit-on admettre la validité de tous les engagements souscrits de la signature sociale ? Certains engagements ne doivent-ils pas être considérés *a priori*,
comme ne pouvant avoir été contractés que de conni-
vence avec le tiers, celui-ci ne pouvant à raison même
de la nature ou de la cause de ces engagements ignorer qu'il était fait, à son profit, abus de la signature
sociale ? Il est bien certain que, si la mauvaise foi résultant de faits précis était prouvée, la question ne serait
pas différente de celle qui a été précédemment résolue.
Mais, ici, il s'agit de savoir si le tiers qui est créancier

(1) Paris, 22 novembre 1862, Teul. et Camb., t. XII, n° 4177.

d'un associé personnellement, soit à raison de travaux exécutés pour son compte, soit à raison d'avances à lui faites, surtout si elles ont précédé l'époque où a commencé la société, peut jamais être considéré comme de bonne foi quand il reçoit de son débiteur des engagements souscrits par celui-ci de la signature d'une société qui ne lui doit rien.

La question est bien importante et la solution qu'on lui donne doit avoir, quelle qu'elle soit, une grande influence sur la prospérité des sociétés en nom collectif. Si, en effet, on décide que l'engagement, pris en pareil cas par l'associé gérant sous la raison sociale, engage la société tout entière et tous les associés solidairement avec elle, il est à craindre que bien des personnes se soucient peu de faire courir à leur fortune les chances d'une aussi dangereuse association et que le nombre de ces sociétés, qui, par leur nature, sont si nécessaires au progrès et à la bonne marche des affaires, n'aille en diminuant. Si, au contraire, on adopte l'opinion la moins favorable aux porteurs d'engagements souscrits de la signature sociale on risque fort de porter un rude coup au crédit dont pourrait jouir la société ; qui donc voudra accepter un effet couvert d'une signature qui, bonne en elle-même, peut cependant au moment de l'échéance être méconnue par l'être moral dont elle est la manifestation extérieure ?

Des considérations de ce genre, qui intéressent le commerce tout entier, ont sans doute pu influer sur la jurisprudence qui semble aujourd'hui définitivement fixée. La doctrine de la Cour de cassation sur ce point, consacrée par des arrêts répétés, est celle-ci : Le fait, par un créancier personnel de l'un des associés, d'avoir reçu de celui-ci, en paiement de sa créance, un engagement souscrit de la signature sociale, n'entraîne pas de sa part fraude ou mauvaise foi ; il pourra donc poursuivre contre la société l'effet de cet engagement. Toutefois, cette poursuite pourra être repoussée s'il est prouvé que le créancier personnel, en recevant cet engagement, a su qu'il nuisait à la société et est entré en collusion à cet égard avec son débiteur. — Nous allons examiner les motifs par lesquels la Cour souveraine a appuyé le premier de ces principes ; le second ressort d'un arrêt de la Chambre des requêtes en date du 24 janvier 1853, ainsi motivé : « Attendu qu'il résulte de l'ensemble des faits constatés par l'arrêt que le demandeur avait une parfaite connaissance de la nature des valeurs qu'il recevait en échange de sa créance primitive contre Decaux ; qu'il savait que ces valeurs appartenaient à la Caisse commerciale de l'Eure ; qu'elles étaient destinées à ses opérations et quelles n'en étaient détournées à son détriment que pour avantager les créanciers personnels de Decaux ; qu'en recevant ainsi ces valeurs au préjudice de la société, le demandeur agissait de mauvaise foi et que c'est à tort qu'il invoque des principes qui ne sont applicables qu'au cas d'engagement sérieux contracté entre le gérant d'une société et les tiers…. rejette » (1). Ces principes, auxquels notre arrêt fait allusion, sont ceux que la Cour avait consacrés par des décisions antérieures et dans des espèces où on ne pouvait reprocher au créancier personnel que d'avoir sans intention frauduleuse accepté en paiement de sa créance des effets revêtus de la signature sociale. Dans cette hypothèse, le juge estime que le tiers a dû croire

(1) Dall., 53, 1, 12.

à des arrangements intérieurs qui permettaient à l'associé d'user ainsi de la signature sociale, soit parce qu'il avait apporté, en même temps que son actif, son passif à la société, soit parce qu'il devait rétablir ensuite à la société les fonds dont il disposait ; quant aux associés, s'il est fait abus de la signature sociale c'est à eux à s'imputer d'avoir mal placé leur confiance (1) : « Attendu, dit l'arrêt de 1836, qu'il est constant au procès que G. avait la signature sociale, qu'il a pu en disposer à l'égard des tiers pour éteindre ses propres dettes, sauf à en tenir compte à son associé ; que si G. a abusé de la signature sociale c'est à M. à s'imputer d'avoir mal placé sa confiance. » Un autre arrêt de 1845 (2) a de nouveau obligé la société à exécuter un engagement pris par un des associés pour éteindre une dette personnelle, telle qu'une dette antérieure à la formation de la société, ou pour donner un cautionnement dans son intérêt propre ; le créancier étant présumé croire que la dette, par suite d'arrangements intérieurs, était devenue celle de la société : « Attendu que, s'il est vrai qu'en se donnant réciproquement le pouvoir d'obliger la société par la signature sociale, les associés n'ont pour objet que les affaires de la société, il est vrai aussi que chacun des associés, investi du droit d'obliger la société, est présumé, hors le cas de dol et de fraude, avoir fait, en donnant la signature sociale, une affaire qui intéressait la société ;.... les affaires sociales étant en général fort complexes et souvent très-multipliées ; c'est entre les sociétaires que doit s'exercer le recours réciproque, pour l'usage de la signature sociale envers

(1) Cass., ch. civ., 11 mai 1836.
(2) Req., 22 avril 1845. D. P. 45, 1, 260.

les tiers, qui l'ont acceptée pour des affaires sérieuses, sans dol, sans fraude et sans simulation. »

Toute cette théorie se trouve encore très-complètement énoncée dans un autre arrêt rendu en 1851 (1) par la Cour suprême, et dans lequel il faut surtout remarquer cette idée, que le créancier personnel doit être, à moins de preuve contraire, présumé de bonne foi, parce qu'il a pu croire que son débiteur n'a agi que du consentement de ses coassociés : « Attendu, dit l'arrêt, qu'aux termes de l'article 22 C. comm., les associés, en nom collectif, sont tenus solidairement de tous les engagements revêtus de la signature sociale ; attendu que cette disposition de la loi est fondée sur la présomption que l'engagement souscrit de la raison sociale a été pris dans l'intérêt de la société ; que cette présomption ne tombe pas devant ce seul fait que la signature sociale aurait été donnée en paiement d'une dette personnelle à l'un des associés ; qu'au milieu des opérations compliquées d'une société de commerce, il peut arriver souvent que les associés, soit pour couvrir le crédit de l'un d'eux étroitement lié au crédit de la société, soit pour faciliter la réalisation d'une mise sociale profitable à tous et pour s'assurer une collaboration personnelle indispensable, ou pour toute autre cause, aient intérêt à venir en aide à l'un des associés ; que l'emploi de la signature sociale fait précisément présumer cet intérêt et le consentement de la société vis-à-vis des tiers, sauf son recours contre l'associé qui a tiré illicitement, et même par abus, profit du fonds commun ; que ces principes ne peuvent recevoir d'exception que dans le cas où le tiers porteur du titre so-

____
(1) Req., 9 mai 1851. D. P., 51, 1, 234.

cial aurait agi avec mauvaise foi, subrepticement, clan-
destinement, de façon à induire la société en erreur,
et, dans le cas où le tiers n'aurait pas pu croire sérieu-
sement et de bonne foi au consentement exprès ou tacite des autres associés. » Enfin, un arrêt de la chambre des requêtes, du 21 février 1860, vient appuyer
encore, et toujours par les mêmes motifs, cette jurisprudence qui n'a plus varié (1).

M. Bravard va plus loin encore que la Cour de cassation, en ce sens qu'il ne considère pas comme une
fraude, de la part du tiers, le simple fait d'avoir connu
l'usage abusif que l'administrateur a fait de la raison
sociale; cet auteur (2) critique donc l'arrêt de 1853,
qu'il accuse d'introduire l'incertitude et l'arbitraire dans
une matière qui ne les comporte pas. « L'associé, dit-il,
qui a usé de la signature sociale, dans son intérêt, n'a
pas commis un excès de pouvoirs, il n'a commis qu'un
abus de pouvoirs, et c'est à ceux qui les lui ont confiés
à en subir les conséquences vis-à-vis des tiers. »

Ce jurisconsulte est, d'ailleurs, à peu près le seul qui,
dans la doctrine, ait soutenu le système de l'obligation
de la société dans notre espèce, presque tous les auteurs défendent énergiquement le système contraire (3).
Ils s'appuient sur l'autorité de Pothier, suivant lequel,
« si par les clauses du contrat que j'ai fait avec une personne qui était en société de commerce avec d'autres,
il paraissait que l'objet du contrat ne concernait pas les

(1) Teul. et Camb., 1860, t. IX, n° 3118.
(2) Op. cit., p. 62.
(3) Delangle, op. cit., n° 248; Bédarride, op. cit., n°s 159 et suiv.;
Massé, Droit commerc., t. III, n° 1957; Troplong, op. cit., n° 805; Dalloz, V° Soc., n°s 927 et suiv.

affaires de la société, quoiqu'elle ait signé à ce marché : *et compagnie*, cette dette ne sera pas pour cela réputée une dette de la société, comme si ce contrat était
un marché pour des ouvrages à faire à une maison
qu'elle possédait hors de la société, paraissant, par ce
qui en faisait l'objet, qu'elle ne concerne pas les affaires
de la société » (1). Casaregis exprimait déjà la même
opinion en ces termes : « Et similiter consocii non re-
« manent obligati ex contractu alterius socii, initi
« super re aut negotio ad societatem minime spec-
« tante « (2). — « Præpositus vel socius contrahens
« super re non expectante ad societatem, illam non
« obligat, licet contraxerit nomine sociali » (3).

Aux arguments exprimés dans les motifs des arrêts
qui viennent d'être rapportés, ces auteurs opposent les
raisons suivantes qui, d'après eux, doivent faire préférer l'intérêt des associés lésés à celui du tiers, créancier personnel de l'un d'eux. Ce créancier, disent-ils,
quand il reçoit de son débiteur, en paiement d'une dette
personnelle, des valeurs sociales, doit savoir qu'un associé n'a pas plus le droit d'engager la signature sociale pour son propre compte qu'un mandataire ne l'aurait à engager son mandant pour le même objet; la
bonne foi ne peut donc être présumée et la solution de
la question doit être la même dans ce cas que dans celui
où il s'agit du tiers dont la collusion est prouvée par tout
autre fait entaché de dol et de fraude. En vain, le créancier prétendra-t-il qu'il a cru à des engagements intérieurs permettant à son débiteur de faire usage de la

(1) Op. cit., n° 101.
(2) Disc. 39, no 12.
(3) Disc. 46, no 13.

signature sociale, même pour arriver à l'extinction de son propre passif ; une pareille situation, dérogatoire au droit commun, puisque la société est une personne distincte de la personne de chaque associé, puisque les patrimoines de l'une et des autres ne se confondent pas, ne doit pas être admise à la légère et sans information. Tout autre est le cas où un associé a puisé dans la caisse sociale pour payer une dette qui lui est personnelle ; ici le créancier n'a pas à s'enquérir de l'origine des deniers qu'on lui remet, et la société serait mal venue à vouloir les lui réclamer. Mais le créancier qui reçoit de son débiteur personnel la signature de la société, accepte l'engagement d'une personne qui, vis-à-vis de lui, n'est qu'un tiers, et il l'accepte d'un mandataire, chargé seulement d'agir dans l'intérêt de cette personne et autorisé à l'obliger seulement lorsqu'il agit ainsi.

Malgré l'autorité considérable que donne à cette opinion le nom des auteurs qui la défendent, je pense que le système de la Cour de cassation doit être suivi de préférence. On ne peut, sans injustice, accuser, *a priori*, de mauvaise foi, le créancier personnel qui reçoit en paiement de sa créance l'engagement de la société ; on ne peut exiger de lui qu'il sache si oui ou non son débiteur n'agit pas dans l'intérêt de la société ; placé en face d'une personne qui est désignée au public comme pouvant engager la société, il peut, comme tout autre tiers, accepter l'engagement qui lui est offert, et doit, dans ce cas, supposer que la société s'est chargée du passif de son débiteur, ou que l'argent prêté ou le travail exécuté, a profité à la société, ou, enfin, que son débiteur tiendra compte à la société des conséquences de l'acte qu'il fait en son nom ; le sort des associés trompés est sans doute bien intéressant, mais l'est-il moins dans le cas où le gérant dissipe les fonds sociaux ? On n'hésite pas, en ce cas, néanmoins à déclarer ses engagements valables. Si le créancier est de bonne foi, nous déciderons donc que la société est obligée, malgré l'abus que le gérant a fait du pouvoir qui lui a été confié.

Mais si le créancier est de mauvaise foi, il faut, bien entendu, résoudre la question tout différemment. Je ne crois pas que l'on puisse excuser le créancier en ce cas, en disant, comme le fait M. Bravard, qu'il n'a reçu, en définitive, que ce qui lui était dû. Si, en effet, il a su qu'il ne recevait qu'au moyen d'une fraude, s'il n'a reçu qu'en participant à cette fraude, il n'y a plus besoin alors de supposer la mauvaise foi, le dol est évident, et s'il est vrai que le créancier n'a reçu que ce qui lui était dû, il l'a reçu sciemment d'une personne qui ne lui devait rien et qu'il a eu l'intention de tromper. Je pense même que le créancier personnel ne pourrait être réputé de bonne foi, si, dans l'acte constitutif de la société, les associés avaient inséré une clause, portée par la voie légale à la convenance des tiers, par laquelle ils se seraient formellement et expressément interdit l'usage de la signature sociale pour l'acquit de leurs dettes personnelles. Le principal motif sur lequel on fonde la présomption de bonne foi du créancier, à savoir que celui-ci est autorisé à croire que le souscripteur use de la signature sociale pour l'acquit d'une dette personnelle, seulement du consentement de ses associés et dans l'intérêt de la société, ne saurait plus être invoqué dans cette hypothèse. Cette manière de voir se trouve implicitement confirmée par un passage de l'arrêt de cassation, cité plus haut, du 21 février 1860 : « Qu'à la vérité, dit l'arrêt, l'une des clauses insérées dans le pacte social portait que les dettes personnelles des associés restaient exclusivement à la charge de celui qui les avait contractées ; mais que cette clause, non reproduite dans l'extrait publié, demeurait ignorée des tiers, et ne saurait, par conséquent, infirmer les déclarations de l'arrêt attaqué. » (1).

III.

Pour que la société soit valablement obligée vis-à-vis des tiers, il ne faut pas seulement que l'engagement ait été contracté par un associé ayant pouvoir de le faire, il faut encore que cet engagement soit souscrit de la raison sociale ; cette règle, toutefois, n'est pas absolue, et nous allons examiner les exceptions qu'elle comporte, en même temps que les conséquences, pour la société, d'une obligation prise par un associé en son propre et privé nom, mais dont la société aurait néanmoins profité.

Il est bien certain, tout d'abord, que, malgré les termes de notre article 22 : « encore qu'un seul des associés ait signé, *pourvu que ce soit sous la raison sociale*, » l'engagement signé du nom seul d'un gérant obligerait la société s'il a été déclaré qu'il a agi au nom et comme l'un des gérants ayant la signature sociale.

(1) Cf. Paris, 18 décembre 1872 ; Teulet et Camb., 1873, p. 145, n° 7653.

Cette solution devra encore être adoptée en l'absence de toute déclaration de ce genre, s'il est prouvé que le gérant entendait traiter au nom de la société et dans son intérêt. Sans doute il y aura présomption que l'affaire a été faite en dehors de la société, mais si la preuve est fournie, la société sera engagée : « Un engagement qui n'est signé que d'un seul des associés et qui ne contient pas le nom social, ne reste une dette étrangère à la société qu'autant qu'il n'est pas établi d'une autre manière qu'il a été souscrit pour le compte de cette même société ; mais lorsque cette preuve extrinsèque est fournie, on doit y rattacher le caractère de solidarité qu'il exprimerait par lui seul, s'il était signé de la raison sociale (1). » Si donc un engagement est revêtu de la signature sociale, il sera nécessairement réputé avoir été contracté au nom de la société ; si, au contraire, la signature du gérant a seule été donnée, la société ne sera obligée que si la preuve est rapportée que l'opération a été exécutée pour la société et en son nom ; prouver qu'elle en a profité ne serait pas suffisant.

La question est, en effet, bien différente lorsque l'associé, sans traiter au nom de la société, lui a cependant appliqué le bénéfice de l'opération. Supposons un engagement contracté par le gérant en son propre nom, un emprunt, par exemple, dont le montant aura été versé par lui dans la caisse sociale ; la société pourra-t-elle être poursuivie par une action directe, au moins jusqu'à concurrence du profit qu'elle aura retiré de cette opération, ou, au contraire, le créancier n'aura-t-il pour débiteur que l'associé avec lequel il aura traité ? L'intérêt est considérable pour le créancier. Si,

____

(1) Bordeaux, 30 mai 1834. Cass., 19 novembre 1835.

en effet, on décide qu'il n'a pas d'action directe, il ne
pourra être admis au passif de la société en concours
avec les créanciers sociaux, et si, d'autre part, il use
de l'action indirecte, en exerçant, dans les termes de
l'article 1166 Code civ., les droits de l'associé avec lequel il a contracté, il devra, sur le bénéfice résultant
de son action, souffrir le concours des autres créanciers
personnels de cet associé. On ne saurait, sans porter une
atteinte flagrante au principe de la personnalité distincte de la société, résoudre la difficulté dans le sens
le plus favorable au créancier. Lorsqu'un associé
contracte en son propre nom et pour son propre
compte, la société ne contracte pas, elle ne peut donc
être obligée. Sans doute, si la société profite de l'engagement pris par l'associé, si, comme dans notre espèce,
les fonds provenant de l'emprunt qu'il a personnellement contracté ont été versés dans la caisse sociale, l'associé aura un certain droit contre la société, soit comme
créancier, s'il a prêté cet argent comme un tiers l'aurait pu faire, soit en sa qualité même d'associé, s'il a,
par exemple, complété ainsi son apport; mais ce droit,
à qui appartiendra-t-il ? à l'associé avec qui seul la société se trouve en rapport, et non au créancier qui lui est
resté étranger et qui pourra seulement invoquer les droits
de son débiteur. Les tiers ne peuvent donc prétendre
à aucune action directe contre la société à raison du
profit qu'elle aurait tiré du contrat fait par un associé
en son nom personnel. Accorderait-on au créancier,
dont le débiteur aurait à son tour prêté les fonds qu'il
tient de lui, une action contre la troisième personne qui
aurait ainsi reçu cet argent ? Il n'y a aucune raison de
décider autrement dans notre cas : c'est une règle de

droit. élémentaire que les conventions n'ont d'effet qu'entre les contractants. Quant à l'action indirecte à exercer par le créancier du chef de son débiteur, elle suivrait naturellement le sort du droit que l'associé peut avoir contre la société; les associés seront poursuivis solidairement si leur associé a agi à leur égard comme prêteur; si, au contraire, cet associé ne peut agir lui-même qu'en qualité d'associé, le créancier poursuivant, en son lieu et place, aux termes de l'art. 1166, ne pourra exiger de chaque associé que sa part contributoire.

Plaçons-nous maintenant dans une autre hypothèse. L'engagement n'est pas revêtu de la signature sociale, mais il est souscrit de la signature personnelle de tous les associés, la société sera-t-elle obligée? La question doit se résoudre suivant les mêmes distinctions que celles qui viennent d'être examinées. Si, sans se servir de la formule sacramentelle, les associés ont agi au nom de la société, celle-ci sera tenue d'exécuter l'engagement pris ainsi; si, au contraire, ils ont agi tous ensemble, le créancier n'aura pas d'action directe contre la société. Ce dernier cas sera sans doute assez rare, car si les associés agissent tous ensemble, ce devra être le plus souvent au nom et dans l'intérêt de la société; mais on pourrait facilement rencontrer une pareille combinaison dans une société en commandite simple, où deux associés, seuls gérants, contracteraient ensemble un emprunt pour compléter la mise que, vis-à-vis de leur commanditaire, ils se sont obligés à fournir à la société; celle-ci, bien qu'ayant profité des fonds prêtés, ne serait pas liée avec le créancier.

L'engagement contracté par tous les associés personnellement pourrait même être solidaire sans que, pour cela, la société soit engagée; on voit qu'ici l'intérêt de la distinction n'existe plus pour les associés, qui, de toute façon, seront tenus *in solidum;* mais les créanciers de la société sont fort intéressés à écarter du passif social des créanciers avec lesquels il leur faudrait concourir ; ces derniers créanciers pourront donc, en vertu de leur créance, poursuivre pour le tout chacun des associés, mais en cas de faillite ils ne seraient pas admis au passif de la société; ils ne pourraient qu'exercer, s'il y avait lieu, les actions de leurs débiteurs en vertu de l'article 1166; or, en cas de faillite, cette hypothèse ne peut se réaliser.

Lorsqu'un débiteur vient à décéder, les obligations qu'il a contractées se transmettent de droit à ses héritiers, mais elles se divisent entre eux; les rapports entre les héritiers d'un associé décédé et un créancier de la société seront nécessairement les mêmes qui existent entre les héritiers d'un débiteur, solidairement tenu avec d'autres envers un créancier et ce créancier. Une société existe entre Primus et Secundus; elle a pour créancier de 8,000 francs, Tertius ; Primus décède laissant quatre héritiers; sa succession sera tenue au paiement intégral des 8,000 francs, sauf recours contre Secundus; mais Tertius ne pourra réclamer que 2,000 fr. à chacun des héritiers, et chacun de ceux-ci, pour ces 2,000 francs, est solidaire avec Secundus, mais ces héritiers ne sont pas solidaires entre eux, et ne sont solidaires avec l'associé de leur auteur qu'à concurrence de la part leur incombant dans le passif de sa succession.

On a toujours considéré jusqu'ici la société, dans ses rapports avec les tiers, comme jouant le rôle du débiteur; mais elle aura elle-même des droits contre des tiers qui seront ses obligés; peut-on dire, comme on l'a fait, que le débiteur de la société a les associés pour créanciers solidaires, que la solidarité qui naît de la société collective n'est pas seulement une solidarité passive, en ce sens que chacun des associés peut être contraint de payer en totalité les dettes sociales; qu'elle est active aussi, c'est-à-dire que chacun des associés peut exiger des débiteurs l'intégralité des sommes dues à la société (1). L'expression me paraît inexacte; le débiteur de la société n'est pas celui des associés; si l'un d'eux peut le poursuivre, c'est parce qu'il est administrateur de la société, et c'est en cette qualité seulement qu'il pourra donner valablement quittance; si tous les associés, et chacun d'eux peut exiger du débiteur l'intégralité de la dette, c'est que tous seront, de convention expresse ou tacite, administrateurs de la société.

CHAPITRE V.

DISSOLUTION

L'art. 1865 (Code civ.) a indiqué les causes de dissolution des Sociétés; les dispositions de cet article s'appliquent au genre de Sociétés que nous étudions ici; les événements qui mettent fin aux Sociétés civiles mettent également fin aux Sociétés en nom collectif; nous allons passer en revue ces différentes causes, examiner les modifications que la convention des parties peut ap-

(1) Delangle, op. cit., n° 261; Pardessus, op. cit., n° 1020.

porter au droit commun, tracer les règles que la loi a prescrites pour que la dissolution, en certains cas, soit portée à la connaissance des tiers, indiquer enfin les conséquences d'une contravention aux prescriptions de la loi, la sanction établie pour le cas où ces règles resteraient inobservées.

I.

En constituant leur Société, les associés ont pu, et c'est ce qui arrivera le plus souvent, assigner un terme à sa durée. La Société est alors dissoute par l'échéance de ce terme. Dans ce cas, il n'y a pas lieu de donner la publicité légale à ce fait. Cela ressort évidemment des termes de l'art. 61, loi du 24 juillet 1867, qui a remplacé l'art. 46 (Code com.). La raison en est simple : la publication faite lors de la constitution de la Société a dû, aux termes de l'art. 57 de la même loi, indiquer au public la durée pour laquelle cette Société était formée ; les tiers connaissent donc le moment où, d'après la convention, la Société doit prendre fin ; il n'est pas nécessaire de les avertir de nouveau, quand ce moment est arrivé.

Les associés peuvent d'ailleurs, d'un commun accord, décider de rester en Société au delà de l'époque qu'ils avaient primitivement fixée ; mais, comme nous l'avons vu plus haut, la prorogation de la Société est soumise aux mêmes règles de constatation et de publicité que sa formation ; si donc, après l'échéance du terme, les associés continuent leur Société sans faire un acte ni le porter à la connaissance des tiers par la voie légale, toutes les conséquences de l'irrégularité d'un acte constitutif de Société leur seront applicables, il n'y

a donc sur ce point qu'à se référer aux explications
déjà données au sujet des articles 56 et 61 de la loi
de 1867.

De même que les associés peuvent proroger leur Société au delà du terme convenu, de même ils peuvent,
d'un consentement unanime, la dissoudre avant l'é-
chéance de ce terme. Mais en ce cas la loi ordonne que
les tiers soient informés de cette dissolution anticipée;
leur intérêt y est évidemment engagé. Instruits par l'acte
constitutif de la Société du terme d'abord fixé pour son
expiration, ils ne sont censés connaître que cette date,
à moins que la publication ne leur apprenne la modification apportée par les associés à leur première convention.

Mais quel sera l'effet de l'inobservation de la loi sur
ce point ? Aux termes de l'art. 61, loi de 1867, l'omission de cette publication entraîne la même pénalité que
celle prescrite par l'art. 56, pour le cas où la Société n'a
pas été régulièrement constituée; la dissolution est donc
nulle à l'égard des intéressés, mais cette nullité ne peut
être opposée aux tiers par les associés.

Entre les associés l'effet de cette nullité est que la Société se continue jusqu'au terme qui lui avait été primitivement fixé, et que toute prétention élevée par un
associé en vertu de l'acte de dissolution pourra être repoussée par les autres. On a fait remarquer (1) que si
l'acte constitutif lui-même n'avait pas été publié, celui
des associés qui voudrait faire cesser la Société avant
l'échéance du terme conventionnel n'aurait pas besoin
de recourir à l'acte de dissolution ; il pourrait, en effet,
invoquer la nullité de l'acte primitif; cela est juste,

(1) Troplong, no 910. Dalloz, Vo Sociétés, no 977.

mais, même en ce cas, la non-publicité de la dissolution aurait cette conséquence que, la nullité ne pouvant avoir d'effet entre les associés eux-mêmes que pour l'avenir, les effets de l'association devraient être supportés par le demandeur en nullité, vis-à-vis de ses co-associés, non pas seulement jusqu'à la dissolution irrégulière, mais jusqu'au jour où la nullité aura été demandée. D'ailleurs, il est bien certain que si la dissolution a été suivie de ses conséquences matérielles, s'il a été procédé à la liquidation, si l'actif a été partagé, les associés ayant exécuté les actes qui sont la suite de la dissolution ne pourraient plus demander sa nullité faute de publicité ; il en a été ainsi décidé par un arrêt de cassation du 6 juin 1831. Ce même arrêt tranche une autre question, déjà résolue plus haut à propos de l'art. 56 (42 Code com.); il décide que si les formalités ont été remplies après le délai de quinzaine, délai d'un mois aujourd'hui, mais avant que la demande ait été formée, cette demande est irrecevable. Les mêmes raisons qui ont été invoquées pour résoudre la question en sens contraire au sujet de l'art. 56, trouvent ici leur application ; la nullité de la dissolution pourra, dans le système que nous avons adopté, être invoquée même alors que les formalités auraient été remplies, mais après le délai imparti par la loi, et avant qu'aucune demande ait été formée (1).

L'acte de dissolution non publié conformément à la loi n'est pas opposable aux tiers, mais sa nullité ne pourrait leur être opposée par les associés. Les tiers pourront donc, selon leur convenance et leur intérêt,

____

(1) Voir ci-dessus, p. 198 et s. Cass., 30 juillet 1856. Teul. et Camb., t. V, n° 366.

tenir la société pour dissoute, puisque la nullité ne leur peut être opposée par les associés, ou, au contraire, considérer la société comme existant toujours, puisque la convention qui la dissout est nulle à leur égard (1).

Les associés resteront donc, malgré la dissolution irrégulière, responsables des engagements souscrits par le gérant au nom de la société; les tiers ignorent que, dans leur intention, les pouvoirs de ce gérant n'existent plus. Pas plus que pour la constitution d'une société, une publicité quelconque en dehors des formes prescrites par la loi ne suffirait à faire tomber la nullité; une circulaire adressée au commerce n'empêcherait en aucune façon les créanciers d'obtenir qu'elle soit prononcée; mais si ces créanciers avaient eu connaissance de cette dissolution irrégulière, seront-ils encore recevables à se prévaloir de la nullité? On l'a soutenu : « Nous voudrions seulement, dit M. Troplong, que les tiers ne fussent admis à faire écarter la dissolution qu'autant qu'ils auraient été réellement dans l'ignorance de la rupture et qu'ils auraient cru de bonne foi traiter avec la société. » Un arrêt de la Cour de Dijon et un autre arrêt de la Cour de Paris semblent admettre ce système; le premier, en constatant la nullité de la dissolution, se fonde en partie sur ce que les demandeurs n'ont pas eu connaissance de la dissolution, ajoutant que les tiers, il est vrai, ne pourraient pas se prévaloir du défaut de formalité, s'ils avaient positivement eu connaissance de la dissolution ; le second arrêt formule ainsi un de ses motifs : « Considérant que ces formalités, dont l'accom-

(1) Bordeaux, 7 décembre 1870. Teulet et Camberlin, t. II, p. 180, no 7244.

plissement est prescrit par les articles 42 et suivants du Code de commerce, n'ont eu d'autre but en régularisant la position des associés que de prémunir les tiers contre les dangers qui pourraient résulter d'une dissolution occulte ou clandestine; » il ajoute que toutes les circonstances concourent à démontrer que les parties ont connu la dissolution et ont agi et contracté en conséquence et, sur ces motifs, il reconnaît la validité de la dissolution. Ce système ne me paraît pas pouvoir être admis en principe; la publicité organisée par la loi est le seul moyen par lequel les tiers sont censés être informés du fait dont la loi a ordonné la publication; si les tiers ont traité avec un membre d'une société dissoute irrégulièrement, mais qui a signé de la raison sociale ou s'est engagé au nom de la société, ils ont tous les associés pour obligés, car, s'ils connaissent en fait la dissolution, ils peuvent penser que les associés ont renoncé à leur projet de se séparer, puisqu'ils n'ont pas rempli les formalités prescrites; on ne pourrait donc présumer leur mauvaise foi, mais cette mauvaise foi pourra être prouvée; et si, comme le suppose M. Troplong, « il a été bien entendu qu'ils ne traitaient pas avec la société mais bien avec un des membres dégagé de ses liens », leur demande sera repoussée, non pas parce qu'ils ont eu connaissance de la dissolution, mais parce qu'ils ont accepté de mauvaise foi et avec une intention de dol vis-à-vis des autres associés, la signature sociale pour des engagements qui n'intéressaient pas la société.

La retraite d'un associé, la substitution qui s'opère entre lui et une nouvelle personne qui prend sa place, sont en ce qui concerne cet associé de véritables disso-

lutions de la société; la dissolution partielle à l'égard
d'un associé, qui se retire purement et simplement, ou
qui, du consentement unanime, laisse sa place à un
autre, doit, pour avoir son effet à l'égard des tiers, être
publiée comme la dissolution de la société elle-même ;
à moins que cette retraite n'ait été prévue pour une
époque déterminée par l'acte de société et que la clause
qui la stipule n'ait été publiée dès le début; la fin de la
société se trouve en effet, quant à cet associé, avoir,
dans ce cas, une échéance différente du terme fixé pour
la dissolution générale. Le défaut de publication de la
retraite ou du changement d'associé, en toute autre
circonstance, aurait pour conséquence que cette retraite ou ce changement (art. 64, 1867), seraient tenus,
par les tiers, comme non avenus, sans qu'ils puissent
cependant leur être opposé par les associés ; de telle
sorte que les créanciers de la société pourraient, suivant leur intérêt, accepter ou répudier cette retraite
ou ce changement et poursuivre l'associé à l'égard duquel la société a été dissoute irrégulièrement ou celui
qui l'a remplacé. L'associé retiré pourrait ainsi avoir
à répondre des dettes contractées postérieurement à sa
retraite ; quant à celles contractées dans le passé, il est
bien entendu que cet associé en reste chargé, que la
dissolution ait été ou non publiée. Si le nom de l'associé
qui se retire figure dans la raison sociale, cette raison
sociale devra, conformément aux principes énoncés
dans notre chapitre Ier, être modifiée en conséquence et
cesser de contenir ce nom; si cet associé tolérait que
son nom continuât à figurer dans la raison sociale, la
publication de sa retraite ne suffirait pas à l'exonérer
des dettes ultérieures. La dissolution de la société par

l'échéance de son terme n'ayant pas à être publiée, il résulte de la combinaison de ce principe avec la règle qui précède, ce fait, consacré par la jurisprudence (1), « que si la retraite de l'un des associés pendant la durée de la société n'a pas été rendue publique, la responsabilité de cet associé ne s'étend point aux opérations postérieures au terme fixé par l'acte primitif pour la cessation de la société. » Il suit de là que si la retraite de l'associé s'opère parce que, le terme de la société échéant, l'associé refuse de consentir à la continuation, que les autres associés réalisent, cette retraite n'a pas besoin d'être publiée, quand bien même la société prorogée continuerait à fonctionner sous la même raison sociale pourvu que le nom de l'associé retiré n'y figure pas.

On s'est demandé si la dissolution avant terme d'une société qui n'a pas été originairement publiée, si les changements ou retraites d'associés survenus dans cette société, devaient pour être valables être portés à la connaissance des tiers par la voie légale. On a soutenu qu'il était inutile d'informer le public de la cessation d'un état de choses, de l'existence duquel il n'a pas été instruit. Il est facile d'apercevoir que ce système repose sur un véritable sophisme; les tiers ne connaissent pas la société seulement par la publication de l'acte, car le défaut de cette publication ne leur est pas opposable par les associés; elle se manifeste à eux par l'emploi d'une raison sociale sous laquelle le commerce est fait, tant qu'ils ne sont pas légalement informés de la dissolution de la société, celle-ci en tant que société de fait existe encore à leur égard, à moins que le fait lui-même

(1) Colmar, 2 août 1817.

soit si bien disparu qu'on n'ait plus légitimement pu
croire à son existence, lorsque l'engagement a été contracté. La Cour de Bordeaux (1) a pourtant rendu un
arrêt en sens contraire : « Attendu que la société n'a-
vait pas été transcrite et affichée au tribunal de commerce ; que l'acte de dissolution ne le fut pas non plus,
mais que cette dissolution fut annoncée au commerce
par des circulaires en date du même jour, que le public en fut instruit par des avis plusieurs fois insérés
dans les journaux.... » On ne voit pas bien comment
une publicité, qui serait jugée insuffisante si les prescriptions de l'art. 56, loi de 1867 (42 Code com.) avaient
été observées, peut être jugée valable parce que ces prescriptions ont été violées. La doctrine et la jurisprudence
ont d'ailleurs complètement repoussé ce système (2). La
relation qui existe entre les art. 56 et 61, loi de 1867,
(42 et 46 Code com.) ne suffit pas pour donner un sens
restrictif à l'art. 61 ; on ne saurait conclure de ce que
l'art. 61 est applicable aux sociétés publiées en vertu
de l'art. 56, que cet article ne doit pas être aussi appliqué aux sociétés non publiées : « Ce serait, dit l'arrêt
de Cassation, autoriser les associés, déjà coupables de
l'inexécution de l'art. 42 (56), à induire les tiers encore
en erreur en n'exécutant pas l'art. 46. » (61).

II.

Aux termes du paragraphe 2 de l'art. 1865 Code civ.
la société finit : « par l'extinction de la chose ou la con-

(1) 22 décembre 1828. D. 29, 2, 72.
(2) Delang., op. cit., n° 579 ; Cass. civ., 1833, 9 juillet.

sommation de la négociation. » La seconde partie de cette disposition intéresse peu la société en nom collectif, dont le but sera le plus souvent une série d'actes de commerce limitée seulement par la durée convenue pour l'association.

Quant à l'extinction de la chose qui fait l'objet de la société, elle entraîne nécessairement après elle la dissolution de la société ; c'est ce qui se présenterait en dehors même des cas fortuits, dans le cas où, par exemple, des associés, pour éviter une mise en faillite, feraient abandon de tout l'actif social à leurs créanciers. Il pourra d'ailleurs être convenu entre les associés que la perte d'une partie du fonds social entraînera la dissolution de la société. Dans les différents cas où la dissolution ne proviendrait pas d'un simple fait indépendant de la volonté des associés, mais d'un acte, tel que l'abandon volontaire de l'actif, la demande en dissolution fondée sur la perte partielle ou totale, ou l'exécution de la clause qui aurait prévu cette perte, la dissolution pour être valable, devrait être portée à la connaissance des tiers par la publicité organisée par la loi (1).

Il peut se faire que ce soit précisément la chose qui forme l'apport de l'un des associés qui périssent ; quel sera l'effet de cette perte ? L'art. 1867 Code civ. a prévu le cas et a établi certaines distinctions. Mais malheureusement la rédaction de cet article n'est pas assez claire pour qu'il n'ait pas donné lieu à de grandes difficultés et à de graves dissentiments dans la doctrine ; nous allons indiquer les différentes interprétations qu'on a données de cette disposition de la loi, et mon-

(1) Pardessus, 1088 2°.

Naquet. 18

trer que si elle est obscure ou même s'il y a là un véritable lapsus de rédaction échappé au législateur, on peut
néanmoins la concilier avec les principes généraux établis par notre Code.

L'art. 1867 est ainsi conçu : « Lorsque l'un des associés a promis de mettre en commun la propriété d'une
chose, la perte survenue avant que la mise en soit effectuée opère la dissolution de la société par rapport à
tous les associés. — La société est également dissoute
dans tous les cas par la perte de la chose, lorsque la
jouissance seule a été mise en commun et que la propriété en est restée dans la main de l'associé. — Mais
la société n'est pas rompue par la perte de la chose
dont la propriété a déjà été apportée à la société. »

Cet article distingue donc entre le cas où la chose a
péri pour le compte de la société, et celui où elle a péri
pour le compte de l'associé dont elle constitue l'apport;
dans le premier cas, la société ne sera pas dissoute, à
moins que la perte ne soit assez importante pour que
l'hypothèse devienne celle qui vient d'être examinée, et
que le fonds social doive être considéré comme trop
diminué pour que la société puisse conserver son objet;
dans le second cas, la société sera dissoute, parce que
l'associé resté propriétaire ne pourra plus faire jouir
la société de son apport et par conséquent se trouvera
n'avoir plus de mise dans la société.

Il faut faire remarquer d'abord, qu'aux termes de
l'art. 1851, quand même la jouissance seule a été mise
en commun, les choses sont néanmoins aux risques de
la société, si elles se consomment par l'usage ou se dé-
tériorent en les gardant, si elles sont destinées à être
vendues, ou si elles ont été mises dans la société sur

une estimation portée par un inventaire. Les choses ainsi apportées sont donc aux risques de la société et dans la question actuelle doivent être assimilées à celles qui sont apportées en propriété.

Laissons de côté, pour un instant, les apports en jouissance pure et simple, ceux de choses non fongibles et non estimées; prenons le cas prévu par le premier paragraphe de notre article : le corps certain que l'associé a promis de mettre en pleine propriété dans la société périt-il pour le compte de l'associé ou pour celui de la société? En dehors de toute disposition spéciale de la loi, la réponse serait simple. En se référant à l'art. 1138 Code civ. et à l'art. 1583, application du principe que renferme le précédent, on tiendrait pour assuré que la chose est aux risques de la société par le fait même de la promesse; dans notre droit, par innovation à l'égard du droit romain et de l'ancien droit, être créancier d'un corps certain, c'est en être propriétaire; la propriété, en effet, se transmet par le seul effet du contrat et sans qu'il soit besoin de tradition. Mais l'art. 1867 semble cependant distinguer deux cas; celui où l'apport a été promis sans être réalisé et celui où il a été effectivement réalisé; dans le premier cas, il laisse la chose aux risques de l'associé; dans le second, il met ces risques à la charge de la société; dans le premier cas, il dissout, dans le second, il maintient la société; celle-ci n'est-elle donc pas propriétaire par le fait seul du contrat et faut-il une tradition pour mettre la chose à ses risques?

Quelques auteurs ont ainsi compris l'art. 1867; selon eux, cet article aurait sciemment dérogé au principe général. M. Pardessus, qui admet cette dérogation, pense qu'elle tient à la différence des contrats dont il s'agit de régler les effets ; si, dans certains cas, il y a lieu d'appliquer par analogie au contrat de société les règles du contrat de vente, cette assimilation ne saurait être complète ; en effet, ajoute-t-il, la livraison qui, ordinairement, termine tous les rapports entre l'acheteur et le vendeur, n'est que le principe des rapports individuels que la société fera naître pendant toute sa durée entre les associés. Les contractants sont présumés avoir entendu se mettre en société sous la condition expresse que chacun d'eux réaliserait l'apport destiné à former le fonds social sans lequel la société se trouverait n'avoir aucun objet, aucun moyen d'exister (1).

Mais l'art. 1867 ne distingue pas entre la promesse d'apport et la tradition de cet apport, il distingue seulement entre la promesse de mettre en commun la propriété et l'apport de la propriété ; si l'on objecte que, d'après l'art. 1138, l'obligation de livrer est parfaite par le seul consentement des parties et que ces deux dispositions sont contradictoires, il suffira de montrer les cas dans lesquels, en matière d'obligations, l'art. 1138 ne trouve pas son application. L'associé a promis la propriété d'une chose appartenant à autrui et qu'il se propose d'acheter ; l'associé a promis d'apporter une chose dans la société à une époque déterminée à laquelle s'opérera seulement la translation de propriété ; il a promis, sous une condition suspensive, la propriété d'une chose qui lui appartient. Dans ces différents cas, il n'y a pas à distinguer entre l'apport promis et l'apport effectué ; il ne s'agit que d'une promesse de rendre la société pro-

(1) Pardessus, Cours de droit commercial, n° 988. — Malepeyre et Jourdain, op. cit., p. 292.

priétaire d'une chose à une époque déterminée ou après l'événement d'une certaine condition; jusqu'à cette époque ou jusqu'à cet événement, les risques restent à la charge de l'associé. Il ne s'agit donc pas ici de la promesse pure et simple d'un apport qui, étant d'un corps certain, rendrait la société propriétaire immédiatement, y eût-il retard dans la réalisation de cette promesse et mettrait la perte à la charge de la société à moins que l'associé ne fût en demeure, mais de la promesse de rendre ultérieurement la société propriétaire, promesse qui se réalisera, non par la tradition, mais par l'événement de la condition ou l'échéance de la date à laquelle les parties ont reporté l'effet translatif de la promesse. Dès lors le § 1ᵉʳ de notre article s'appliquera, c'est-à-dire que la société sera dissoute quand, d'après les principes de notre droit, l'associé ne pourra faire son apport, c'est-à-dire en transmettre la propriété et non pas seulement la possession à la société; cela arrivera si la chose a péri avant l'époque que les parties ont fixée pour la mutation de propriété, ou si l'associé a promis de faire une certaine chose pour la mettre en société et que la chose n'ait pas encore été agréée par la société quand elle a péri, ou bien encore si l'associé a promis d'apporter la propriété d'une chose qui appartient actuellement à un tiers et qui périt avant qu'il s'en soit rendu propriétaire; ou, enfin, si l'associé a promis d'apporter en société sa propre chose, mais a mis à cet apport une condition suspensive, dont l'accomplissement est précédé par la perte de cette chose. La perte, au contraire, sera à la charge de la société qui, par conséquent, ne pourra être dissoute à raison de cette perte, toutes les fois que la chose aura péri après la translation de propriété ; c'est-à-dire, si la chose a péri après l'époque fixée pour la mutation ou après l'événement de la condition, ou si l'apport a été effectué purement et simplement ; et il l'est, aux termes de l'art. 1138, par la simple promesse.

Il faut cependant corriger ce que cette dernière règle aurait de trop absolu, par cette autre idée déjà émise, que la perte de la mise d'un seul des associés, bien qu'à la charge de la société, pourra entraîner la dissolution, si l'exploitation de cette mise forme à elle seule le principal objet de la société ; c'est ce qui se produira notamment lorsque, de deux associés, l'un n'aura apporté que son industrie, l'autre, par exemple, la fabrique ou l'usine que la société a pour objet d'exploiter ; il est d'ailleurs douteux que, dans ce cas, l'apport ait été fait autrement qu'en jouissance. La raison de décider, au reste, serait ici l'extinction de la chose sociale. Le § 1er de l'art. 1867 n'a pas le même motif ; il décide la dissolution, parce que l'obligation n'aura pas été exécutée ; il faudra donc que la résolution du contrat soit demandée par les autres associés, la dissolution en sera la conséquence.

Si, comme le prévoit le paragraphe deux de notre article, la jouissance seule de la chose qui périt a été mise en commun, la propriété en étant restée dans la main de l'associé, les risques ne sont naturellement pas pour la société et celle-ci doit être dissoute. L'associé, en effet, se trouve par la perte de la chose dans l'impossibilité de fournir son apport qui, par sa nature, est multiple et successif ; on a comparé avec raison l'associé, dans cette situation, à un bailleur ; la chose donnée à bail venant à périr, les risques sont pour le bailleur et non pour le preneur ; l'associé s'est engagé à faire jouir la société de sa chose, il ne lui a pas transféré la propriété; l'obligation contractée par lui se continue pendant tout le temps de la société. Par la perte de la chose, il ne peut plus, pour l'avenir, réaliser son apport, et la convention n'étant pas exécutée, la résolution peut en être demandée.

Mais il faudrait se garder de confondre l'apport de la jouissance d'une chose, dont l'associé conserve la propriété, et l'apport d'un usufruit fait à la société. L'apport en usufruit est l'apport d'un démembrement du droit de propriété, il faudra donc appliquer dans ce cas à la perte de la chose, suivant les circonstances, soit le § 1er, soit le § 3 de l'art. 1867 Code civil.

III

Dissolution par la mort naturelle de quelqu'un des associés, 1865, 3°.

Cette cause de dissolution s'appliquera sans difficulté à la société en nom collectif, contractée surtout *intuitu personæ*. Mais la dissolution devra-t-elle, dans ce cas, pour être valable, recevoir la publicité organisée par l'art. 61, loi de 1867? (art. 46 Code comm.). A défaut de publication les héritiers de l'associé décédé continueront-ils à être tenus, comme le serait l'associé lui-même dans le cas où sa retraite de la société n'aurait pas été, par la voie légale, portée à la connaissance du public? La question peut avoir de l'importance dans d'autres cas que celui de décès, dans celui de faillite, dans celui d'interdiction; sous sa forme la plus générale, elle se pose donc ainsi : l'obligation de publier existe-t-elle lorsque la dissolution résulte non de la volonté des parties, mais d'un des faits prévus par l'art. 1865? L'intérêt qui s'attache à sa solution est considérable; en cas de décès, notamment : car les créanciers pourront avoir grand avantage à contester la validité de la dissolution de la société à l'égard des héritiers de l'associé décédé; les auteurs, sur ce point, ne sont pas d'accord, mais la jurisprudence semble fixée; à la question posée, elle répond négativement.

Parmi les interprètes, M. Bravard (1) professe le système complètement opposé; selon lui, la dissolution causée par le décès d'un associé doit être publiée pour être opposable aux créanciers; il n'admet pas qu'on puisse prouver que le créancier a eu en fait connaissance du décès, la seule publicité légale peut avoir cet effet, la loi l'a organisée précisément, pour que les autres moyens de preuve soient écartés.

Une opinion moins absolue a été soutenue par M. Troplong et plusieurs autres auteurs. Dans cette opinion, il faut que le tiers pour soutenir la validité, à l'égard des héritiers, des opérations qu'il a faites après le décès avec le gérant, soit de bonne foi, c'est-à-dire qu'il ait ignoré le décès. Si la dissolution n'avait pas été publiée, on pourrait donc toujours prouver contre celui qui prétend faire considérer cette dissolution comme non avenue qu'il en a eu connaissance par quelque autre moyen. « Si les tiers, dit M. Troplong (2), avaient eu connaissance du décès par des circonstances de nature à ne pas leur laisser de doute sur la dissolution de la société, cette dissolution les atteindrait; elle les attein-

(1) Op. cit., p. 277; note 1 de M. Demangeat.
(2) Op. cit., n° 904 in fine.

drait même de plein droit. » C'est là une distinction qui, *à priori*, rend cette opinion tout à fait contestable. Lorsque la loi a organisé un système de publicité, c'est par cette publicité seule qu'en principe, les tiers sont réputés connaître le fait à publier. Mais, sous le bénéfice de cette observation, il faut reconnaître que l'argument tiré par M. Troplong des principes du mandat est bien puissant. Quoique le mandat prenne fin par la mort du mandant, le tiers de bonne foi, avec qui le mandataire connaissant le décès a néanmoins traité, a une action contre les héritiers du mandant (Code civ., art. 2009). Le gérant qui administre les affaires de la société est le mandataire de ses coassociés, c'est sur ceux-ci ou sur leurs ayant-droit que retombe la conséquence de son infidélité; pourquoi d'ailleurs les héritiers ont-ils souffert qu'il agisse après la dissolution? On doit leur imputer à faute de n'avoir pas informé le public de l'extinction du mandat.

Le troisième système, au contraire, résout par l'affirmative la question posée ci-dessus. La dissolution de société, causée par le décès d'un des associés, vaut à l'égard des tiers, qu'ils aient ou non connu le décès, et sans que cette dissolution ait dû être publiée. L'art. 46 (61, loi 1867), dit-on, pour soutenir cette opinion, ne dit pas que tous les faits emportant dissolution de la société avant le terme fixé doivent être publiés; il dit seulement que tous *actes* portant dissolution, etc. L'art. 61 de la loi de 1867 dit même *ayant pour objet*, ce qui rend la différence encore plus sensible. On ne saurait donc, dans les prescriptions de l'art. 46, apercevoir l'obligation de publier une dissolution qui ne résulte pas d'un acte, mais d'un fait auquel la loi elle-même a donné pour résultat de dissoudre la société; c'est également modifier sans raison le sens des mots qu'assimiler, comme l'a fait M. Alauzet (1), la mort d'un associé sinon à une retraite du moins à un changement; le mot retraité désigne ici la retraite volontaire, le mot changement veut dire substitution. Au reste, dit-on, si la loi n'a pas compris parmi les faits qui ne sont réputés connus que s'ils sont publiés, la dissolution par suite de décès, elle l'a fait avec intention; la convention par laquelle les associés arrêtent leur séparation est occulte, mais le décès, comme l'interdiction ou la faillite, sont par eux-mêmes des faits faciles à connaître et dont, d'ailleurs, le public est légalement instruit. La mort est un fait de notoriété publique, les négociants qui traiteront avec la société en seront presque toujours informés; d'ailleurs, « consigné dans les registres de l'état civil, il est censé connu de tous ceux auxquels il importe de le connaître » (2); l'interdiction exige des débats publics, le nom de l'interdit est affiché chez les notaires; la faillite est publiée, des insertions sont faites, des affiches apposées; la loi n'avait donc pas à se préoccuper ici d'un mode particulier de publicité.

Le premier et le troisième système repoussent également la distinction proposée par M. Troplong. Rechercher si le tiers a eu connaissance ou non, en fait, du décès et de la dissolution qu'il entraîne, c'est violer l'esprit de la loi, pour qui certains faits, spécialement désignés, ne sont censés connus que quand ils ont reçus la publicité légale; c'est aussi obliger le juge du fait à un examen difficile et à propos duquel de nom-

(1) Comment. du Code de commerce, t. Ier, p. 274.
(2) Delangle, op. cit., n° 580.

breuses contestations seront encore soulevées. Mais, cette opinion écartée, à laquelle des deux autres faut-il se rallier ?

C'est aller, selon moi, trop loin que de prétendre que le législateur a dû présumer que le décès, l'interdiction, la faillite, événements notoires par eux-mêmes, devaient être connus des tiers sans qu'il fût besoin de publier la dissolution ; il arrivera fréquemment que, connus dans un cercle étroit, ces faits, au moins pendant un certain temps, seront ignorés à une certaine distance et par le plus grand nombre des personnes exposées à traiter avec l'ancien gérant ; c'est même commettre une erreur que de réputer le décès connu par les tiers, parce qu'il a été consigné sur les registres de l'état civil ; on l'a dit avec juste raison (1), la présomption légale ne peut être attachée que par une loi spéciale à certains actes ou à certains faits ; et, non-seulement aucune loi spéciale ne présume qu'un décès est connu du public dès l'instant où il a été constaté dans les registres de l'état civil, mais le législateur prévoit même positivement le cas où la mort d'une personne est restée ignorée de ceux qui avaient le plus grand intérêt à la connaître et ne les considère pas par cela seul comme coupables de négli-gence ; pourquoi l'effet de l'acte de décès serait-il autre pour le tiers qui traite avec un gérant de société que pour celui qui traite avec un mandataire ? Celui-ci même ne paraît-il pas devoir être obligé à plus de prudence ? De tout cela, il faut conclure que la loi aurait sans doute bien fait de prévoir le cas, et de prescrire la publication pour la dissolution par décès comme pour la dissolution conventionnelle avant terme ; mais ce qui me paraît

(1) M. Demangeat, note 1, sur Bravard, p. 377.

incontestable, c'est que l'art. 46 (61, loi de 1867) ne s'est pas occupé de cette hypothèse et n'a disposé qu'en vue des faits résultant de la volonté des parties; qu'on ne peut donc, sans dépasser les bornes de la simple interprétation des textes, soumettre les faits prévus par l'art. 1865 Code civil aux pénalités organisées par l'art. 46 Code comm. (61). C'est ainsi, et à ce qu'il semble par les mêmes motifs, que la Cour de cassation a plusieurs fois décidé : « Attendu, dit l'arrêt du 10 juillet 1844, qu'aux termes de l'art. 1865 Code civ., la société finit par la mort naturelle de l'un de ses associés. — Que l'art. 46 Code comm., en soumettant les faits qui modifient la société commerciale au même mode de publication que l'art. 42 prescrit pour ceux qui la forment, n'a eu en vue que les faits de l'homme, quand il envisage, soit la continuation de la société après son terme, soit sa dissolution anticipée, soit les changements apportés à la personne de ses membres, aux stipulations qui la régissent, ou à la raison sociale. — Attendu qu'en appliquant ces dispositions en pur droit à la mort d'un associé, l'arrêt attaqué leur a donné une extension qu'elles n'ont pas et refusé à la mort naturelle l'effet que lui attribue la loi; — En quoi il a faussement appliqué l'art. 46 Cod. comm. et violé l'art. 1865 Cod. civ.; — Casse... » On a voulu cependant opposer à cette jurisprudence un autre arrêt de la Cour de cassation qui confirme un arrêt semblable à celui qu'elle a cassé le 10 juillet 1844. La raison de cette divergence se trouve dans les faits de la cause; si, en effet, il est constaté que, malgré le décès, la société a continué en fait avec les héritiers, si, comme le dit l'arrêt de 1843, « l'établissement a continué à marcher dans l'intérêt des associés

ou de leurs représentants, » les héritiers ne pourront
pas se prévaloir de la dissolution, car la dissolution à
leur égard s'est continuée, sinon de droit du moins en
fait. Toutefois, si les héritiers sont mineurs, cette continuation ne pourra leur être opposée; car il se peut, il
est vrai, que la convention primitive établisse la continuation de la société après le décès de l'un des associés avec ses héritiers même mineurs, question que
nous allons bientôt examiner; mais, à défaut de cette
convention, l'option, fût-elle tacite, grâce à laquelle la
société continuerait avec eux, dépasse la capacité du
mineur. De ces différents principes ressort clairement
la doctrine suivie par la Cour de cassation au milieu de
ces différents arrêts. Dans la première espèce, la cour
d'appel de Dijon décide que la dissolution n'est pas valable, en fait la société a continué, la Cour de cassation
confirme, cependant les héritiers sont mineurs; mais
pour ceux-ci, « il n'y eut pas de pourvoi, » celui qu'ils
avaient formé étant tardif; dès lors le procès était entre
un créancier ancien et un créancier nouveau, le premier
n'aurait pu opposer à l'autre la dissolution que si elle
avait été publiée, ou réalisée par la liquidation, or la
publication n'a pas été faite et l'établissement a continué
d'être exploité dans l'intérêt commun; quant à l'incapacité des héritiers, ceux-ci seuls auraient pu l'invoquer,
le créancier ancien ne le pouvait pas, car le droit d'exciper de l'incapacité personnelle appartient aux inca-
pables seuls. Dans la seconde espèce, l'arrêt de la Cour
d'appel de Grenoble juge, en droit, par application de
l'art. 46, que la société n'est pas dissoute, faute de publication donnée à la dissolution; « attendu, dit-il, que
la dissolution, bien qu'arrivée par décès, aurait dû être

rendue publique, aux termes de l'art. 46 Code comm. et que le défaut de cette publicité doit, à l'égard des tiers, faire considérer la société comme ayant continué à subsister jusqu'à ce jour; » la Cour de cassation casse, comme on l'a vu, cet arrêt pour fausse application de l'art. 46 et renvoie devant la cour d'Aix; cette cour juge à son tour, sans s'arrêter au défaut de publicité, que la société ne peut être considérée comme dissoute, parce qu'en fait elle a continué. Ce dernier arrêt est à son tour déféré à la juridiction souveraine qui le casse encore, non plus pour fausse application de l'art. 46, mais, parce que si les héritiers mineurs d'un associé décédé peuvent être liés par une stipulation formelle de continuation faite par leur auteur, en l'absence d'une pareille stipulation, les tribunaux ne peuvent faire résulter la continuation de la société des faits et des circonstances; Ce pouvoir d'apprécier ne leur appartient que lorsqu'il s'agit d'héritiers majeurs. Il y a, comme on le voit, dans ces différents arrêts l'application de deux principes différents, le second ne pouvait être invoqué que si les héritiers étaient en cause, de là la divergence apparente entre les décisions si rapprochées de la Cour de cassation (1).

Le pacte social peut déroger à la disposition de la loi d'après laquelle le décès de l'un des associés dissout la société. Il peut avoir été convenu dans l'acte constitutif, soit que la société continuera entre les survivants et ne sera dissoute qu'à l'égard du décédé ou de ses ayant-droit, soit que les héritiers de cet associé le remplaceront dans la société qui continuera entre eux et les survivants.

(1) Lyon, 8 juillet 1864, Teul. et Camb., t. XI, no 4951. Cf. Bédarride, no 493.

Dans le premier cas, le droit des héritiers de l'associé décédé se borne d'après l'art. 1866, Code civ. : au partage de la société, eu égard à la situation de cette société, lors du décès, sans participer aux droits ultérieurs, à moins qu'ils ne soient une suite nécessaire de ce qui s'est fait avant la mort de l'associé auquel ils ont succédé. Pour éviter les difficultés de cette liquidation et les conséquences désastreuses qu'elle peut avoir pour la société, les parties conviennent fréquemment que les droits de l'associé décédé seront réglés par le dernier inventaire qui aura précédé le décès, de telle sorte que ses héritiers sont désintéressés au moyen du remboursement de la somme dont le compte de leur auteur se trouvait créditeur à cette époque. La clause de continuation de la société, malgré le décès de l'un des associés, devra recevoir la publicité légale, non pas pour sa validité à l'égard des héritiers de l'associé décédé, mais pour que la société, dissoute en droit commun par les décès, continue valablement entre les survivants.

Le second cas a été expressément prévu par notre art. 1868, pour éviter le doute qui aurait pu se produire sur ce point, à cause de la décision contraire rendue en droit romain par les jurisconsultes, qui, poussant jusqu'à ses extrêmes conséquences le principe de la constitution de la société en vue de la personne, disaient : « Adeo « morte solvitur societas ut ne ab initio pacisci possi- « mus, ut heres etiam succedat societati. » (Loi 59 Dig. *pro soc.*). Déjà, dans notre ancien droit, Pothier (1) repoussait cette solution comme excessive et pensait que : « quoique régulièrement la société finisse par la mort de l'un des associés, et que son héritier ne lui

(1) Op. cit,, n° 146.

succède pas aux droits de la société pour l'avenir, néanmoins la convention qu'il y succédera est valable. »
Mais que décider si, cette stipulation étant contenue
dans l'acte de société, les héritiers d'un associé décédé
sont mineurs au moment de son décès. Quelques auteurs ont pensé que la société dans ce cas ne pourrait
continuer malgré la convention du pacte social : « L'administration et l'aliénation des biens des mineurs, dit
M. Duvergier, sont assujetties à une foule de formalités
gênantes et coûteuses. Si la société continue, de deux
choses l'une : où les opérations commerciales seront
entravées par l'accomplissement des formes applicables
à l'état de minorité, ou ces formes seront négligées,
quoique des mineurs soient intéressés aux opérations.
La loi ne permet pas d'adopter la seconde branche de
cette alternative, et la première se présente avec de telles
inconvénients, qu'il est difficile de croire que les contractants aient eu l'intention de s'y soumettre » (1).
Mais en doctrine et en jurisprudence, on admet généralement que la stipulation aura son effet, même si les
héritiers sont mineurs au moment du décès. L'art. 1868
n'a pas fait de distinction, et pourtant il introduisait un
droit nouveau sur un point où notre hypothèse n'était
pas difficile à prévoir ; on doit donc supposer qu'il a
voulu autoriser la continuation de la société dans l'un
comme dans l'autre cas (2). Quant aux inconvénients
signalés par M. Duvergier, ils n'existeront pas, car le
mode d'administration de la société ne sera pas modifié.

(1) Sociétés, n₀ 441.

(2) Cass , 27 mai 1861. Aix, 16 décembre 1868, Teul. et Camb., t. XX,
p. 471. Troplong, no 954 ; Bed., no 62.

La clause dont il s'agit devra recevoir la publicité légale, car elle forme exception à la règle générale, d'après laquelle la société est dissoute et doit être considérée de plein droit comme telle, par le décès d'un associé.

La société se trouvant dissoute par le décès d'un associé, sans que le pacte social ait stipulé son remplacement par ses héritiers, si ceux-ci, au moment du décès, sont mineurs, la société ne pourra continuer avec eux, ni même être réputée avoir continué de fait. En effet, ainsi que l'a décidé un arrêt de la Cour de cassation du 10 novembre 1847 (1), si les tribunaux peuvent suppléer par l'appréciation des faits et des circonstances à une stipulation formelle de continuation de société avec les héritiers, en cas de mort de l'un des associés, ils n'ont pas ce pouvoir lorsque les héritiers sont mineurs; ceux-ci, sans une stipulation formelle de leur auteur, ne peuvent être engagés dans la suite et les conséquences d'une société commerciale, à laquelle ils ne peuvent prendre aucune part à raison de leur incapacité.

Si, au contraire, les héritiers sont majeurs au moment du décès de leur auteur, il est bien certain que, même en l'absence de toute stipulation, les associés peuvent d'un commun accord avec ces héritiers, continuer la société (2), mais, dans ce cas, il y aura lieu à publication, soit de la société nouvelle, s'il n'avait pas été stipulé dans le pacte primitif et publié que la mort d'un associé ne dissoudrait pas la société, soit seulement de l'adjonction, si cette stipulation a été faite et publiée. Si, dans notre hypothèse, c'est-à-dire les héritiers étant

(1) Dall., 47, 1, 353.
(2) Cass. 11 janv. 1870, D. 1870, 1, 62.

Naquet.   19

majeurs, la société a continué en fait, la nullité de cette société ne pourra, suivant le principe général, être opposé aux tiers (1).

IV

L'art. 1865, Code civ., 4°, dispose que la société sera dissoute par la mort civile, l'interdiction ou la déconfiture de l'un des associés. — La mort civile ayant été abolie par la loi du 31 mai 1854, il reste l'interdiction et la déconfiture. L'associé interdit judiciairement ou légalement, n'ayant plus par lui-même de capacité, ne peut plus faire partie d'une société, et le tuteur qui lui est donné ne peut être accepté à sa place par les associés. Au reste rien n'empêche ici comme dans l'hypothèse précédente, les associés de prévoir dans leur pacte social le cas où l'un d'eux viendrait à être interdit ou à tomber en faillite, et à assimiler ce cas à sa mort, en décidant que la société sera continuée entre les associés autres que l'interdit ou le failli, et que les droits de celui-ci seront réglés par le dernier inventaire qui aura précédé la dissolution de la société à son égard; comme dans les cas précédents et par les mêmes motifs, cette clause devrait être publiée pour que la continuation de la société soit valable à l'égard des tiers; si la publication n'a pas eu lieu à l'origine, il y aura alors société nouvelle et la constitution comme la publicité à donner à cette société seront soumises au droit commun.

Quant au mot déconfiture, il est bien évident que ce-

(1) Req., 22 mars 1843.

lui de faillite doit lui être substitué lorsqu'il s'agit de société entre commerçants et que la faillite d'un des associés en nom collectif entraîne la dissolution de la société, comme la déconfiture d'un des membres non commerçants d'une société civile entraînerait la dissolution de cette société. Le concordat consenti par les créanciers du failli à celui-ci serait impuissant à faire revivre la société : « Attendu, dit un jugement confirmé par adoption de motifs par la Cour de Paris le 5 janvier 1853, que dans le cas de faillite la dissolution a lieu de plein droit indépendamment de la volonté des parties et de l'appréciation des juges. D'où il résulte que le concordat accordé à l'associé failli ne saurait faire revivre une société dissoute par le fait réel de la faillite ;... etc. » (1).

La loi a supposé la faillite de l'un des associés et a décidé que cette faillite entraînait la dissolution de la société elle-même qui tombe en faillite, que faudra-t-il décider? La société déclarée en faillite est-elle par cela même dissoute? MM. Pardessus et Troplong se prononcent énergiquement pour l'affirmative. « Dans de telles situations, dit le premier de ces auteurs, et surtout si l'on considère que l'état de faillite dessaisit le failli de l'administration de ses biens, il est impossible de concevoir comment la société ne serait pas dissoute. Il y a nécessité forcée d'en faire la liquidation, c'est-à-dire de régler tout ce qui est dû en s'assurant de la légitimité de chaque créance et de réaliser l'actif pour parvenir à payer les créanciers » (2). M. Troplong, de

(1) Teul. et Camb., 1853, n° 500.
(2) Op. cit., n° 1060, 2.

son côté, estime que l'opinion contraire pousse jusqu'à l'excès la comparaison d'une société et d'un individu. « Comment ne voit-on pas, s'écrie-t-il, que la faillite est une des causes les plus profondes de dissolution d'une société? D'abord la société est arrêtée dans sa marche. L'apposition des scellés la condamne à l'inaction; elle qui s'était instituée dans le but de se procurer des bénéfices, elle ne peut agir; son mouvement est paralysé. » D'ailleurs, ajoute-t-il, la faillite n'est-elle pas l'absorption de l'actif de la société par son passif? Dès lors il y aura perte de la chose, extinction du capital ; on retombe ainsi sous le coup du § 2 de notre article et la société est de toute façon dissoute. Ni l'un ni l'autre de ces jurisconsultes n'admettent qu'il en puisse être autrement dans le cas où la société faillie obtient son concordat. Je crois néanmoins que c'est par cette distinction que la question doit être résolue; suivant l'issue donnée par les créanciers à la faillite de la société celle-ci sera dissoute ou continuera d'exister. Si les créanciers ne veulent pas accorder de concordat aux associés et se forment en union, il est bien certain que tout l'actif, réalisé par les soins du syndic, une fois distribué aux créanciers, il ne saurait y avoir de société, tout disparaît et par l'extinction complète de la chose qui faisait son objet la société est nécessairement dissoute. Mais, jusqu'au jour où le concordat sera refusé, la société continuera d'exister, de cette existence spéciale, il est vrai, dont vit le commerçant qui, par sa faillite, se trouve dépouillé du droit d'agir et placé sous la tutelle du syndic, mais il n'y a pas encore dissolution et c'est au nom de la société et non pas seulement comme ses liquidateurs (1) que les associés-gérants feront aux créanciers les propositions de concordat. Si la faillite se termine par l'union à l'égard de la société, un seul des associés obtenant, en vertu de l'art. 531, son concordat personnel, la solution restera la même. Mais, si la société obtient son concordat, quelle raison y a-t-il de la déclarer dissoute par le fait de la faillite, de telle sorte que, comme le dit M. Pardessus, il faille une société nouvelle, pour que les associés restent liés : « La faillite, ajoute-t-il, a été pour eux une sorte de naufrage, après lequel ils ne continueraient une collaboration sociale qu'autant qu'ils le voudraient » ; il n'y a pas lieu, ce semble, de demander qu'il se forme en ce cas une société nouvelle ; la société remise après le concordat à la tête de ses affaires subsistera en ayant à exécuter les engagements pris vis-à-vis des créanciers. Que sera-ce, en effet, que le concordat sinon la convention au moyen de laquelle les créanciers autoriseront la société à conserver son actif, qu'ils pourraient, en se mettant en union, se faire répartir immédiatement, moyennant l'obligation prise par la société et par les associés de payer en un certain temps une certaine part du passif, le surplus étant abandonné. Mais, pour que cette convention s'exécute, il faudra bien que la société continue d'agir, et si c'était seulement en qualité de liquidateurs que les associés agissaient après le concordat, ils ne pourraient évidemment pas remplir leurs engagements.

Ainsi, le concordat aura précisément pour résultat de placer la société dans une situation toute différente de celle dans laquelle nos adversaires la voyant, décla-

(1) Troplong, op. cit., n° 937.

rent la dissolution nécessaire et effectuée tout naturellement. Il n'y a pas liquidation ni réalisation immédiate de l'actif, il n'y a pas davantage extinction de la chose comme au cas d'union, puisque les créanciers, en attermoyant et en réduisant leurs créances consentent en outre à remettre aux associés leur actif dont la faillite les avait, pour un temps, dessaisis. Les motifs sur lesquels on se fonde pour déclarer la société dissoute se trouvent ainsi écartés dans notre hypothèse. M. Troplong, d'ailleurs, accorde bien que « si les créanciers consentent à concorder, la société n'aura éprouvé, par le fait, qu'une suspension et le consentement de tous les intéressés l'aura réintégrée dans ses conditions d'existence. » Dès lors, quelle nécessité de déclarer la société dissoute ? De cette dissolution, il suivrait l'obligation de renouveler après le concordat les conventions sociales, comme le dit expressément M. Pardessus, de procéder à de nouvelles publications. S'il y a réellement eu dissolution il n'est pas exact de dire que : « la réintégration sera le résultat du consentement de tous les intéressés qui, par sa puissance, peut relever la société de sa chute » ; si, au contraire, il n'y a pas eu dissolution, ce consentement, cette volonté « de continuer la collaboration sociale » résultent naturellement du fait pour les associés d'avoir demandé non leur concordat personnel, mais le concordat de la société.

Si, toutefois, le concordat obtenu par les associés était le concordat par abandon d'actif, il faudrait décider qu'une fois l'actif réalisé et distribué la société sera dissoute ; il y aura là, en effet, extinction de la chose, et désormais la société serait sans objet.

V.

Par la volonté qu'un seul ou plusieurs expriment de
n'être plus en société. Mais c'est seulement si la société
a été contractée sans qu'un terme soit donné à sa durée,
que chacun des associés a le droit de dénoncer le traité
et de demander la dissolution; l'associé qui veut profiter
de cette faculté doit notifier sa renonciation à tous ses
coassociés, il doit encore agir de bonne foi et ne pas
opérer sa retraite à contre-temps (art. 1869, Cod. civ.);
l'article suivant précise la portée de ces termes : la renonciation n'est pas faite de bonne foi lorsque l'associé
renonce, pour s'approprier à lui seul le profit que les
associés s'étaient proposé de retirer en commun. Elle
est faite à contre-temps, lorsque les choses ne sont plus
entières et qu'il importe à la société que la dissolution
soit différée. Ces dispositions du Code civil sont certainement applicables à la société en nom collectif qui
serait contractée sans durée limitée; dans une société
de personnes, en effet, les associés n'ont pas pour
sortir de l'association le moyen qui s'offre aux membres d'une société de choses, d'une société par actions ;
celui de céder leur action; ce motif, et par conséquent
la conclusion qu'on en tire, n'existerait plus si dans la
société de personnes il avait été convenu que l'intérêt
des associés serait transmissible (1).

Ceci acquis, il est intéressant pour nous de résoudre
deux questions qui sont controversées. La société contractée pour toute la durée de la vie des associés est-elle

(1) Cass., 6 décembre 1843, Dev. Car. 44, 1, 22.

une société à durée illimitée à laquelle, par suite, s'appliquera l'art. 1869, Code civ.? L'affirmative soutenue par M. Troplong (1), et généralement admise, est combattue par M. Bravard, par des raisons qui me paraissent propres à faire adopter son opinion. Quand ils ont fait cette convention, les associés ont, en réalité, fixé un terme à leur société, ce n'est pas là le cas de l'art. 1844 ; cet article ne vise que l'hypothèse dans laquelle il n'y a pas eu de convention sur la durée de la société ; alors la société est censée contractée pour la vie des associés qui conservent la faculté d'invoquer le bénéfice de l'art. 1869 ; mais on ne peut pas dire qu'il n'y a pas de convention sur la durée de la société quand les parties ont expressément déclaré que cette durée serait celle de leur propre vie.

Les associés peuvent-ils, par une clause insérée dans le pacte social, renoncer à se prévaloir de l'art. 1869 ? La négative est enseignée par la majorité des auteurs. La loi, dit-on, a voulu empêcher que la vie entière d'un homme se consumât dans l'accomplissement de conventions qui, sans compensations suffisantes, le condamneraient à de stériles occupations ; d'ailleurs, l'esprit général du droit est de rejeter toute renonciation anticipée aux facultés dont l'exercice appartient à l'avenir, c'est ainsi qu'on ne peut renoncer à la prescription qui n'est pas acquise, qu'on ne peut s'interdire la faculté de demander un partage en cas d'indivision. Peut-on paralyser l'effet bienfaisant de la loi par une clause qui, bientôt, deviendrait de style (2) ? La solution de cette question dépend nécessairement de celle qu'on aura

(1) Op. cit. II, 967. Brav., op. cit., p. 260 et suiv.
(2) Delangle, op. cit., II, 667 et suiv. Troplong, op. cit., 671.

donnée à la précédente ; car, en s'interdisant d'user du bénéfice de l'art. 1869, les associés n'auront fait que donner à la société la durée de leur vie tout entière. Or, dans ce cas, nous avons décidé que l'art. 1869 n'était pas applicable, la durée de la société se trouvant limitée par la convention. En outre, la disposition de l'art. 1869 n'est pas considérée par la loi, comme celle de l'art. 1780 ou de l'art 815, comme étant d'ordre public, et cet art. 1869 ne déclarant pas formellement que les parties ne pourront s'interdire d'user de la faculté qu'il leur accorde, il n'y a pas de bonne raison pour ne pas appliquer le principe supérieur de la liberté des conventions ; on est d'autant plus fondé à arguer du silence de l'art. 1869 que Pothier, auquel les rédacteurs du Code ont emprunté toutes les dispositions de cet article et jusqu'aux termes dont il se sert, exprime positivement cette restriction : « à moins, dit-il, qu'il n'y eut quelque convention par le contrat de société qui s'opposât à la renonciation » (1).

VI.

Les associés qui ont fixé une durée limitée à leurs sociétés, ou, en admettant le système que j'ai proposé dans les deux hypothèses précédentes, ceux qui ont donné pour durée à leur association la durée même de leur vie, ne sont cependant pas invinciblement attachés les uns aux autres. L'art. 1871 prévoit plusieurs cas dans lesquels la dissolution d'une société à terme pourra être demandée par l'un des associés avant le terme convenu,

(1) Op. cit., n° 151.

L'inexécution des engagements, ou d'autres justes motifs, tels que l'infirmité habituelle qui rend l'associé inhabile aux affaires de la société, ou autres cas semblables, dont la légitimité et la gravité sont laissées à l'arbitrage des juges.

La première hypothèse contenue dans l'article 1871, l'inexécution des engagements, n'est qu'une application du principe général qui régit les contrats synallagmatiques : la condition résolutoire est sous-entendue pour le cas où l'une des parties ne satisfait pas à ses engagements. L'alternative indiquée par l'art. 1184 existera au profit des autres associés : le contrat ne sera pas résolu de plein droit ; « la partie envers laquelle l'engagement n'a point été exécuté a le choix ou de forcer l'autre à l'exécution de la convention lors qu'elle est possible ou d'en demander la résolution avec dommages-intérêts. » Il n'était donc pas bien nécessaire d'indiquer dans l'art. 1871 cette cause de résolution ; d'autant moins que cette cause de dissolution ne saurait être invoquée par les mêmes personnes qui pourraient arguer de l'autre juste motif que notre article donne comme exemple. Il est, en effet, évident que l'associé qui a manqué à son engagement ne pourrait se prévaloir de sa propre faute ; la dissolution pourra être demandée contre lui et non par lui ; tandis que l'associé que son infirmité rendrait inhabile aux affaires serait recevable à invoquer lui-même la cause de résolution qui résulte de cette infirmité, à moins peut-être que celle-ci ne résulte directement de sa faute. Une hypothèse pourrait se présenter, dans laquelle les associés n'auraient pas vis-à-vis de leur coassocié le choix entre les deux actions qui protègent l'exécution des contrats synallagmatiques ; ce serait celle, qui se rencontrera fréquemment dans le genre de sociétés que nous étudions, où l'un des associés aura promis son concours actif à la société ; l'obligation de travail est une obligation de faire, dont l'inexécution aux termes de l'art. 1142 se résout en dommages-intérêts ; on ne pourra forcer l'associé en faute à exécuter son engagement, on ne pourra que demander la dissolution de la société et des dommages-intérêts. Mais l'associé en faute pourrait-il lui-même, en ce cas, demander la dissolution de la société ? Un arrêt de la Cour de Lyon, longuement motivé, l'a décidé ; la théorie qu'il expose n'a été acceptée par personne et ne pouvait pas l'être, car elle viole en même temps l'art. 1871 et l'art. 1142, qu'elle prétend appliquer à l'exclusion du premier. Dès l'instant où l'associé pourrait, en cessant d'agir comme il le doit, se donner le droit de faire dissoudre la société, la disposition de l'art. 1871 n'est plus observée, aussi l'arrêt dit-il que cet article ne peut s'appliquer aux sociétés en nom collectif où la principale obligation est une obligation de faire ; mais l'art. 1142 que la Cour de Lyon invoque ne saurait donner le droit à l'obligé de demander lui-même que son obligation se résolve en dommages-intérêts, ce droit n'appartient qu'au créancier. Si l'associé en faute quant à l'obligation de travail, a du moins réalisé son apport en argent, et dans notre société l'apport comprendra le plus souvent ce double élément, son associé peut, suivant son intérêt, laisser les choses en état ou demander la dissolution et des dommages-intérêts. Celui qui manque à son obligation de travail ne peut s'en prendre qu'à lui-même si en fait il se trouve écarté de la gérance, mais il ne peut évidemment arguer du fait qui lui est imputable pour résoudre son engagement vis-à-vis de son associé, pas plus que le débiteur d'une obligation de faire ne serait autorisé à la résoudre en payant des dommages-intérêts à son créancier sans que ce soit celui-ci qui poursuive l'application de l'art. 1142.

L'article 1871 indique, comme un juste motif de dissolution, la survenance dans la personne de l'un des associés d'une infirmité habituelle qui le rende inhabile aux affaires de la société. Cette cause ne saurait amener la dissolution lorsque l'associé devenu infirme n'est ni un administrateur de la société, ni obligé à lui fournir son travail personnel et son industrie. Les associés pourraient d'ailleurs prévoir, encore ici, dans leur pacte social, le cas où l'un des leurs viendrait à être ainsi atteint d'une infirmité et convenir que la société sera dissoute seulement en ce qui concerne cet associé, dont les droits seraient réglés comme en cas de décès, tandis qu'elle continuera entre les autres.

Mais les causes indiquées par l'article 1871 ne sont, bien entendu, citées par lui que *ad exemplum*, et, comme l'article le dit lui-même, dans d'autres cas encore, on pourra faire dissoudre la société, l'appréciation de la légitimité et de la gravité de ces cas est abandonnée à la prudence du juge.

En conséquence, la dissolution pourra être demandée et prononcée lorsque, par exemple, l'un des associés, sans manquer positivement aux engagements pris dans l'acte de société, aura néanmoins compromis ses associés par ses agissements, soit en disposant, pour son propre compte, de la signature sociale, soit en faisant sur le fonds social des prélèvements excessifs et dont il ne peut rétablir l'équivalent; elle le pourra surtout lorsque la mésintelligence flagrante survenue entre les associés rend l'objet de la société impossible, et compromet son avenir et son crédit; c'est là aujourd'hui un point de jurisprudence constant (1).

Lorsque, comme dans les cas précédents, la dissolution résulte d'un jugement, ce jugement doit-il être publié pour que la dissolution soit opposable aux tiers. La Cour de Bordeaux appliquant, sans doute par analogie, l'opinion qui juge inutile la publication de la dissolution, lorsque celle-ci est le résultat d'un fait qui ne dépend pas de la volonté des associés, a décidé : « que la publication exigée par la loi cesse d'être une garantie nécessaire lorsque la dissolution est prononcée non d'après une convention formée par la seule volonté des parties et qui reste occulte, mais en exécution d'un jugement; ce jugement porte avec lui sa publicité; il ne dépendait pas des associés d'en cacher l'existence, comme il dépend d'eux de tenir secret l'acte émané d'eux seuls et auquel eux seuls ont concouru » (2). Ce système ne me paraît pas devoir être suivi; sans doute, en présence des termes de l'article 46 (61, loi de 1867), j'ai adopté l'opinion analogue pour le cas de décès ou d'interdiction, mais en faisant observer qu'il serait meilleur que la loi permît de décider autrement; la publicité légale, en effet, lorsque la loi en a organisé une, est le seul moyen par lequel les tiers sont réputés instruits; obliger la publication du jugement n'est pas contraire aux termes de l'article 46, car le jugement résulte nécessairement d'un acte volontaire de l'un des

(1) Notam. Paris, 29 août 1870.
(2) 3 mars 1856, Teul. et Camb. V, 366.

associés. En fait, il est d'usage constant, aujourd'hui, que le jugement qui prononce la dissolution prescrive sa propre publication (1).

La dissolution de la société, régulièrement faite, a pour effet de mettre fin aux conventions du pacte social sur l'administration et la gérance de la société, elle entraîne la révocation du mandat que les associés en nom collectif sont censés s'être donné; dès lors nul engagement ne peut être valablement pris en son nom par ceux-là mêmes qui, au cours de son existence, avaient le droit de l'obliger; sa conséquence est la liquidation et le partage que nous allons étudier maintenant; nous verrons là que, à l'égard des tiers et, d'un certain point de vue, à l'égard des associés eux-mêmes, la personnalité de la société survit un temps à sa dissolution.

CHAPITRE VI.

LIQUIDATION ET PARTAGE.

I.

Après la dissolution de la société, les associés pourraient se partager immédiatement les forces et les charges de la communauté indivise entre eux, prendre chacun sa part des marchandises, des créances et des dettes. Dans la société en nom collectif, où les associés sont peu nombreux, un tel partage serait facile; il ne laisserait pas d'avoir, pour les associés de ce genre, de graves inconvénients; outre les contestations qui pour-

(1) Com. Paris, 11 fév. 1857. Teul. et Camb., 6, 28, 1946.

raient s'élever par suite du plus ou moins de valeur réelle des créances partagées, les associés étant solidaires pour les dettes de la société, un grand danger les menacerait : l'un d'eux pourrait ne pas payer les dettes mises à sa charge et en compensation desquelles une certaine part d'actif lui a été attribuée, et tous les autres se trouveraient exposés à l'action solidaire des créanciers. Aussi, le plus souvent, le partage est-il précédé par la liquidation, à moins que les associés ne soient à l'avance convenu de céder à forfait tout l'actif social à l'un d'entre eux, à charge par lui de rembourser à chacun des associés le montant de ses droits déterminés par un inventaire établi sur des bases déterminées, et de se charger de tout le passif social; ce dernier mode, qui est, au vrai, une liquidation à forfait, comporte bien le danger qui vient d'être signalé, mais il a l'avantage pour les associés cédants de ne pas exposer l'actif à une diminution sensible par suite d'une réalisation trop prompte ou intempestive, et l'associé acquéreur peut aussi avoir grand intérêt à conserver dans sa main, sans qu'ils soient dispersés par suite de la liquidation et du partage, tous les éléments de l'affaire que la société a eu pour objet d'exploiter.

La liquidation a pour but de réaliser l'actif net; pour y arriver, il faut éteindre le passif et, pour cela, recouvrer les créances, vendre tout ou partie des marchandises et autres valeurs sociales; on partagera ensuite, s'il y a lieu, entre les associés, l'excédant de l'actif sur le passif.

Tous les associés pourraient être liquidateurs comme tous peuvent être gérants; la convention indiquerait s'ils exerceront leurs pouvoirs ensemble ou séparément.

L'acte constitutif pourra aussi désigner un des associés pour être seul liquidateur, cette nomination peut
également résulter d'un acte postérieur ; de celui, par
exemple, qui consacre la dissolution, mais il y aura
bien des avantages à ce que la nomination résulte du
pacte social lui-même, l'entente sera plus facile à ce
moment, et si la dissolution de la société arrive de plein
droit sans qu'il y ait lieu de faire un acte de dissolution, par l'échéance du terme, il n'y aura pas entre
l'expiration des pouvoirs du gérant et la naissance de
ceux du liquidateur, un intervalle qui pourrait être
nuisible au résultat définitif, ou dangereux pour les
associés.

Si l'acte est muet sur la nomination d'un liquidateur,
ou si celui qui a été désigné est mort ou refuse de remplir son mandat, qui pourra désigner un liquidateur ?
Les associés, s'ils s'entendent ; mais si cette entente n'est
pas unanime, est-ce là une question sur laquelle la majorité peut faire la loi à la minorité ? La négative est
généralement adoptée. C'est là, dit-on, un contrat nouveau qui exige le consentement de toutes les parties ;
mais le droit de liquider restera-t-il alors à tous les associés qui tous y prétendent également ; la liquidation
faite dans ces conditions, par des associés entre lesquels
l'accord n'existe plus, serait impossible ; aussi, décide-
t-on, dans cette opinion, que la nomination sera, dans
ce cas, faite d'office par le tribunal. M. Bravard ensei-
gne, il est vrai, le système contraire ; il estime que l'in-
gérance de la justice en pareille matière est une violation
du principe d'après lequel on ne peut faire intervenir
le pouvoir du juge dans un contrat, comme suppléant
à la volonté d'un des contractants ; il pense donc qu'en

l'absence d'unanimité, la nomination du liquidateur sera valablement faite par la majorité des associés. Le premier système est quotidiennement appliqué par la jurisprudence.

Le liquidateur, soit qu'il ait été choisi par les associés, soit qu'il doive être désigné d'office par le tribunal, peut être l'un des associés ou un étranger, et s'il y a contestation entre les associés, à ce sujet, le juge agira prudemment en désignant un étranger.

Le liquidateur, une fois désigné, peut-il être révoqué ? C'est là une question analogue à celle de savoir si le gérant peut être révoqué ; elle se résoudra à peu près par les mêmes distinctions. Si le liquidateur est un des associés, désigné pour ces fonctions par l'acte de société, il ne peut être révoqué ; la volonté de toutes les parties étant nécessaire pour modifier une condition du contrat ; s'il y a indignité, la révocation sera prononcée en justice ; si, au contraire, le liquidateur a été désigné par acte postérieur, il y a là un véritable mandat qui peut être révoqué par ceux qui l'ont conféré ; si, enfin, le liquidateur a été nommé par la justice, sa révocation ne dépendra jamais de la volonté des associés.

Le liquidateur devra, si la dissolution n'a pas été précédée d'un inventaire régulier, procéder à cet inventaire ; il devra aussi, quand bien même sa nomination n'aurait pas été accompagnée de conventions spéciales sur ce point, tenir les associés au courant des résultats de la liquidation, leur laisser prendre communication des livres et des pièces, pourvu que la marche de liquidation ne se trouve pas ainsi entravée, enfin rendre compte de ses opérations au cours de la liquidation et lorsqu'elle est achevée.

Naquet.   **20**

Aucune loi n'a tracé les limites des attributions et des pouvoirs du liquidateur, aussi certaines questions intéressantes se sont-elles soulevées ; quelques-unes d'entre elles divisent la doctrine et la jurisprudence.

Le liquidateur se distingue essentiellement du gérant en ce qu'il n'a pas comme lui le droit d'obliger à nouveau la société ; mais, ce n'est pas simplement un mandataire capable seulement des actes d'administration ; le renfermer dans les bornes étroites de l'administration serait tout à fait en contradiction avec la mission dont il est chargé : « Le liquidateur ne peut plus faire activement le commerce, mais il peut et doit prendre toutes les mesures indispensables pour amener à bonne fin la liquidation. »

Ainsi le liquidateur aura, dans une certaine mesure au moins, le droit d'aliéner, mais il ne pourra pas contracter d'engagement nouveau pour la société, sauf dans des cas exceptionnels et seulement pour les besoins directs de la liquidation ; pourra-t-il transiger et compromettre ? Nous supposons, bien entendu, que ses pouvoirs n'ont pas été définis par l'acte qui l'a nommé. La question a été controversée. Quelques auteurs, notamment M. Pardessus, adoptent l'affirmative : « Il semblerait juste, dit-il, que les arrangements quels qu'ils soient, intervenus entre le liquidateur et les tiers, sur des matières qui étaient l'objet de la liquidation, obligeassent les intéressés, dès qu'ils n'excéderaient pas les pouvoirs que des gérants auraient eus à cet égard pendant que la société subsistait. » Ce dernier argument ne semble pas devoir être invoqué, car il est inexact d'assimiler le liquidateur au gérant, mais, sous le bénéfice de cette observation, je pense que du moins le droit de transiger doit être reconnu au liquidateur. Cette opinion a contre elle la majorité des auteurs et la jurisprudence déjà ancienne de la Cour de cassation : «Attendu, dit l'arrêt du 15 janvier 1812, que le liqui-- dateur d'une société dissoute ne peut être considéré et n'est en effet que le simple mandataire des anciens membres de cette société, que sa qualité préexistante d'associé gérant et les pouvoirs, quels qu'ils pussent être, qui étaient attachés à cette qualité, n'ont pu avoir et n'ont eu que la durée de l'acte social duquel ils déri- vaient; qu'ils ont nécessairement cessé avec la société et que le nouvel acte qui a conféré au même individu la qualité de liquidateur ne lui a conféré qu'un nouveau mandat et un mandat ordinaire..., etc. » Le motif in- voqué par l'arrêt cassé « que le liquidateur ayant com- mencé par être gérant, ses pouvoirs reçoivent de cette circonstance un accroissement marqué », n'est pas, je l'ai dit, celui qui doit décider la question ; mais, si l'on considère, comme le font nos adversaires eux-mêmes (1), le mandat du liquidateur comme assez étendu pour qu'il puisse aliéner, « cette faculté n'étant dans cette circonstance qu'une conséquence de la nature de l'opé- ration, » on ne voit pas pourquoi on n'en dirait pas autant du droit de transiger; ce que les associés ont voulu, c'est que le liquidateur fasse rentrer les créances au mieux de l'intérêt commun ; dans une foule de cir- constances, cet intérêt sera attaché à ce qu'une transac- tion soit préférée à une poursuite qui entraînerait la faillite du débiteur, et, d'une créance douteuse, ferait une créance irrécouvrable ; il faut donc voir encore dans

(1) Bédarride, op. cit., 488.

cette faculté, une « conséquence de la nature de l'opération. »

Le liquidateur ne pouvant engager la société, n'a
pas le droit de souscrire des effets en son nom, mais ne
peut-il pas au nom de la société en liquidation mettre
en circulation des acceptations des débiteurs de cette
société, ou des effets souscrits par eux ? L'intérêt de la
question réside dans le résultat que peut avoir cette
opération : si la traite ou le billet restent impayés, si
les fonds procurés par leur négociation ont reçu leur
emploi, les associés auront à rembourser au tiers-porteur le montant des effets endossés comme s'ils avaient
été directement souscrits par eux. On a contesté ce
droit au liquidateur. Le liquidateur, a-t-on dit, n'a pas
le droit d'emprunter ; or, c'est augmenter le passif, ou
tout au moins le déplacer, que de mettre en circulation
des valeurs dont l'endos rend les associés responsables ;
mais cela n'est pas exact ; la négociation d'une valeur
n'est pas un emprunt, c'est la réalisation anticipée de
cette valeur, le passif n'est pas augmenté, car si la traite
fait retour et que la liquidation soit obligée de la rembourser, c'est que le débiteur était mauvais et par conséquent que la créance qui figurait à l'actif ne représentait rien en réalité, le rapport entre l'actif et le
passif ne varie donc pas ; d'un autre côté, dans l'intérêt
de l'opération dont il est chargé, le liquidateur a le devoir de recouvrer les valeurs pour payer les dettes ; si
l'échéance de celles-ci est plus rapprochée que l'échéance
de celles-là, il n'a qu'un moyen de trouver de l'argent
sans emprunter, c'est de négocier les valeurs, s'il doit
recourir aux associés, les dettes dans l'intervalle pourront devenir exigibles et les poursuites être entamées

au grand préjudice de tous. La jurisprudence est aujourd'hui fixée en ce sens et les motifs donnés par la
Cour de Rouen à l'appui de son arrêt, indiquent bien
quelle est la véritable nature de l'opération à laquelle
s'est livrée le liquidateur en faisant une négociation ;
on ne pourrait comprendre, dit l'arrêt, en terminant,
comment un liquidateur pressé de solder une dette due
par l'ancienne société pourrait, afin d'éviter en même
temps des poursuites onéreuses et pour qu'aucune
atteinte ne fût portée au crédit de la raison sociale, se
servir pour éteindre la dette des fonds provenant du prix
des marchandises ou des sommes qu'il aurait touchées
directement des débiteurs et ne pourrait pas, dans les
mêmes circonstances, faire usage du papier qu'il aurait en portefeuille ; sans doute le résultat pour les
anciens associés pourrait n'être pas le même dans les
deux cas, s'ils avaient affaire à un mandataire infidèle
ou insolvable, mais les tiers qui ne sont pas chargés de
surveiller les opérations du liquidateur ne peuvent supporter les conséquences du choix de ce mandataire, auquel ils n'ont pas participé.

Pour trouver une règle qui permette d'établir sûre-
ment les droits des tiers et des associés eux-mêmes,
vis-à-vis de la liquidation et les attributions du liquidateur, il faut poser ce principe qui domine toute la
matière : pour les besoins de la liquidation la personnalité distincte de la société survit à la dissolution. Si
donc il est vrai que la société n'existe plus activement,
en ce sens qu'elle ne peut plus traiter ni s'obliger pour
l'avenir, si elle est « morte à toute idée de spéculation
nouvelle, » elle conserve néanmoins sa vie propre pour

procéder elle-même, par l'intermédiaire du liquidateur, à sa liquidation.

Les conséquences de ce principe sont considérables.

Le fonds social était le gage des créanciers sociaux, à l'exclusion des créanciers personnels de chaque associé; tant que dure la liquidation, les créanciers sociaux conservent le droit exclusif de se faire payer sur le fonds social, de préférence aux créanciers personnels des associés.

Le liquidateur représente la société dissoute; c'est lui qui aura seul qualité pour poursuivre en son nom ses débiteurs, c'est lui seul que les tiers auront à actionner pour faire valoir leurs droits contre la société. Il suit de là, que l'un des associés, non liquidateur, ne pourrait aller réclamer à un débiteur de la société la quote-part pouvant lui revenir dans cette créance, ni à plus forte raison exciper de son ancienne qualité de gérant pour poursuivre le recouvrement de la créance entière (Cass. 19 nov. 1849). Une autre conséquence, c'est que le créancier de la société n'a pas à assigner chacun des associés, il assigne la société en liquidation représentée par le liquidateur; le créancier qui fera contre le liquidateur un acte interruptif de prescription conservera son droit non-seulement contre l'actif social, mais encore à l'égard de tous les associés (1).

Le droit de chaque associé dans l'actif de la société en liquidation reste, à l'égard de cette liquidation, mobilier, comme il l'était pendant la durée même de la

(1) Contrà Bravard, op. cit., p. 294; cf. la note de M. Demangeat; Bédarride, op. cit., nos 684 et 686. V. ci-après, p. 343.

société. Si la société était propriétaire d'un immeuble, la dissolution ne fait pas que cet immeuble doive être considéré comme indivis entre les associés, et, par conséquent, qu'il puisse être affecté à une hypothèque légale du chef de l'un d'eux. Un arrêt de la Cour de cassation (1) qui, comme le précédent, affirme en principe que la fiction, grâce à laquelle la société est animée d'une vie distincte pendant sa durée, se prolonge pendant la liquidation et pour les besoins de la liquidation, a décidé la question, précisément au sujet de l'hypothèque légale de la femme de l'un des associés : « Attendu que l'hypothèque légale de la dame H... n'aurait pu grever l'immeuble dont il s'agit, qu'autant qu'il aurait été au moins pour partie la propriété de son mari ; attendu que cet immeuble dont il avait été fait apport par son fondateur à la société dont H... faisait partie, était encore une propriété sociale au moment où il a été vendu par le liquidateur de ladite société ; qu'à la vérité la société était dissoute antérieurement à cette vente, mais que ce fait de la dissolution de la société ne modifiait pas le caractère des propriétés qui lui appartenaient; qu'elles restaient encore des propriétés sociales, dont le liquidateur était autorisé à effectuer la vente pour les besoins de la liquidation. » Ainsi, par l'effet de la liquidation, la société cesse d'exister pour l'avenir et pour les opérations en vue desquelles elle avait été constituée; elle ne peut plus vendre, acheter, faire le commerce ; mais elle continue néanmoins d'exister pour se liquider, elle conserve, à ce point de vue, tous ses droits et tous ses biens. Tant que dure la liquidation, le bien social, et cela

(1) 29 mai 1865, req. Dall. 65, 1, 382.

est surtout intéressant pour un immeuble, ne cesse pas d'être la propriété de la société ; aucun des associés n'acquiert un droit de copropriété indivise sur ce bien ; à l'égard de la liquidation, son droit reste ce qu'il était au cours de la société. Il suit de là que le liquidateur qui aliène un immeuble, propriété de la société, n'a pas à remplir les formalités spéciales prescrites pour l'aliénation des immeubles appartenant aux mineurs, quand même il y en aurait parmi les associés ou leurs représentants, ceux-ci n'ont pas un droit de copropriété, mais simplement un droit mobilier que la dissolution ne fait pas changer de nature ; le même arrêt considère ce point comme acquis : « Qu'il suivrait de là, dit-il en combattant cette idée, que la société fait place à une communauté, et les associés à des communistes ; que l'actif social, devenu la propriété indivise des anciens associés, ne pourrait être réalisé qu'avec leur concours et suivant les formes de procédure que pourrait rendre nécessaire l'état de quelques-uns des intéressés, parmi lesquels il se trouverait souvent des mineurs ; — Attendu qu'il est, au contraire, de jurisprudence certaine que les liquidateurs disposent librement des biens de la société, alors même qu'il y a des mineurs au nombre des associés. » Il n'en peut être évidemment ainsi, que parce qu'il est reconnu que la société, quoique dissoute, subsiste encore, tant que dure la liquidation et que les biens composant son actif continuent d'être des propriétés sociales, sans qu'ils puissent être grevés d'aucun droit particulier du chef des associés personnellement.

C'est encore par suite de la prolongation de la fiction qui fait de la société une personne morale que la société

en liquidation peut être mise en faillite : « Considérant
en droit, dit un arrêt de la Cour de Paris du 23 août
1864 (1), qu'une société peut être mise en état de faillite,
même après sa dissolution, s'il est établi qu'elle n'a pas
satisfait à ses engagements.»

II.

Le passif une fois éteint, il y a lieu de partager l'actif net entre les associés, proportionnellement à leurs
droits.

L'art. 1872 du Code civil a assimilé le partage entre
associés, au partage des successions; mais, s'il y a analogie entre les rapports des cohéritiers et ceux des associés, il n'y a cependant pas identité, et certaines des dispositions de la loi relative au partage entre cohéritiers
ne trouveront pas leur application lorsque le partage
aura lieu entre coassociés.

Lorsque la société est dissoute, les associés peuvent
se prévaloir de l'art. 815 pour demander le partage;
mais la disposition de cet article, d'après laquelle la convention de suspendre le partage pendant plus de cinq
ans n'est pas obligatoire au delà de ce terme, s'applique-
t-elle aux associés ; ceux-ci pourraient-ils convenir que
la liquidation se prolongera au-delà du délai indiqué
par la loi? M. Bedarride semble le penser: la durée
même d'une liquidation commerciale ne saurait, dit-il,
reconnaître des limites certaines, elle dépend exclusivement des circonstances. Mais il n'y a pas de motif de se
refuser à appliquer ici la prescription de l'art. 815 ; la
convention des associés par laquelle ils s'entendraient

(1) Teul. et Camb., t. XIV, n° 5026.

pour rester dans l'indivision pour plus de cinq ans, ne serait pas obligatoire passé ce délai.

L'art. 841 donne aux héritiers la faculté d'écarter du partage de la succession le cessionnaire des droits de leur cohéritier en lui remboursant le prix de la cession. La question de savoir si l'on doit appliquer cet article aux sociétés a été controversée. La question ne saurait faire de doute dans une société de choses, au cours de laquelle l'associé aurait pu céder son action ; mais quand il s'agit d'une société en nom collectif, les raisons qui ont fait établir la disposition de l'art. 841 ne se retrouvent-elles pas tout entières ? L'art. 841 n'a pas voulu seulement écarter un tiers indiscret des affaires de la famille, il a surtout cherché à ce que ce tiers, pour qui le partage est seulement une affaire, qui se préoccuperait uniquement du bénéfice, pût être évincé d'une opération déjà délicate par elle-même, et que son intervention malveillante pourrait rendre désastreuse aux autres intéressés. On a dit qu'à partir de la dissolution, les rapports personnels qui rattachaient les associés les uns aux autres et à la société, disparaissent pour faire place à des rapports matériels, purement pécuniaires, mais au nombre des opérations que les associés ont en vue, et pour l'achèvement desquelles ils établissent leurs rapports, ne doit-on pas placer le partage qui fera connaître le résultat définitif de l'association ? Malgré l'autorité des défenseurs de l'opinion adverse, je ne puis donc croire que, en ce qui concerne spécialement le partage des sociétés en nom collectif, on puisse refuser d'appliquer l'art. 841 (1).

(1) Duvergier, n° 474; Troplong, n° 1059. En ce sens, Pardessus, n° 1855.

Aux termes de l'art. 882 Code civil, les créanciers d'un copartageant, pour éviter que le partage ne soit fait en fraude de leurs droits, peuvent s'opposer à ce qu'il y soit procédé hors de leur présence, mais ils ne peuvent attaquer un partage consommé, s'il n'y a pas été procédé au mépris de leur opposition. On a contesté l'application de cet article aux partages de société; un arrêt de la Cour de cassation décide que les créanciers d'un associé sont recevables à attaquer le partage comme fait en fraude de leurs droits, alors même qu'ils n'y auraient pas formé opposition avant sa consommation; cette décision se fonde d'une part sur ce que l'ouverture d'une succession est un fait notoire, tandis que le partage de la société a pu être ignoré comme son existence même, et, d'autre part, sur ce que l'attaque du partage entre cohéritiers, aurait pour résultat de troubler la famille, alors que cette attaque ne peut avoir un résultat analogue à l'encontre des anciens associés. Il faut remarquer que cet arrêt a été rendu sur une espèce où il s'agissait d'une société civile; le premier argument n'a aucune valeur quand il s'agit d'une société commerciale dont ni l'existence ni la dissolution ne peuvent être ignorées des tiers; quant au second, le trouble apporté par la rescision du partage ne sera ni moindre ni moins funeste, lorsque ce partage aura été fait entre associés; si l'on dit qu'il n'y a rien «que de très-légitime et de très-juste à ce que les associés voient compromis entre leurs mains, des résultats que la fraude leur avait acquis,» il n'y a pas de raison pour que la même considération ne s'applique pas aussi bien à des cohéritiers.

La fiction contenue dans l'art. 883 (Code civ.) et au

moyen de laquelle chaque cohéritier est censé avoir succédé seul et immédiatement à tous les objets compris dans son lot, cette fiction, qui se traduit par les mots : le partage n'est pas translatif, il est déclaratif de propriété, régit les effets du partage entre associés aussi bien que ceux du partage d'une succession. L'associé dans le lot duquel est placé un objet, est réputé en avoir été propriétaire du jour ou l'indivision a commencé, du jour où a pris naissance son droit de copropriété indivise. Mais, de ce point de vue, quel sera le moment où on placera le commencement de l'indivision entre les associés? L'associé abandonnataire d'un effet de la société, d'un immeuble, par exemple, sera-t-il réputé en être propriétaire depuis le jour où cet immeuble est entré dans la société, ou seulement du jour de la dissolution de celle-ci? La solution de la question peut entraîner des conséquences considérables.

Plusieurs auteurs, MM. Troplong et Bédarride (1) notamment, ont adopté le système d'après lequel l'associé est réputé propriétaire du jour ou l'objet est entré dans la société. Dans leur opinion on ne peut considérer l'indivision comme ne commençant, entre les coassociés, que du jour de la dissolution : « Quelque grave, dit M. Troplong, quelque utile que soit la fiction qui fait de la société un être moral, elle ne saurait aller jusqu'à supprimer entièrement l'idée de copropriété et d'indivision, inséparable d'une société. Cette copropriété indivise reparaît surtout avec éclat à l'époque de la dissolution, non pas comme une chose nouvelle, mais comme un droit momentanément intercepté. C'est pourquoi l'effet rétroactif, ne trouvant plus la personne ci-

(1) Troplong, op. cit., n° 1063 et suiv.; Bédarride, op. cit, n° 511 et s.

vile, cause de cette interception, agit en toute liberté sur un passé qui dans la vérité des choses n'a pas cessé d'être un état d'indivision. » Ainsi, la société une fois dissoute, elle doit être considérée comme n'ayant jamais existé : il n'y aura eu qu'une indivision que le partage fera cesser à son tour. Et pour montrer l'intérêt de cette rétroactivité de l'effet du partage, on construit l'hypothèse suivante : Un associé donne hypothèque, avant la dissolution, sur un immeuble social ; cette hypothèque est inscrite par le créancier, également avant la dissolution. Plus tard, la dissolution et le partage ont lieu et l'immeuble hypothéqué tombe au lot de celui qui a consenti l'hypothèque. Est-ce que celle-ci ne sera pas valable? Si, répond-on, par la date de son inscription elle primera celle que le même associé peut avoir consenti le jour même du partage. Mais les droits consentis par la société vont-ils donc tomber? Non, car les dettes de la société sont celles de tous les associés personnellement, et dès lors leur actif est en entier le gage de ceux à qui elles sont dues.

Ce système serait parfaitement exact si les sociétés n'étaient pas des personnes morales dont le patrimoine est jusqu'à la dissolution absolument distinct de celui des associés ; il le serait à l'égard des sociétés civiles, si on admettait avec beaucoup d'auteurs que ces sociétés ne participent pas à la fiction de la loi et ne sont en réalité que des communautés. On comprend donc que Pothier, pour qui la personnalité distincte n'existait pas, ait écrit : « Si par le partage que nous faisons d'une communauté qui est composée d'héritages que nous avons mis chacun et d'autres que nous avons acquis pour le compte de la société, les héritages qui tombent dans mon lot sont ceux que j'y ai apportés par notre contrat de société, ils seront censé n'avoir jamais cessé de m'appartenir en entier. Le contrat de société que j'ai avec vous, par lequel je les ai mis en communauté ne vous y a donné qu'un droit conditionnel dépendant de l'événement du partage, pour le cas seulement auquel par le partage ils tomberaient dans votre lot; l'événement du partage ayant fait manquer la condition, vous êtes censé n'y avoir eu aucun droit et n'avoir pu, par conséquent, les hypothéquer à vos créanciers » (1). Mais, étant données des sociétés qui, comme celle que nous étudions, constituent indubitablement des personnes morales, ce système ne paraît pas pouvoir être adopté ; la société a été propriétaire tant qu'elle a existé ; faire remonter l'effet rétroactif du partage au jour même de sa constitution, ce serait nier l'effet le plus direct de la fiction que l'on adopte. La société dissoute est à l'égard des associés comme le défunt à l'égard de ses héritiers ; on ne peut pas plus faire remonter l'effet déclaratif du partage à une époque antérieure à la dissolution, qu'on ne peut, en matière de succession, le faire remonter à une époque antérieure au décès. L'associé est sans droit pour grever de son chef un immeuble appartenant à la société, la société au contraire peut avoir conféré un droit sur son immeuble ; supposons que les deux choses aient été faites, que, par exemple, dans une société se trouve un immeuble sur lequel un créancier personnel de l'un des associés, de Primus, après avoir poursuivi son débiteur, prend une inscription ; ensuite un créancier de la société poursuit en justice le paiement

(1) Pothier, op. cit., n° 179.

d'une dette sociale contractée envers lui, obtient condamnation et prend à son tour inscription ; la société est dissoute. Le partage a lieu et l'immeuble est mis dans le lot de Primus. Qu'en résulterait-il dans la théorie de nos adversaires ? Sans doute ils conviennent que les charges imposées par la société continuent de subsister après le partage, mais c'est, disent-ils, parce que chacun des associés ayant contribué pour sa part à les établir, nul d'entre eux n'est recevable à prétendre s'en affranchir ; ils préféreront donc le créancier de l'associé, premier en ordre d'inscription, au créancier de la société dont le droit n'a été acquis que postérieurement. Ce résultat est contradictoire à l'effet de la personnalité morale de la société vis-à-vis des tiers ; on ne saurait admettre que l'effet déclaratif du partage puisse porter atteinte au privilége qui appartient aux créanciers sociaux sur l'actif social (1).

CHAPITRE VII.

PRESCRIPTION.

Les droits des tiers envers la société et les associés ne se trouvent pas modifiés par la dissolution et la liquidation ; les effets de la solidarité restent les mêmes. Mais ici se pose de nouveau une question déjà examinée au début de notre étude : Le créancier devra-t-il s'adresser d'abord au liquidateur pour faire juger que l'actif de la société est insuffisant pour le payer ou tout au moins pour faire constater sa créance, ou bien pourra-t-il poursuivre di-

(1) Delangle, n° 707. Bravard, op. cit., p. 321. Note de M. Demangeat.

rectement l'un quelconque des associés, même non liquidateur? Nous avons vu la difficulté se produire déjà
lorsque, la nature de la solidarité qui existe entre coassociés étant à établir, nous nous demandions si le créancier de la société, durant son existence, pouvait, sans
s'adresser à la société même, poursuivre directement sur
un des associés le recouvrement de la dette sociale. Un
arrêt de la Cour d'Alger, confirmé par un arrêt de rejet
de la Cour de cassation décide : « il faut reconnaître que,
toutes les fois que des gérants ou des liquidateurs
existent, les associés ne peuvent être poursuivis indivi-
duellement, par suite d'engagements même solidaires,
contractés par la société, qu'après que l'être moral qui
constitue la société a été condamné dans la personne de
ses représentants légaux à exécuter l'obligation » (1).

La doctrine contraire, qui me paraît pouvoir seule être
suivie, dans notre cas, c'est-à-dire après dissolution,
comme au cours même de la société, résulte d'un arrêt de
la Cour de Toulouse, dont la première partie a déjà été
citée, mais dont les derniers motifs s'appliquent directement à notre espèce. « Que vainement, dit cet arrêt, pour
dénier à l'appelant le droit de réclamer de l'intimé directement le paiement de la somme à lui due, les premiers juges se sont fondés sur ce que la société dont
celui-ci faisait partie ayant été dissoute et son coassocié
en ayant été nommé le liquidateur, c'était contre celui-
ci que toutes les actions devaient être dirigées......
qu'on ne saurait concevoir qu'après la dissolution de la
société, les droits du créancier reçussent une modification aussi importante d'un fait, la dissolution, auquel
il est étranger ; ce qui aurait lieu cependant en admet-

(1) Alger. 8 avril 1856, Cass. civ. 14 août 1858, D. 59, 1, 232.

tant le système des premiers juges, puisqu'après cette
dissolution un seul individu, associé ou non, pourrait
être directement poursuivi pour obtenir le paiement
des engagements sociaux, tandis qu'on ne saurait méconnaître que pendant l'existence de la société et en
exécution de l'art. 22 du Code de commerce, le créancier n'ait le droit de poursuivre celui des associés qu'il
lui plaît, quoique non souscripteur de l'effet qui forme
son titre » (1).

La solution d'une autre difficulté me paraît également
dépendre de celle qu'on aura donnée à la question précédente. Si le créancier poursuit la liquidation de la
société dissoute, la prescription est-elle interrompue à
son profit à l'égard des autres associés ? Le délai de la
prescription n'étant pas, comme on va le voir bientôt,
le même pour le liquidateur et pour l'associé non liquidateur, il faut supposer, par exemple, qu'un créancier
poursuit contre le liquidateur le recouvrement d'une
dette sociale, avant qu'il se soit écoulé cinq années depuis la dissolution ; les associés non liquidateurs pourront-ils lui opposer la prescription, après ces cinq
années écoulées, mais avant qu'il se soit passé cinq ans
depuis le jour où il a interrompu la prescription contre
le liquidateur ? La plupart des auteurs enseignent que
la prescription n'aura été interrompue que contre le liquidateur. M. Bédarride tire ce résultat du texte même
de l'art. 64 : « Il est évident, dit-il, que le législateur
n'accepte comme interruption que la poursuite directement exercée contre chaque associé pour ce qui le
concerne. Toutes actions contre les associés non liquidateurs, leurs veuves, héritiers ou ayants cause, sont

____
(1) Dalloz, 36, 2, 14 et sup. p.

Naquet.   21

prescrites, si depuis cinq ans de la fin de la société ou depuis la dissolution dûment publiée, la prescription n'a pas été interrompue à leur égard par une poursuite judiciaire » (1). Cela ne résout pas la question qui consiste précisément à savoir si la prescription a été interrompue à l'égard des associés par la poursuite faite. Il me semble contraire au principe de la solidarité, qui lie les associés envers le créancier social pour un engagement de la société, de ne pas appliquer ici l'art. 2249. Au cours de la société, si la prescription trentenaire avait été interrompue vis-à-vis de la société, elle le serait aussi contre les associés ; quelle raison y a-t-il de décider autrement après la dissolution ? Si, pendant les cinq ans, le créancier avait poursuivi jusqu'au bout le recouvrement de sa créance, il aurait eu pour obligés solidaires tous les associés. Comment la démarche interruptive de la prescription n'aurait-elle pas ici son effet ordinaire envers des débiteurs solidaires ? La Cour de Paris a rendu dans ce sens un arrêt ; elle ne distingue pas les personnes contre lesquelles la poursuite a eu lieu : « Considérant, dit-elle, que la prescription établie par l'art. 64, Cod. com., contre les créanciers des associés non liquidateurs, ne peut être invoquée dans le cas où une poursuite judiciaire aurait été intentée dans les cinq ans à partir de la dissolution de la société, etc » (2).

La situation des tiers à l'égard des associés n'est donc modifiée que par la prescription spéciale de cinq ans établie en faveur de ceux-ci par l'art. 64, sous cette réserve que la prescription ne profitera pas au liquidateur ;

(1) Op. cit., II, no 684, Troplong, no 1050.
(2) Paris, 10 nov. 1836.

nous verrons plus loin dans quel sens cette restriction doit être entendue.

II.

La disposition contenue dans l'art. 64 Code com. a pour objet de ne pas laisser pendant un temps trop prolongé les anciens associés sous le coup de l'action solidaire des créanciers de la société : « L'intérêt général du commerce, dit-on dans la discussion qui précède le vote de notre article, exige qu'on l'admette. Il est certain qu'on fuirait les sociétés si ceux qui s'y engagent ne pouvaient espérer de se voir libérés qu'après trente ans et par suite se trouvaient jusque-là dans l'impossibilité de former aucun établissement personnel. C'est cependant ce que produirait la prolongation, pendant un semblable terme, de la solidarité entre les associés. La propriété de chacun d'eux serait trop longtemps incertaine, et il serait exposé à voir ses biens chargés d'inscriptions même pour les dettes de ses coassociés. S'il devait, pendant trente ans, demeurer passible des dettes sociales, il lui serait impossible de se procurer du crédit. » C'est donc un motif d'intérêt général qui fait ici fléchir la rigueur des principes généraux ; mais cette disposition exorbitante du droit commun ne fut pas sans soulever, parmi les rédacteurs du Code, une vive controverse dont on connaît le résumé (1). Si les partisans de la prescription quinquennale triomphèrent, c'est surtout, sans doute, parce que le législateur considérait comme très-rigoureuse la solidarité qu'il faisait

____

(1) Locré, esp. du Code de comm., t. XVII.

peser sur l'associé en nom collectif pour les engagements de la société et qu'il trouvait équitable de ne pas laisser pendant un très-long temps au créancier de la société, mis par la dissolution en demeure de poursuivre le recouvrement de sa créance, le profit de cette solidarité en lui accordant néanmoins, pendant le délai ordinaire, la disposition de son action contre la société elle-même ou du moins contre le représentant entre les mains duquel se trouve l'actif qui lui a survécu.

Tous les auteurs admettent que la disposition de l'art. 64 est générale et absolue, et qu'elle a son effet même à l'encontre de ceux qui, d'ordinaire, ne souffrent pas de la prescription, les mineurs et les interdits. Ils tirent argument de ce que, au cours de la discussion dont il a déjà été fait mention, Cambacérès, sur une observation de Réal, ayant déclaré que la rédaction devrait indiquer l'application, dans notre cas, du principe : *contra non valentem agere non currit præscriptio*, ce vœu ne fut pas exaucé. L'article, au contraire, est général, on doit lui donner les mêmes effets que tout le monde est d'accord pour accorder à l'art. 189, Code com. relatif à la prescription en matière de lettres de change et billets à ordre; les mêmes raisons de décider, tirées du texte même de la loi et de l'intérêt général, se retrouvent dans les deux cas.

Il est incontestable que la prescription quinquennale n'a son effet que dans les rapports des tiers avec les associés, entre les associés eux-mêmes la prescription ordinaire est la seule dont le bénéfice puisse être invoqué. L'art. 64 ne vise que les actions des créanciers de la société, l'intention du législateur à cet égard est évidente, elle ressort de la discussion dont il a déjà été

fait mention : « On n'a certainement pas calculé, disaient les adversaires de la prescription exceptionnelle,
toutes les suites de cette disposition ; il en résulterait
que les associés conserveraient, après la liquidation,
l'action sociale les uns contre les autres, tandis qu'après
cinq ans leurs créanciers n'en auraient pas contre
eux... » D'ailleurs, le motif principal donné à l'appui
de la disposition dont il s'agit, n'existe plus ici ; la solidarité ne garantit pas le recours d'un associé contre ses
associés ; en outre, et c'est là la meilleure raison pour ne
pas appliquer, dans l'un et l'autre cas, le même délai
de prescription, tandis que toutes les créances des tiers
contre la société sont antérieures à la dissolution, les
recours que les associés pourront avoir à exercer les uns
contre les autres auront le plus souvent une cause postérieure à cette dissolution qui ne peut, par conséquent,
servir de point de départ à la prescription ; un des associés, en effet, aura, après la dissolution, mais avant
l'expiration du délai de prescription, payé toute la dette
sociale ; il aura, par conséquent, à partir du jour où
il aura payé, une action contre ses coassociés pour leur
faire supporter leur part ; ou bien le résultat final de la
liquidation constituera l'un des associés en perte pour
une somme plus forte que celle qu'il doit supporter,
d'après les conventions ; son droit de recours pourra
naître ainsi après même que les cinq années, pendant
lesquelles les actions des tiers auront dû être exercées,
seront expirées. Cette question a du reste bien plus d'importance encore lorsqu'on adopte le système des auteurs
qui ne font pas profiter le liquidateur en tant qu'associé,
de la prescription quinquennale ; cette dernière difficulté va être à son tour bientôt examinée.

Pour que l'art. 64 trouve son application, il faut qu'il y ait dissolution, il faut que cette dissolution soit valable à l'égard des tiers, il faut par conséquent que la dissolution ait été publiée conformément à la loi. Si c'est par l'expiration de son terme que la société prend fin, il n'y a pas de difficulté, les tiers ont été avertis du jour à partir duquel la prescription court contre eux, si, bien entendu, la durée de la société a été rendue publique ; mais s'il s'agit d'une dissolution avant terme, la loi semble donner pour point de départ à la prescription, non pas le jour de cette dissolution, mais celui où elle a été rendue publique « depuis cette formalité remplie », dit notre art. 64. Ce point a été discuté : un arrêt de la Cour de Cassation (1) confirme formellement cette manière de voir : « attendu, en droit, dit-il, que la dissolution d'une société avant le terme fixé par l'acte qui la constitue ne peut faire courir contre les tiers la prescription quinquennale établie par l'art. 64, Code com., que si les tiers ont été avertis de cette dissolution par l'affiche et la publication de l'acte contenant la convention. — Attendu, en effet, qu'une prescription ne peut courir contre qui ne peut agir ; que les tiers ne sont pas mis légalement en demeure d'agir en vertu d'un acte de dissolution qui n'a point été porté à leur connaissance par les moyens et dans les formes établies par la loi. — Attendu que l'art. 64, après avoir dit que les actions seront prescrites par cinq ans après la dissolution de la société, si l'acte de dissolution a été dûment affiché et enregistré, ajoute que c'est depuis cette

----

(1) Chamb. civ. 24 nov. 1855, G. D. P. t. II, 1845, p. 673. M. Rataud à son cours.

formalité remplie qu'il y a lieu de considérer si la prescription a été interrompue.... » etc.

Il suit de tout cela que si la dissolution n'a pas réellement eu lieu à l'époque fixée pour la séparation des associés et si en fait la société a continué, la prescription quinquennale ne pourrait être opposée aux créanciers. En effet, la continuation de fait constitue vis-à-vis des tiers une véritable prorogation de société; celle-ci ne cesse pas d'exister et, par conséquent, non-seulement toute application actuelle de l'art. 64 serait impossible, mais même, pour que dans l'avenir la prescription commence à courir, il faudrait qu'il y eût dissolution légalement publiée; c'est une nouvelle application de cette règle posée plus haut, que l'acte constitutif de la société n'ayant pas reçu la publicité légale, l'acte qui la dissout n'en doit pas moins être publié pour être opposable aux tiers.

La retraite d'un associé est une dissolution partielle; la société continue entre les autres associés, mais elle est dissoute à l'égard de celui qui se retire; celui-ci, ses héritiers ou ayants cause, peuvent donc invoquer le bénéfice de la prescription établie par l'art. 44, à condition toutefois que cette dissolution partielle, si elle n'est pas la suite d'une convention publiée lors de la constitution de la société, ait reçu elle-même la publicité légale. Le contraire a pourtant été soutenu. On a prétendu que notre article n'a pu avoir en vue que la dissolution définitive d'une société, arrivant, soit par l'échéance du terme fixé pour sa durée, soit par la séparation de la totalité des membres qui la composent; on a contesté que le départ d'un associé puisse être considéré comme amenant une dissolution partielle; d'ailleurs, ajoute-t-on, l'article 64 n'établit la prescription quinquennale qu'en faveur des associés non liquidateurs, ce qui suppose nécessairement qu'à côté de ceux-ci se trouvent des associés liquidateurs; or, cette condition est irréalisable quand, un seul des associés se retirant, la société continue et ne liquide pas. Il est facile d'apercevoir que ce système n'a pas de sérieux fondement. A l'égard de l'associé dont la retraite a été dûment publiée, la société est aussi complètement terminée que s'il y avait eu dissolution générale; cet associé ne sera plus tenu des obligations sociales contractées depuis son départ; il y a véritablement une nouvelle société qui s'est formée des membres de l'ancienne, à l'exception de celui ou de ceux qui se sont retirés. Il n'est pas plus juste de dire qu'il n'y aura pas de liquidateur. Il y a liquidation de la part revenant à l'associé retraité; cette liquidation est faite soit à forfait par une cession, moyennant un certain prix et l'acquit du passif, soit par la vérification en la forme ordinaire des valeurs sociales. « A l'égard de cet associé, fait observer M. Delangle, la société qui continue fait l'office de liquidateur » (1).

Après cinq ans passés depuis le jour où la dissolution a été, dans la forme légale, portée à la connaissance du public, les associés non liquidateurs peuvent opposer la prescription de l'article 64 aux créanciers de la société. Ceux-ci ont dès lors perdu tous leurs droits contre eux, et n'ont plus d'action que contre le liquidateur; mais il faut maintenant déterminer la nature de ce droit et la limite dans laquelle il peut s'exercer; c'est

(1) Delangle, op. cit, nᵒˢ 584 et 723; Cf. Bédarride, nᵒˢ 689 et 699; Bravard, p. 301.

là une des questions les plus délicates et les plus sujettes à controverse de notre matière.

Pour l'examiner complètement, il faut distinguer plusieurs hypothèses : celle où le liquidateur est un associé, celle où c'est, au contraire, un étranger qui a été chargé de la liquidation, celle enfin où tous les associés liquident en commun.

L'article 64 dit que la prescription de toutes actions sera de cinq ans à l'égard des associés non liquidateurs; supposons que l'associé liquidateur est attaqué, après l'expiration du délai de cinq ans, par un créancier social : il peut se présenter plusieurs cas : ou bien il aura encore entre les mains une certaine partie de l'actif social, ou bien, le passif ayant été considéré comme liquidé, cet actif aura été partagé entre les anciens associés, ou bien enfin il ne restera plus rien des valeurs mises, au moment de la liquidation, entre les mains du liquidateur. Si le liquidateur est encore nanti d'une partie de l'actif social, il ne peut y avoir difficulté ; sur cet actif, le droit des créanciers ne peut être prescrit que par trente ans; la prescription de droit commun peut seule être opposée par le liquidateur au créancier qui lui demande compte de l'emploi qu'il a fait de l'actif qui lui a été remis pour faire face au passif. Il en sera de même si, après que les créanciers diligents ont été satisfaits, le surplus de l'actif a été partagé entre les anciens associés. Cette répartition ne saurait dépouiller les créanciers du droit qu'ils avaient sur cet actif. Si donc ils se présentent après le délai de cinq ans, ils pourront réclamer soit au liquidateur pour la part qu'il a conservée, soit en exerçant l'action de ce dernier pour faire rentrer l'actif aux associés, pour ce qu'ils ont reçu, sans que l'actif ainsi réparti fût complètement libéré.

Mais admettons que ce partage anticipé n'ait pas eu lieu, et que le liquidateur ait épuisé, en payant les dettes, la totalité des valeurs sociales ; actionné par un créancier de la société, répondra-t-il sur ses biens personnels de la dette sociale, ou pourra-t-il opposer au créancier la prescription de l'article 64 ? La plupart des auteurs répondent que la prescription quinquennale n'est pas applicable dans ce cas, et que l'associé liquidateur poursuivi sera tenu non-seulement en qualité de liquidateur, c'est-à-dire sur les valeurs sociales dont il doit compte, mais encore en qualité d'associé, c'est-à-dire sur tous ses biens. A l'appui de cette opinion, on invoque le texte même de l'art. 64. Cet article, dit-on, a créé une exception au droit commun à laquelle il n'est permis de donner aucune extension ; or, il accorde le bénéfice de la prescription quinquennale aux seuls associés non liquidateurs ; l'associé liquidateur est par cela même écarté ; il est irrecevable à prétendre profiter d'une faveur qui n'a pas été créée pour lui (1).

Le système adverse me paraît préférable. L'associé liquidateur se trouve jouer un double personnage ; comme liquidateur, il a entre les mains les valeurs sociales, et il en doit compte ; comme associé, il n'y a aucune raison de lui faire une situation différente de celle de ses coassociés. On prétend que si la loi a établi la distinction que l'on veut voir dans l'art. 64, c'est que le liquidateur, se trouvant nanti de tous les documents, de toutes les ressources, de tous les fonds sociaux, chargé

(1) Bédarride, op. cit., n°° 702, et s. Troplong, n° 1041 ; Pardessus, n° 1090.

de payer les créanciers, est présumé pouvoir le faire; on pense que, si l'action contre les non liquidateurs se prescrit par cinq ans, c'est que ces associés, s'étant dessaisis de tout, sont devenus étrangers en quelque sorte à la société et qu'on ne doit pas les tenir trop longtemps sous l'obligation de payer ce qu'ils ont indiqué au liquidateur de payer. Rien n'est plus juste, en effet, de n'admettre le liquidateur, en tant que nanti de toutes les ressources, de tous les fonds sociaux, qu'au bénéfice de la prescription de droit commun ; mais, sur ses biens personnels, peut-il, par cela seul qu'il a accepté les fonctions de liquidateur, supporter une responsabilité plus lourde que celle de ses coassociés ? Si la loi a établi une distinction, ce n'est pas entre les associés, mais entre ceux qui se trouvent comptables du gage des créanciers sociaux et ceux qui se sont publiquement dessaisis de ce gage. Qui voudrait, s'il en était autrement, se charger, parmi les associés, des fonctions de liquidateur? Mais le liquidateur, répondent nos adversaires, ne restera pas seul chargé de tout le poids de la dette sociale : si les associés non liquidateurs peuvent opposer aux créanciers de la société la prescription quinquennale, cette prescription extraordinaire ne peut être invoquée par les associés dans leurs rapports entre eux, dès lors l'associé liquidateur obligé de payer après cinq ans se retournera contre ses coassociés et leur réclamera la quote-part qu'ils doivent supporter dans la dette, dont il se trouve n'avoir ainsi fait que l'avance. Ce résultat est précisément de nature à faire repousser la doctrine dont il s'agit; en effet, considérée de ce point de vue, elle ne va à rien moins qu'à détruire presque complètement l'effet de l'art. 64. Les associés non liquidateurs se trou-

veront ainsi poursuivis, même après cinq années, pour
l'acquittement sur leurs propres biens des dettes de la
société. Nos adversaires font remarquer que le bénéfice
de l'art. 64 sera loin de disparaître entièrement même
en ce cas : l'action récursoire du liquidateur sera, disent-
ils, bien différente de l'action directe qu'aurait pu intenter le créancier s'il n'y avait prescription ; les coassociés en nom collectif auraient pu être poursuivis
solidairement et pour le tout, le liquidateur obligé de
payer ne pourra, au contraire, réclamer à chacun que
sa part et portion, car la solidarité n'existe pas entre
les associés ; l'action directe les aurait contraints de
payer immédiatement sans qu'ils pussent invoquer, par
exemple, la compensation survenue entre eux et le liquidateur ; au liquidateur, ils pourront, au contraire, opposer cette compensation. « Il n'en faut pas davantage,
conclut M. Troplong, pour trouver à l'art. 64 une grande
utilité et en mettre le sens réel d'accord avec le sens ap-
parent. » C'est, je crois, restreindre la portée de la disposition contenue dans l'art. 64 et méconnaître l'intention du législateur que de l'interpréter ainsi ; ce n'est
pas de la solidarité seulement que les associés sont libérés
par la prescription quinquennale, mais de *toutes actions*.
D'ailleurs, de la situation même des associés en tant que
codébiteurs solidaires, il peut résulter cet effet, que si
le liquidateur est contraint de payer la dette sociale sur
ses biens personnels pour recourir ensuite contre ses
coassociés, lui-même et quelques-uns d'entre eux se
trouveront en définitive supporter plus que leur part
contributoire. Supposons pour cela une société formée
de trois membres, elle est dissoute et l'un des associés
est nommé liquidateur ; il est obligé de payer une dette

sociale de 30,000 francs. Il se retourne contre ses anciens associés et réclame à chacun d'eux 10,000 francs, leur part contributoire; mais, dans l'intervalle, l'un d'eux est devenu insolvable, l'associé liquidateur et celui de ses deux coassociés, resté solvable, auront à partager la part incombant au troisième, ils se trouveront ainsi avoir payé chacun 15,000 francs; pour tous deux, par conséquent, l'art. 64 n'aura pas eu son plein et entier effet; car, dans l'esprit même de nos adversaires, il a pour objet de dispenser les associés des conséquences de la solidarité. L'action des créanciers contre tous les associés est donc éteinte par la prescription quinquennale, elle ne subsiste que contre le liquidateur, mais seulement pour lui demander paiement sur les valeurs qu'il détient en cette qualité, ou exiger de lui compte de ces valeurs (1).

Prenons maintenant le cas où les associés ont désigné un tiers pour être liquidateur. Il semble, dans ce cas, qu'il ne peut y avoir de difficulté : les associés, après cinq ans, seront recevables à invoquer la prescription; pendant trente ans, le liquidateur devra compte des valeurs qui lui ont été remises; c'est en effet ainsi que décident presque tous les auteurs. Le contraire est néanmoins professé par M. Bédarride et son opinion se retrouve dans les motifs d'un arrêt de la Cour de Rouen du 24 mars 1847. Selon cet auteur, le liquidateur étranger n'étant que le simple mandataire des associés, ceux-ci, en réalité, liquident par le moyen de leur préposé.

Cette même idée est ainsi exprimée par l'arrêt pré-

(1) Bravard, p. 303, 306 et suiv. et note de M. Demangeat ; Malepeyre et Jourdain, p. 343 ; M. Rataud à son cours.

cité : « Attendu, y est-il dit, qu'il paraît évident que la loi a entendu concilier avec la faveur réclamée par le commerce le respect dû aux droits des tiers et que ce serait méconnaître sa volonté que d'admettre que tous les membres d'une société peuvent se soustraire à la prescription de trente ans en faisant choix de liquidateurs étrangers ; — attendu que des liquidateurs pris en dehors d'une société sont de véritables mandataires, engageant leurs mandants dans la limite du mandat qu'ils ont reçu ; que, dès lors, une société liquidée par des étrangers est censée procéder elle-même à sa liquidation et reste soumise à la prescription de trente ans. »

« D'ailleurs, dit M. Bédarride, ce qui a été considéré comme une atténuation de la rigueur de la position que l'art. 64 fait aux tiers créanciers, c'est que, s'ils perdent après cinq ans tout recours contre les non liquidateurs, ils conservent pendant trente ans leur action contre les liquidateurs. Or, à quoi leur servirait ce recours si le liquidateur, étant étranger à l'ancienne société, ne pouvait être tenu qu'à raison de la liquidation et jusqu'à concurrence des rentrées par lui opérées ? » Le liquidateur fût-il un associé que, dans l'opinion à laquelle je me suis rallié, l'intention de la loi ne serait pas de donner au créancier un droit plus étendu que celui-là. D'un autre côté, en appliquant même le système opposé, si le tiers liquidateur n'est que le mandataire des associés qui liquident eux-mêmes par ses soins, le liquidateur associé n'est-il pas, lui aussi, pour tout ce qui dépasse sa part, le représentant et le mandataire de ses coassociés, dès lors la déduction logique du système de M. Bédarride serait que les associés sont toujours liquidateurs et ne peuvent jamais invoquer la prescription de l'art. 64; cette conséquence extrême et contradictoire avec le surplus de la doctrine du même auteur, montre combien il serait dangereux d'accepter son opinion sur ce point.

CHAPITRE VIII.

DES CONTESTATIONS ENTRE ASSOCIÉS.

L'idée d'enlever aux juges la connaissance des différends entre les associés pour donner le soin à des arbitres de décider sur ces différends est fort ancienne. Un édit de François II, en date du 18 août 1560, avait rendu l'arbitrage obligatoire pour tous les procès entre marchands, et par conséquent entre les membres d'une société commerciale; l'établissement des tribunaux consulaires, institués spécialement pour connaître des différends relatifs au commerce, vint modifier l'état de choses résultant de cet édit, mais l'usage de soumettre par une clause spéciale les contestations à naître entre les associés à des arbitres devint général; l'ordonnance de 1673 donna force de loi à cet usage : « Toute société, dit l'art. 9 de cette ordonnance, contiendra la clause de se soumettre aux arbitres pour les contestations qui surviendront entre les associés; et encore que la clause fût omise, un des associés en pourra nommer, ce que les autres seront tenus de faire, sinon en sera nommé par le juge pour ceux qui en feront refus. En cas que les arbitres soient partagés en opinion ils pourront convenir de surarbitre, sans le consentement des parties;

et s'ils n'en conviennent, il en sera nommé par le juge. »
(Art. 11.)

Les rédacteurs du Code de commerce n'ont pas consacré sans discussion l'obligation imposée aux associés par l'ordonnance. Déjà à ce moment, l'arbitrage forcé avait soulevé bien des critiques qui trouvèrent un écho dans le Conseil d'État en 1808: « Au lieu de simplifier les affaires, disait Corvetto, l'arbitrage ne sait que les embarrasser et les ralentir ; » parmi les tribunaux consultés plusieurs se prononcèrent formellement contre l'arbitrage ; « c'est là, disait le tribunal de Bordeaux, une ancienne erreur contre laquelle l'expérience nous a prémuni et qu'il faut détruire. »

Les reproches faits à cette époque à l'arbitrage forcé se produisirent à différentes reprises ; notamment en 1838, où un article inséré dans le projet de loi supprimait cette juridiction spéciale, et, en 1850, où le tribunal de commerce de la Seine demandait que l'arbitrage forcé fût aboli dans les sociétés par actions, et rendu facultatif dans les autres. Ces réformes restèrent à l'état de projet jusqu'en 1856 où une loi, votée le 17 juillet de cette année, fit droit aux réclamations nombreuses qu'avait soulevée l'institution établie par l'ordonnance de 1673, et abrogea les art. 51 à 63 du Code de commerce qui avaient consacré et organisé cette institution, en attribuant par suite aux tribunaux de commerce la connaissance « des contestations entre associés pour raison d'une société de commerce » (art. 2).

La suppression de l'arbitrage forcé a été à peu près universellement approuvée, et les motifs de cette suppression indiqués par l'exposé, et le rapport du projet de loi sont précisément ceux sur lesquels bien des auteurs s'étaient dès longtemps fondés pour critiquer la juridiction arbitrale. La société en nom collectif était d'ailleurs peut-être la seule à laquelle cette juridiction pouvait convenir; dans ce genre de sociétés, en effet, les associés sont toujours peu nombreux, et l'inconvénient résultant du grand nombre de juges signalé par le rapport, ne se produirait pas; en outre, s'il est possible de comparer une société à une famille, s'il est à désirer que la publicité du débat ne nuise pas au crédit des parties, c'est surtout lorsqu'il s'agit d'une société en nom collectif; mais l'application de l'arbitrage forcé à ces sociétés n'en comportait pas moins de grands dangers; pour elles comme pour les autres le but poursuivi par le Code était en partie manqué.

Qu'avait-on voulu en effet? Organiser une juridiction compétente, rapide, peu coûteuse, donner aux associés pour juges de leurs querelles des commerçants, faisant souvent partie comme eux de sociétés et pouvant, grâce à leur expérience, ramener l'accord ou au moins prononcer leur jugement en toute connaissance de cause. Qu'arrivait-il en réalité? Les commerçants peu soucieux d'avoir à se prononcer dans un différend entre leurs confrères, occupés d'ailleurs de leurs propres affaires, n'acceptaient pas volontiers d'être arbitres, on avait alors recours à des personnes que leurs connaissances rendaient très-propres à connaître des difficultés qui leur étaient soumises et pouvaient y consacrer tout leur temps, mais par suite devaient recevoir un salaire, et les honoraires souvent élevés des arbitres rendaient leur juridiction plus onéreuse que celle du tribunal. D'un autre côté, chaque partie se trouvait naturellement entraînée à choisir pour l'arbitre qu'elle avait le droit de nommer, son propre conseil : « Ceux-ci, dit le rapport de M. Rigaud au Corps législatif, apportent sans doute dans le tribunal arbitral les meilleures intentions du monde ; mais ils apportent aussi le désir instinctif de trouver le bon droit du côté de celui qui les a nommés, et il faut croire qu'ils parviennent difficilement à se mettre au-dessus de cette influence secrète qui les assiége, puisqu'ils aboutissent presque toujours à un partage. » On avait recours au tiers arbitre appelé à trancher le débat, mais celui-ci, qui pouvait réunir les meilleures conditions d'impartialité, se trouvait par la nécessité de la loi forcé quelquefois de consacrer une injustice. Il n'était pas libre, en effet, de repousser les opinions émises par chacun des deux premiers arbitres et qu'il pouvait croire erronées, pour émettre son propre jugement ; on n'aurait pu parvenir à former ainsi une majorité ; il se trouvait contraint « d'opter entre deux avis dont aucun peut-être ne lui paraissait conforme à la justice » (1).

Quand à la publicité des débats qui peut, comme on l'a dit, surtout pour une contestation entre associés en nom collectif, être considérée comme nuisible, un amendement fut présenté en 1856 pour parer à ce danger ; il était ainsi conçu : « Dans des causes entre associés en nom collectif les tribunaux de commerce, sur la réquisition de l'une des parties, pourront ordonner que les plaidoieries auront lieu à huis clos. »

La commission se refusa à accepter cet amendement ; elle le considérait comme inutile ; jugeant d'ailleurs comme ses auteurs, la publicité des débats funeste en certains cas, elle trouvait dans l'art. 87, Code procédure civile, un moyen suffisant d'obtenir le huis clos dans les causes qui peuvent nécessiter cette mesure ; « cet

(1) Rapport de M. Rigaud et exposé des motifs du projet.

— 331 —

article, dit-elle, est applicable aux tribunaux de commerce, et le droit accordé aux tribunaux de prononcer le huis clos d'office, n'exclut pas pour les parties celui de le demander. » En pratique cependant il est bien certain que les cas où le huis clos sera prononcé resteront très-rares.

Depuis l'abrogation des articles du Code de commerce qui soumettaient aux arbitres le jugement des contestations entre associés, une seule question, non sans importance au reste, demeure controversée. Les associés pourront-ils valablement stipuler dans l'acte constitutif de leur société que, s'il s'élevait des contestations entre eux, elles seraient jugées par des arbitres, à nommer quand les constestations seraient nées?

Il faut remarquer que ce ne serait pas la loi de 1856 qui invaliderait cette clause; cette loi a, en effet, aboli l'arbitrage forcé, mais elle n'a pas fait aux associés une situation spéciale. La question revient donc à se demander si, dans un acte de société comme dans tout autre contrat, la clause compromissoire pourrait être introduite sauf à remettre au moment où la contestation naîtra, la nomination des arbitres et la désignation du litige. La difficulté vient de l'art. 1006 Code de procédure civile qui dispose ainsi : « Le compromis désignera les objets en litige et les noms des arbitres, à peine de nullité. » Dès lors la clause qui soumet les contestations futures au jugement des arbitres est nulle, dit-on, puisqu'elle ne se conforme ni à l'une, ni à l'autre des prescriptions de cet article.

M. Bravard (1) est d'un avis contraire; il admet bien que d'après l'art. 1006 le compromis devra n'être fait

(1) Op. cit., p. 337 et suiv.

que quand la contestation sera née, et contenir la nomination des arbitres, mais il ne pense pas qu'on doive de là tirer comme conséquence la nullité de la clause par laquelle il sera convenu, dans un acte de société, que s'il s'élève une contestation à l'occasion de ce contrat on nommera, quand elle sera née, des arbitres pour la juger ou qu'on s'en rapportera pour leur nomination à la justice. Cette convention, dit M. Bravard, n'est certainement pas un compromis. Elle précédera de beaucoup le compromis, qui peut-être n'aura jamais lieu ; elle en est donc parfaitement distincte, et ne rentre pas dans le cas prévu par l'art. 1006.

Cette distinction ne me paraît pas pouvoir être acceptée. On ne saurait tirer argument de ce que la loi, dans une matière aussi spéciale que l'assurance, a autorisé (article 332) l'introduction de la clause compromissoire ; cette clause était valable en matière de société sous l'empire du Code parce qu'elle n'était que la conséquence des dispositions contenues dans les art. 51 et suivants de ce code ; ceux-ci abrogés, on se trouve en présence de l'art. 1006 qui, en exigeant pour la validité du compromis la désignation du litige et la nomination des arbitres, a par là même rendu nulle toute clause compromissoire. La majorité des auteurs a adopté ce dernier système (1).

Il trouve d'ailleurs, une force singulière dans les termes du rapport, d'où il ressort clairement que, au moins en 1856, l'intention du législateur a été de proscrire la convention par laquelle les associés conviendraient à l'avance de soumettre leurs différends à des

____

(1) Bédarride, appendice nᵒˢ 4 et 5 ; Dalloz, vᵒ. Société nᵒ 1701 ; Duvergier, Coll. des lois, 1856, p. 358 ; M. Rataud à son cours.

arbitres, leur laissant seulement le droit de compromettre, une fois la contestation née : « Conduits par l'examen et la réflexion à la suppression de l'arbitrage forcé, nous n'avons plus eu qu'à nous demander si les parties ne pourraient pas volontairement s'y soumettre dans l'acte constitutif de la société, en d'autres termes s'il n'y aurait pas lieu de trancher en matière de société commerciale la question tant controversée de la validité de la clause compromissoire. Nous ne l'avons point pensé ; il nous a paru, au contraire, que la voie de l'arbitrage volontaire restant toujours ouverte aux parties, leurs véritables intérêts étaient suffisamment satisfaits par la faculté de compromettre.... Autoriser les associés à s'engager par avance et sans réflexion à faire juger par des arbitres inconnus des contestations ignorées, c'était permettre de rétablir par une convention l'arbitrage forcé, désormais effacé de la loi ; et nous ne pouvions pas nous rendre coupables d'une pareille inconséquence. »

Cette dernière considération est, comme le fait observer M. Bédarride, complètement exacte. Grâce à la force des usages et à l'habitude des formules, la clause compromissoire, si on en admettait la validité, resterait de style, et les inconvénients de l'arbitrage se perpétueraient non plus en vertu de la loi, mais par la convention même des parties. Cette doctrine a reçu la confirmation de la jurisprudence ; un arrêt de la Cour de Paris du 8 novembre 1865 (1) a déclaré malgré la convention contraire, de la compétence des tribunaux ordinaires, une contestation entre associés en se fondant sur ce motif : « Que cet article contenait.... une clause

(1) Teul. et Camb., 1866, n° 5452.

compromissoire qui, ne désignant et ne pouvant désigner ni l'objet du litige, ni les noms des arbitres, est
nulle aux termes de l'art. 1006 du Code de procédure
civile. »

CHAPITRE IX.

DROIT FISCAL.

Si le droit fiscal avait appliqué, dans toute sa rigueur, le principe de personnalité distincte de la société, s'il n'avait considéré que la propriété qu'elle
acquiert sur les objets qui lui sont apportés, il aurait
soumis au droit proportionnel de mutation de propriété
les apports des associés ; les objets apportés passent, en
effet, d'un patrimoine dans un autre ; la loi du 19 décembre 1790 avait fait application de ces idées en soumettant les actes de société au droit proportionnel sur
les objets susceptibles d'évaluation. La loi du 22 frimaire an VII a établi, sur les formations de société,
un droit fixe de 3 francs ; elle a ainsi classé les actes de
société parmi ceux qui, selon le principe fondamental,
« n'obligent, ne libèrent ni ne transmettent. » En droit,
cette disposition n'a pas de fondement ; en fait, elle a
l'avantage de favoriser la constitution des sociétés, indispensables au développement et à la prospérité du
commerce. La loi du 28 avril 1816, dans son article 45,
a élevé le droit fixe de 3 francs à 5 francs. Déjà, à cette
époque, on proposa d'établir un droit proportionnel sur
les apports, la Chambre rejeta cette proposition à une
forte majorité, « car, dit-on, il s'agit d'encourager les

sociétés plutôt que de les imposer. » Cette importante modification a été, il faut bien le reconnaître, malgré les précautions du législateur, à peu près réalisée par la loi du 28 février 1872. « D'après la loi actuelle, dit le rapporteur de la loi de 1872, l'acte de société est assujetti à un droit fixe de 5 francs. Qu'on ait fait dans la société un apport de 100 francs ou d'une valeur de 1 million, le droit d'enregistrement est toujours de 5 francs. A la rigueur on aurait pu exiger un droit de mutation mobilière ou immobilière sur le montant des apports sociaux, car l'apport dans une société entraîne en réalité, si ce n'est au point de vue du droit fiscal, une véritable translation de propriété ; c'est pour favoriser la création des associations que la loi de l'an VII a accordé cette immunité aux sociétés ; la commission pense, comme le gouvernement, qu'il convient de maintenir les facilités accordées aux associations de capitaux ; mais elle est d'avis, néanmoins, qu'il y a lieu de tenir compte, pour la fixation de la taxe, de l'importance des apports. » Le droit fixe de 5 francs est ainsi devenu un droit gradué. Sans doute on a maintenu ce droit gradué dans la catégorie des droits fixes ; mais le droit fixe est gradué selon les sommes ou valeurs constatées par les actes ; la préoccupation du législateur est évidente, il veut augmenter les ressources du Trésor de ce chef sans abolir le principe posé par la loi de l'an VII ; le résultat est assez bizarre, le droit est à la fois fixe et variable, on est obligé de lui reconnaître un caractère spécial, « participant à la fois du droit fixe et du droit proportionnel sans se confondre néanmoins avec l'un ou l'autre de ces droits » (1). Cette préoccupation, née du

______

(1) Instruct, 2433.

désir de ne pas s'écarter d'une règle favorable au contribuable, a souvent l'effet absolument contraire ; car
le droit, tel qu'il est aujourd'hui établi, se trouve, par
le fait des grandes divisions établies, souvent supérieur
à 1 pour 1,000, quelquefois presque égal à 2 pour 1,000 ;
ainsi, un apport de 21,000 francs sera soumis au même
droit qu'un apport de 40,000 francs. Les travaux préparatoires de la loi montrent bien à cet égard ce qui
s'est passé dans l'esprit des commissaires et des dépu-
tés assez rares qui se sont intéressés à la discussion ; ils
ont sacrifié le droit proportionnel, plus rationnel et
plus équitable, au droit fixe gradué, pour ne pas se
mettre en contradiction avec les principes ; en réalité,
ils ont abouti à l'établissement d'un droit *sui generis*,
qui, ils ont bien été eux-mêmes forcés de le reconnaître, participe encore plus du droit proportionnel que
du droit fixe : « Au lieu de faire croître la taxe proportionnellement à l'importance des valeurs, dit le rapporteur, M. Mathieu-Bodet, elle établit de grandes divisions et elle applique à chaque division une taxe fixe ;
mais à chacune de ces divisions correspond une aug-
mentation de tarif ; de telle sorte que le droit est à la
fois fixe parce qu'il reste invariable, unique dans chaque
division, et proportionnel et gradué parce que chaque
division consacre un accroissement modéré de tarif. »
Ainsi, depuis la nouvelle loi, les apports en société sont
soumis à un droit, peu importe comment on le nomme,
de 5 francs pour 5,000 fr. et au-dessous, de 10 fr. pour
5 à 10,000, de 15 fr. pour 10 à 15,000, de 20 fr. pour
15 à 20,000, et qui, à partir de ce chiffre, s'élève de 20 fr.
par 20,000 ou fraction de 20,000 fr. Ce qu'il faut retenir de la distinction faite et du caractère imprimé

par le législateur au nouveau droit, c'est qu'il n'y a
pas là droit proportionnel, comme au cas de mutation,
et que, par suite, les conséquences de la perception d'un
droit fixe au début de la société restent les mêmes depuis que ce droit est devenu gradué.

Dans la société en nom collectif, dont nous nous
sommes particulièrement occupé ici, il arrivera assez
fréquemment que l'apport de l'un des associés consis-
tera dans l'obligation qu'il prendra de consacrer son
industrie aux affaires de la société. L'administration, se
fondant sur ce que la loi (Cod. civ., 1833), considère
cette obligation comme un apport et lui attribue (1853),
à défaut, par le contrat, de s'être exprimé sur la répartition des bénéfices et des pertes, une valeur égale à
l'apport le plus faible, a décidé que l'apport d'industrie
devait supporter le droit gradué d'après la division des
bénéfices entre les associés, ou d'après une déclaration
des parties. Du moment, dit-on, que l'industrie d'un
individu fait spécialement l'objet de son apport dans
une société, et qu'il lui est attribué un émolument et
une part de bénéfices en représentation de cet apport,
on doit le considérer comme ayant une valeur particulière en capital, indépendamment des autres objets
apportés, soit par les autres associés, soit par le même.
Cette solution n'a été l'objet, jusqu'à ce jour, que d'un
procès dans lequel le tribunal de Saint-Étienne a donné
gain de cause au particulier contre l'enregistrement :
« Attendu, dit ce jugement, du 9 décembre 1874, que,
des termes mêmes dont le législateur s'est servi pour
établir le droit gradué, du choix des valeurs qu'il y a
soumises, il résulte, qu'en le créant, il n'a voulu atteindre que la fortune acquise....; que la loi calcule le droit

gradué, non pas sur les apports particuliers de chaque associé, mais sur l'ensemble des apports mobiliers et immobiliers, déduction faite du passif; que de cette réglementation ressort évidemment la pensée de ne grever que les biens matériels, les seuls qui comportent un passif... etc.» (Rép. per. Garnier, n° 4019). Il est à remarquer que ce jugement ne vise même pas les principaux arguments sur lesquels se fonde le système de l'administration; il est vraisemblable que la Cour de cassation aura à décider la question, et il semble peu douteux que la jurisprudence ne se fixe en sens contraire.

Si un immeuble est apporté dans la société, il est intéressant de savoir si le droit de transcription de 1 1/2 p. 100 est dû, soit au moment de l'enregistrement, soit que, postérieurement, la transcription soit requise. Lorsque l'acte de société contenait l'apport d'un immeuble, l'administration a longtemps fait percevoir le droit de 1 1/2 p. 100; si par une faveur particulière, disait-on, la loi n'exige pas ici le droit de mutation, il n'y en a pas moins là un contrat de nature à être transcrit, et le droit de transcription doit être perçu. Mais ce raisonnement est en contradiction avec la loi, car, d'une part, l'art. 25 de la loi du 21 ventôse an VII n'a établi le droit proportionnel de transcription qu'à l'égard des actes emportant mutation de propriété immobilière, et, de l'autre, l'art. 68, § III, n° 4 de la loi du 22 frimaire an VII, en matière d'actes de société, ne considère comme mutation, donnant ouverture à des droits proportionnels, que les stipulations relatives à un ou plusieurs des associés entre eux, ou autres personnes, et non pas aux associés à l'égard de la société. La Cour de cassation a fréquemment énoncé cette doctrine, notamment dans l'arrêt rendu le 15 janvier 1848 : « Attendu, dit cet arrêt, que les dispositions législatives qui établissent la perception d'un droit de transcription pour les ventes immobilières ne sauraient s'appliquer à la clause d'apport d'un immeuble dans un acte de société; qu'en effet cette clause ne constitue pas une vente; que, bien que pendant la durée de la société, l'immeuble apporté par un associé puisse être vendu par la société, si l'acte social le permet, il reste toujours que, si par l'effet du partage de l'actif social, ce même immeuble tombe dans le lot de l'associé qui l'avait apporté, il est censé, d'après les art. 883 et 1872, C. C., n'avoir jamais cessé d'être sa propriété, ce qui est incompatible avec l'idée que la convention de mise sociale constituerait une vente parfaite au profit de la société; attendu, dès lors, que le jugement attaqué, en appliquant le droit de transcription à la clause de l'apport d'un immeuble en société, a faussement appliqué et, par suite, violé l'art. 52, L. 28 avril 1816, et les art. 69, § 7, n° 1, et 68, § 3, n° 4, L. 22 frimaire an VII... » L'administration s'est soumise à cette jurisprudence et a cessé de réclamer le droit de transcription lorsque l'acte contenant apport d'immeuble est soumis à l'enregistrement. Elle a résisté davantage sur un autre point qui touche à celui dont il vient d'être question ; mais, là encore, la jurisprudence s'est affirmée avec une telle persistance, qu'elle a dû renoncer à ses prétentions. Lorsque, en effet, l'obligation de faire transcrire résulte d'une des clauses de l'acte, portant qu'il y aura purge et par conséquent, transcription, on pouvait penser que, dès l'enregistrement, le droit de transcription pourrait être perçu, et la Chambre des requêtes l'avait plusieurs fois

admis ; mais la Chambre civile s'est formellement déclarée en sens contraire : « Attendu, dit l'arrêt du 5 février 1850, que la stipulation expresse de garantie en
général, ou l'obligation formelle de justifier de l'affranchissement des priviléges et hypothèques et de les purger, n'ajoutent rien aux obligations légales soit de celui
qui a apporté l'immeuble en société, soit de la société
dans laquelle il est apporté ; qu'en effet, en l'absence de
stipulations particulières à cet égard, la loi stipule, pour
celui qui a fait un apport immobilier, qu'il doit garantir à la société la libre disposition de cet apport et, par
suite, de la propriété de l'immeuble mis en commun
et sa libération des priviléges et hypothèques ; que c'est
ce qui résulte de la nature du contrat de société et du
texte précis de l'art. 1845, C. C., portant que l'associé
est garant envers la société du corps certain mis par lui
en société, de la même manière que le vendeur l'est
envers son acheteur ; que la nécessité ou l'utilité pour
la société de purger les priviléges et hypothèques est la
même, soit qu'elle résulte de la loi, soit qu'elle ait été
rappelée par les conventions sociales...» (1).

Supposons maintenant que l'acte de société contenant apport d'immeubles, avec ou sans condition de
purge, soit présenté à la transcription, le droit qui n'a
pas été perçu lors de l'enregistrement de l'acte, le sera-t-il
alors ? Le question, que la loi de 1855 rend fort intéressante, est résolue par la jurisprudence dans le sens
le plus favorable au fisc. En effet, dit-on, si le droit de
1 fr. 50 c. pour cent ne peut être réclamé lors de l'enregistrement, il n'en est pas moins dû lorsque la transcription est requise, car, par la présentation volontaire

(1) Sir. 50, 1, 145.

de l'acte à cette formalité, les parties reconnaissent elles-
mêmes que l'acte est de nature à être transcrit ; il est
dès lors passible du droit proportionnel. Cette perception, qui se fait aujourd'hui sans soulever presque aucune réclamation, ne nous paraît pas moins en contradiction avec le principe admis par tout le monde
pour la solution des précédentes questions Le droit de
transcription de 1 fr. 50 c. 0/0 est perçu aux termes de
l'art. 25 de la loi du 21 ventôse an VII sur le prix intégral des mutations, « suivant qu'il a été réglé à l'enregistrement. » Ne peut-on conclure de là que l'intention
du législateur n'a pas été d'appliquer un droit proportionnel de transcription là où il accordait la faveur d'un
droit fixe d'enregistrement ? En outre, il est reconnu par
nos adversaires eux-mêmes que l'acte de cette société
contenant apport d'immeuble n'est pas soumis à la
formalité de la transcription, or l'art. 12 de la loi du
23 mars 1855 est ainsi conçu : « Jusqu'à ce qu'une loi
spéciale détermine les droits à percevoir, la transcription des actes ou jugements qui n'étaient pas soumis à
cette formalité avant la présente loi est faite moyennant
le droit fixe d'un franc. » Donc, si l'on décide avec la
jurisprudence que l'acte contenant apport d'immeuble
n'est pas passible du droit de transcription, on ne peut,
sans contradiction, lui faire supporter ce droit lorsque
la formalité de la transcription est postérieurement et
volontairement remplie.

Le gérant d'une société reçoit le plus souvent, comme
indemnité de ses peines et soins, un traitement fixe ;
doit-on considérer comme un bail d'industrie cette
convention et percevoir le droit de 1 fr. pour cent afférent à cette sorte de contrat ?

La question que la doctrine et la jurisprudence continuent à résoudre contradictoirement comporte une distinction importante.

Ecartons d'abord le cas où il ne saurait y avoir de difficulté, celui où le gérant est un étranger; il convient de distinguer si le gérant associé a seulement le droit de prélever comme indemnité une certaine quote-part des bénéfices, ou bien si son traitement constitue une charge de la société, et si le montant en est passé par frais généraux. Le premier point n'offre pas de difficulté : « On considère comme dispensée du droit la clause qui attribue à l'associé gérant un prélèvement sur les bénéfices sociaux pour le rémunérer de ses soins » (Sol. 26 janvier 1866). Mais, dans le second cas, celui où le gérant prélève son traitement par frais généraux et en l'absence même de tout bénéfice, peut-on encore décider de même ?

L'administration ne l'avait pas pensé, et son opinion se trouve ici conforme à celle de la plupart des auteurs; mais la Cour de cassation a fixé sa jurisprudence en sens contraire, notamment par un arrêt du 29 novembre 1869, d'autant plus intéressant pour nous que, dans un de ses motifs, il s'appuie sur le caractère spécial de la société dont nous nous occupons. La Cour souveraine, pour décider que le droit n'est pas dû, rappelle d'abord que tout associé solidaire ou en nom collectif a le droit de gérer la société; elle en tire cette conséquence que la rétribution qui est allouée à l'associé gérant, en cette qualité, a son principe, non dans un louage de service, distinct des obligations sociales qui lui incombent et des droits qui lui appartiennent, mais dans le service que le gérant rend à la société en sa qualité d'associé et à

raison même de cette qualité. Il importe peu, ajoute-
t-on, que cette allocation soit fixe et doive être prélevée
sur l'actif avant tout partage des bénéfices, ce prélèvement ne faisant pas perdre au gérant sa qualité d'associé, puisqu'il reste comme tel tenu des dettes sociales
et des pertes, et ne changeant pas dès lors la nature
de ses fonctions.

Ce système, aujourd'hui accepté par l'administration,
ne semble pas à l'abri de critique. En effet, l'associé est
bien gérant par la nature même du contrat, mais, si
ses fonctions cessent d'être gratuites ou d'être rémuné-
rées seulement par une certaine part de bénéfices, s'il a
droit à un traitement fixe, l'obligation qui lui incombe
par le fait même du contrat se trouve lui être imposée encore par un contrat accessoire et tout à fait distinct ; c'est
ce contrat accessoire qui peut être considéré comme un
louage de services, passibles du droit de 1 pour cent.
D'un autre côté, peut-on, comme le fait la Cour de cassation, tirer argument de ce que l'associé gérant et ap-
pointé n'en reste pas moins tenu de toutes les dettes
sociales et de toutes les pertes ? Cela est bien vrai vis-à-
vis des tiers, mais non entre les associés ; le gérant, qui
reçoit un traitement par frais généraux, se trouve, sur
la somme ainsi reçue, à l'abri de toute perte vis-à-vis
de ses coassociés ; c'est donc là une convention extra-
sociale et qui donne au gérant une qualité double ; ce
ne peut être en tant qu'associé qu'il opère ce prélèvement, un associé ne peut en effet stipuler vis-à-vis de
ses coassociés qu'il aura un certain bénéfice non soumis
à l'aléa des opérations sociales ; le traitement qu'il reçoit doit être considéré, non comme la conséquence de
sa qualité d'associé, mais des obligations qu'il contracte,

dès lors il y a louage de services, et le droit de 1 pour cent devrait être perçu (1).

Certaines questions très-intéressantes et fort sujettes à controverse s'élèvent sur les droits à percevoir par le fisc sur certaines opérations par lesquelles les associés, au lieu de liquider et de partager, cèdent leurs droits dans la société. Nous aurons à passer en revue différentes hypothèses : celle où un associé au cours de la société vend son intérêt et se retire, la société continuant; celle où, la société continuant encore, la part de l'associé prémourant est, aux termes de l'acte constitutif, acquise aux survivants moyennant le remboursement, aux ayant-droit du décédé, des droits qu'il avait dans la société et l'acquittement du passif; celles enfin où la société, se trouvant dissoute par le décès ou l'échéance du terme, un seul associé reste propriétaire de tout l'actif social moyennant paiement du passif et remboursement de la part de celui qui est mort ou qui lui laisse ainsi à faire la liquidation à forfait. Toutes ces clauses sont fréquentes dans les pactes sociaux; aussi les contestations ont-elles été vives et nombreuses sur la perception des droits dans ces différents cas.

Prenons d'abord celui où, au cours de la société qui nous occupe ici, c'est-à-dire la société en nom collectif, un des associés se retire en cédant sa part à un tiers accepté par ses associés, ou à ces associés eux-mêmes.

---

(1) Cf. arrêt du tribunal supérieur de commerce de Leipzig, du 2 mai 1874. Rep. per. n° 4862. — L'administration allemande, faisant application de la loi française en Alsace-Lorraine, avait élevé la même prétention que l'administration française ; l'arrêt au contraire est conforme à la jurisprudence de notre Cour souveraine.

L'art. 69, § V, n° 1 de la loi de l'an VII soumet au droit de 2 0/0 « les adjudications, ventes, reventes, cessions, rétrocessions, marchés, traités et tous les autres actes, soit civils, soit judiciaires, translatifs de propriété à titre onéreux de meubles, récoltes.... et autres objets mobiliers généralement quelconques. » D'un autre côté, le même article (§ 2, n° 6) abaisse le droit à 50 centimes pour 100 francs sur « les cessions d'actions et coupons d'actions mobilières des compagnies et sociétés d'actionnaires ; » lequel de ces deux droits sera applicable à la cession de notre espèce ? La question se ramène à ceci : les mots « actions et coupons d'actions dans les compagnies ou sociétés d'actionnaires » ne peuvent-ils s'appliquer qu'aux parts d'associés dans les sociétés en commandite par actions ou anonymes, ou bien doit-on comprendre aussi dans cette désignation les parts d'intérêt dans les sociétés en nom collectif et en commandite simple ? Quant à présent, la question ne peut plus faire doute en jurisprudence, et l'administration, après une lutte très-longue et dans laquelle les tribunaux civils et la Cour de cassation se sont continuellement divisés, applique le droit de 50 centimes pour 100 francs, auquel les Chambres réunies ont déclaré, par leur arrêt du 29 décembre 1868, que la cession de part dans une société en nom collectif devait être seulement assujettie. L'assimilation entre la part d'intérêt, tant que la société subsiste, et l'action est, aux yeux de la Cour souveraine, parfaite au point de vue de l'application du droit exceptionnel établi par la seconde des dispositions législatives que j'ai rapportées. Cette disposition, dit l'arrêt de 1868, a été évidemment edictée en vue de favoriser le commerce et l'industrie en faci-

Naquet.   23

litant la circulation des capitaux qui y sont engagés; dès lors, en se pénétrant de son esprit, on doit reconnaître qu'il s'applique, d'une manière générale, à toutes les divisions d'un capital social, quelle qu'en soit la dénomination, pourvu que leur transmission puisse avoir lieu en faisant abstraction des meubles et des immeubles appartenant aux sociétés ou compagnies. Peu importe, d'ailleurs, dans cet ordre d'idées, que la propriété dont la cession est ainsi favorisée ne soit point constatée au profit de chacun des associés par des titres distincts, séparés de l'acte social, nominatifs ou au porteur, et ne puisse être cédée que par des actes particuliers, au lieu de pouvoir l'être, soit par voie d'endossement ou de transfert, soit par une simple tradition manuelle; il suffit, pour l'application de la modération du droit, que cette propriété résulte de l'acte constitutif de la société, qu'elle soit meuble dans le sens de l'art. 529, Code civ., qu'elle soit négociable à un titre quelconque. Ainsi, dans ce système, la disposition du § 2, n° 6, abaissant le droit à 0 fr. 50 c. pour 100 francs, s'applique à toutes les sociétés, sous quelque forme qu'elles soient constituées, la loi n'ayant fait à cet égard aucune distinction.

Le commerce et l'industrie sont sans doute intéressés à ce que, dans l'espèce, le droit le plus doux soit seul appliqué, et il n'est pas douteux, comme le dit l'arrêt, que ce droit n'ait été créé pour les favoriser. On peut donc désirer vivement que le législateur assimile la cession de part d'intérêt à la cession d'actions au point de vue de l'enregistrement; mais il paraît impossible de déduire des dispositions législatives actuelles les conclusions que la jurisprudence en a tirées. Le système aujourd'hui accepté par l'administration a été vigoureusement critiqué par M. Pont, rapporteur dans une affaire où l'espèce paraissait par-dessus tout favorable à l'application du droit de 2 0/0, et par M. Beudant dans dans une dissertation étendue insérée dans le Recueil de Dalloz à l'occcasion de l'arrêt des Chambres réunies. Toute la question est évidemment de savoir : 1° si le mot action peut s'appliquer au droit qu'un associé en nom collectif a dans une société ; 2° si dans la pensée du législateur cette assimilation a été faite ; si, sur ces deux points, la Cour de cassation a répondu affirmativement, l'opinion contraire s'appuie, pour répondre négativement, sur des arguments bien puissants, et que les motifs des arrêts n'ont pas victorieusement combattus. Une société en nom collectif peut-elle être considérée, sans donner aux mots une extension qu'ils ne comportent pas, comme une compagnie ou société d'actionnaires? Le caractère distinctif de l'action n'est-ce pas cette faculté, pour le droit qu'elle représente, de passer d'une main à l'autre ; n'est-ce pas ce caractère même qui a conduit le législateur à adoucir le droit sur une cession qui pourra être fréquente sur le même titre ? La part d'intérêt dans une société en nom collectif est-elle aussi susceptible de circuler, de passer d'un patrimoine dans un autre ; le législateur a-t-il pu l'avoir en vue lorsque, dans une même phrase, il a parlé des actions et « de tous autres effets négociables? » La part d'intérêt dans une société en nom collectif a précisément le caractère tout contraire. Ainsi que nous avons eu occasion de le dire dans un précédent chapitre, la société en nom collectif est formée surtout *intuitu personæ* ; c'est par exception et grâce, soit à une clause précise, soit au consentement actuel des autres associés, qu'un associé peut céder sa

part, il n'a pas entre les mains un droit qu'il puisse négocier comme il le ferait d'une action. Cette considération n'a pas arrêté la Cour de cassation qui a maintenu
sa jurisprudence, dans une espèce où le pacte social in-
terdisait formellement aux associés toute cession de
leurs droits dans la société.

La Cour a adopté, contrairement aux conclusions de
son rapporteur, M. Pont, l'opinion ainsi exprimée par
M. l'avocat général Blanche : « Il importe peu, disait-il,
que l'art. 4 des statuts sociaux ait interdit expressément
la cession des parts d'intérêt. Il s'agit ici, en effet,
d'une société en nom collectif. Or, dans ces sociétés,
l'interdiction de céder ses droits est en quelque sorte
une condition essentielle de leur existence. Elles sont
formées *intuitu personæ* et par suite aucun associé ne
peut, sans le consentement des autres, soit se retirer de
l'entreprise, soit y faire entrer une autre personne à sa
place. En d'autres termes, les parts d'intérêts, à moins
d'une réserve inscrite dans l'acte de société, ne sont ni
cessibles ni transmissibles. » Ainsi, et cela peut paraître
étrange, alors même que les associés ont formellement
retiré à la part d'intérêt le caractère essentiel de l'action, c'est-à-dire la transmissibilité et l'indépendance
où elle est de la personne qui la possède, on n'en conclut pas moins à l'assimilation de la part d'intérêt avec
l'action, pour la perception du droit de cession. Il faut
remarquer que l'arrêt solennel, en partie analysé ci-
dessus, limite l'application du droit réduit à 50 cent.
au cas où les parts d'associés peuvent être transmises
« sans qu'il soit porté atteinte à l'intégrité des ressources mobilières et immobilières de la société, —
abstraction faite des meubles et immeubles sociaux. »

Mais comment pourrait-il en être autrement si la société continue à subsister ? Le droit de 2 0/0 aussi bien que le droit de 50 centimes est un droit sur une transmission de meuble, et c'est bien en effet un droit mobilier seulement que l'associé peut céder ; il ne s'agit donc pas ici de distinguer la nature des biens de la société comme on le fera dans le cas où celle-ci n'existera plus, mais alors ce ne sera plus le droit de 2 0/0 seul qui sera applicable, mais celui de 1, de 2 ou de 4 0/0 selon la nature des biens compris dans la masse indivise dont une portion sera cédée. « C'est la société elle-même, dit à ce propos M. Beudant dans la dissertation déjà citée, qui, tant qu'elle existe, est propriétaire des meubles et des immeubles sociaux; les associés, que la société soit par intérêt ou par actions, n'ont toujours droit qu'à une part des bénéfices et éventuellement du fonds social, et c'est ce droit que l'art. 529, Code civ., déclare meuble sous le nom d'action ou d'intérêt, encore que des immeubles dépendant de l'entreprise appartiennent à la société. » Alors même, par conséquent, que le capital social n'aurait pas été fractionné, et, dans ce dernier cas, c'est, d'après la jurisprudence de la Cour de Cassation, le droit de 2 0/0 qui sera dû, la transmission n'en a pas moins pour objet un droit mobilier, « abstraction faite des meubles et immeubles sociaux. » Dès lors, quel est l'intérêt de la distinction, et pourquoi ne pas percevoir le même droit dans l'un et l'autre cas? « Sous peine d'inconséquence, fait encore très-justement observer M. Beudant, il faut décider que le droit de 2 0/0 n'est, dans aucun cas, applicable aux cessions de parts d'associé. Et alors il en résulterait ceci de singulier que l'art. 69, § 2, n° 6 de la loi de frimaire, qui ne parle que

des cessions d'actions, ne serait plus applicable aujour-
d'hui, depuis la loi du 23 juin 1857, qu'aux cessions
d'intérêts et leur serait seul applicable. »

Si la cession de la part d'un des associés dans la société
est la réalisation d'une condition, si par exemple il a été
stipulé que, arrivant le décès de l'un des associés, la
société continuera entre les survivants, mais que la société sera acquéreur de la part du défunt moyennant
l'acquittement du passif et le remboursement du montant de ses droits d'après le dernier inventaire, la jurisprudence applique le même droit de 50 centimes ; il est
évident que, si le capital est fractionné, il n'y a pas de
raison pour ne pas appliquer ici la doctrine adoptée
dans la précédente hypothèse ; les mêmes raisons de
décider contrairement à la jurisprudence se présentent
également ; mais on pourrait soulever une autre question à ce propos et sa solution pourrait écarter l'application de l'un et de l'autre des tarifs ; les droits des
héritiers du défunt, dans la société subsistante, sont-ils
purement mobiliers, ou ne doivent-ils pas différer suivant la nature des biens de la société ? La Cour de cassation a plusieurs fois, et avec raison, décidé que, quand
la société continue entre les associés survivants, la part
du défunt dans la masse a été cédée à ceux-ci en tant
qu'action mobilière. Elle applique donc le droit de 50 c. ;
dans l'opinion que nous avons soutenue, ce serait le droit
de 2 0/0 qui devrait être perçu dans ce cas comme dans
le précédent.

Supposons maintenant que la société est dissoute par
le décès de l'associé, ce qui arrivera nécessairement
quand il n'y aura que deux associés, et que la même
clause ait été insérée dans le pacte social ; ou bien qu'il

a été convenu qu'à l'échéance du terme de la société, l'un des associés, s'il n'est mort auparavant, restera propriétaire de tout l'actif social, à charge par lui de payer tout le passif et de rembourser à son coassocié le montant de ses droits dans la société, tels qu'ils résultent du dernier inventaire. Quel sera le droit à percevoir sur les valeurs ainsi cédées ?

Un récent arrêt de la Cour de cassation est venu confirmer une jurisprudence constante, en déclarant qu'il y avait là une transmission à titre onéreux de la part du défunt dans les biens et valeurs qui avaient appartenu à la société dissoute. L'arrêt du 11 janvier 1875 est surtout intéressant parce que le pourvoi avait invoqué un moyen nouveau. On considère la société en liquidation comme continuant à être une personne civile distincte de la personne des associés : « Le droit des associés, dit un arrêt de la Chambre civile du 3 février 1868, ne se convertit pas, par la mise en liquidation de la société, en une copropriété indivise de l'actif social ; jusqu'au partage, résultat final de la liquidation, ce droit conserve sa nature mobilière, et la société persiste avec son existence propre. » Le pourvoi, dans la dernière espèce, voulait tirer de cette existence de la société, tant que dure la liquidation, cette conséquence que la cession conditionnelle des droits du défunt à l'associé survivant était réalisée au cours de la liquidation, sinon pendant la société elle-même, et que par suite c'était le droit de 0,50 c. qui était dû. L'arrêt de la Cour de cassation a repoussé l'une et l'autre prétention ; dans ce système, qui est seul conforme aux principes, la société se trouvant dissoute par le même événement qui réalise la condition, il n'y

a plus un être moral distinct de la personne des associés, il n'y a plus dans le patrimoine de ceux-ci un
droit nécessairement mobilier, mais un droit de copropriété sur les biens sociaux ; la cession de ce droit est
assujettie au tarif suivant la nature des biens existant
dans la masse indivise ; il y aura lieu de percevoir 1 0/0
sur les créances, 2 0/0 sur les autres biens mobiliers,
5 1/2 pour cent sur les immeubles : «Sans doute, a dit
M. l'avocat général Blanche dans ses conclusions sur
l'affaire jugée le 11 janvier dernier, tout le temps que
dure la société, l'objet de la cession conditionnelle
n'est pas la copropriété des valeurs en nature composant le fonds social. » A une cession de cette espèce
M. Blanche ajoute que le droit de 0 fr. 50 c. serait applicable ; le premier avocat général était en effet partisan
du sytème consacré par la Cour et en avait demandé
plusieurs fois l'application ; on a vu plus haut les raisons qui militent en faveur de l'opinion contraire qui
paraît seule d'accord avec le texte de la loi. « Mais,
continue M. Blanche, ce tarif cesse d'être applicable
aussitôt que la société est dissoute par le décès du prémourant. La mutation n'a plus alors pour objet une
part d'intérêt proprement dite, cette part d'intérêt a
repris un corps mobilier ou immobilier selon la nature
des biens composant la société, et désormais indivis
entre les anciens associés ou leurs représentants. Or,
dans l'espèce, il n'y avait que deux associés. La société
s'est trouvée nécessairement dissoute par le décès de
l'un d'eux » (1). Reste le second moyen du pourvoi :
sans doute, dit-on, la société est dissoute, mais tant que
durera sa liquidation, elle doit être considérée comme

(1) Rep. per. de Garnier, février 1875, no 4026.

se survivant à elle-même, et dès lors la cession ayant
eu lieu pendant la liquidation, est purement mobilière.
Mais cet argument se fonde sur une inexactitude ; il
n'y a pas, lorsque la cession se réalise par l'événement
de la condition, une liquidation de la société qui puisse
entre les associés faire considérer cette société comme
subsistante. L'associé survivant prend à ses risques et
périls tout l'actif et tout le passif sociaux, il devient
ainsi propriétaire de toutes les forces de la société en
remboursant à la succession du défunt, à forfait, et
sans cette vérification des valeurs sociales qui constituerait précisément la liquidation, la part lui revenant
d'après un inventaire fait dans des conditions déterminées ; on ne peut donc considérer la société comme se
trouvant en ce cas, après la dissolution, dans cet état
spécial qui est la liquidation et que d'ailleurs la convention intervenue entre les parties a précisément eu
pour but d'éviter.

Une dernière question reste à examiner ; nous n'a-
vons pas supposé jusqu'ici que la dissolution de la
société fût suivie d'un partage entre les associés ; prenons maintenant cette hypothèse ; quels seront les
droits dont cet acte, suivant les circonstances, pourra
être passible? Depuis la loi du 28 février 1872, ce n'est
plus le droit fixe de 5 francs, mais le droit fixe gradué
qui sera perçu suivant le tarif indiqué plus haut pour
le droit à percevoir sur les apports. C'est « le montant
de l'actif net partagé » qui déterminera la quotité du
droit. Il n'y aura aucune difficulté si les apports des
associés ne contenaient pas de corps certains ou ne se
composaient que de choses fongibles ; il n'y en aura
pas davantage si l'associé, par l'effet du partage, reçoit

dans son lot des objets que lui-même avait apportés en société, ou des valeurs qui ont été acquises pendant la société ; mais qu'arrivera-t-il si, par le partage, l'un des associés reçoit dans son lot un objet apporté à la société par un autre associé ? La question a été posée bien souvent en jurisprudence à propos d'immeubles ; elle prend un nouvel intérêt, surtout en ce qui concerne notre société, depuis la loi de 1872, qui rend obligatoire l'enregistrement des cessions de fonds de commerce. Il ne semblerait pas douteux au premier abord que, par la simple application des règles du droit commun, on doive décider qu'il n'y a pas lieu dans ce cas à la perception d'un droit autre que le droit fixe gradué, édicté par la loi du 28 février 1872. En effet, l'apport en propriété à la société, dépouille l'associé de son droit sur l'objet apporté, ce n'est plus lui, c'est la société qui est propriétaire ; lors du partage, celui-ci ayant dans notre droit un effet purement déclaratif, c'est de la société non de l'associé que celui qui a dans son lot un objet apporté par un autre que par lui-même doit être réputé le tenir ; il y a donc seulement partage d'une indivision, et non mutation ; dès lors le droit proportionnel n'est pas dû. L'administration a pourtant constamment soutenu la doctrine contraire, et la jurisprudence, après une courte hésitation, s'est si bien fixée dans le sens de la perception du droit proportionnel, qu'on ne pourrait aujourd'hui douter de l'issue d'un procès sur ce point.

En résumé, le système de l'administration et de la jurisprudence peut s'exprimer ainsi :

« En droit, toute mutation de propriété d'immeubles et de fonds de commerce est soumise au droit proportionnel ; ce n'est que par une faveur spéciale que la loi de l'enregistrement, en cas de société comme en quelques autres cas exceptionnels, permet que lorsqu'un associé apporte dans la société, comme mise sociale la propriété d'un immeuble, il ne soit perçu qu'un droit fixe ; si donc à la suite de la dissolution et de la liquidation de la société, la propriété de cet immeuble est attribuée à un associé autre que l'ancien propriétaire, la mutation définitive arrivant, et nul droit proportionnel n'ayant encore été payé, on doit le payer à l'occasion de cette mutation » (1). On voit que l'argument principal est celui-ci : un droit proportionnel est dû, par exception ce droit n'est pas perçu lors de la mise en société, mais si à la dissolution de la société la même chose apportée par l'un des associés est attribuée à un autre associé, la transmission définitive s'opère alors au profit de ce dernier, et le droit proportionnel non encore perçu doit être alors acquitté.

A cela on a répondu que l'apport en société opère immédiatement la transmission de propriété ; si la loi a exempté cette transmission du droit proportionnel, elle ne l'a pas méconnue pour cela, cette exemption équivaut au paiement effectif de l'impôt ; s'il n'y avait pas eu disposition exceptionnelle de la loi, c'est au moment de la mise en société que le droit aurait pu être exigé, mais puisqu'il ne l'est pas à ce moment, il ne saurait l'être au moment du partage, celui-ci en effet ne peut être que déclaratif de propriété, c'est l'apport seul qui a été translatif de ce droit.

Cet argument est combattu par plusieurs auteurs et par la jurisprudence ; on lui oppose la théorie de Po-

(1) Cassation, chambres réunies, arrêt du 16 juin 1842.

thier d'après laquelle l'apport en société n'opère mutation que sauf l'événement ultérieur du partage ; la transmission est, dit-on, suspendue par une condition, c'est
pour cela seulement qu'on suspend la perception du droit
proportionnel ; si le partage attribue à un autre associé
qu'à celui qui en a fait l'apport, l'objet déterminé resté
dans la société, la condition s'accomplit, la mutation s'o-
père et le droit est dû. Cette théorie paraît avoir le grave
défaut d'être en désaccord avec les principes que l'on est
obligé d'admettre sur la personnalité distincte de la société, sur le droit de propriété qu'elle a sur les apports
autrement faits qu'en pure jouissance. Le partage ne fait
pas disparaître l'être moral qui, par la constitution de
la société, a été créé, il ne peut faire que cette personne
n'ait existé et n'ait été propriétaire des objets partagés ;
sans doute le droit proportionnel n'a pas été acquitté
lorsque la mutation a été faite en sa faveur, mais c'est
par une disposition spéciale et gracieuse de la loi.
D'ailleurs il n'est pas exact de dire que l'apport effectué
par un associé ne constitue qu'une transmission conditionnelle, subordonnée à l'allocation qui pourra être
faite par le partage ; le dessaisissement est actuel et pur
et simple. Il faut donc décider contrairement à la jurisprudence que le droit de partage, aujourd'hui droit
gradué, est seul dû dans notre hypothèse et qu'il ne
sera dû un droit proportionnel que sur la soulte payée
par l'associé à son coassocié, en représentation de ce
que l'objet à lui attribué pourrait dépasser ses droits
dans la masse partagée.

Décider autrement, c'est, en fait, priver les associés
du bénéfice du tarif exceptionnel édicté pour favoriser
les sociétés et faciliter leur développement ; or, l'in-

tention du législatéur à cet égard ne peut être révoquée en doute.

C'est au sujet de la transmission des immeubles ayant appartenu à la société que la jurisprudence qui vient d'être indiquée s'est formée et a été sans cesse appliquée depuis l'arrêt de 1842; les mutations de propriété d'immeubles, en effet, étaient seules soumises nécessairement au droit proportionnel; mais, comme je l'ai déjà dit, depuis la loi de 1872, les transmissions de fonds de commerce se trouvent dans une situation identique; la même règle doit donc leur être appliquée; aujourd'hui par conséquent le partage dans lequel un fonds apporté par un associé aura été attribué à un autre, sera recherché par l'administration, et le droit de deux pour cent sera réclamé sur la valeur de ce fonds; la jurisprudence a déjà eu l'occasion d'appliquer à l'attribution du fonds son système sur l'attribution de l'immeuble (1).

(1) Rouen, 10 avril 1873, Rep. per. de Garnier, août 1874, n° 3897.

POSITIONS

—

DROIT ROMAIN.

I. Les sociétés formées par les fermiers des *vectigalia* constituaient des personnes morales ; il n'en était ainsi que des sociétés auxquelles ce caractère avait été conféré par une loi, par un sénatus-consulte ou une constitution impériale.

II. L'hypothèque tacite qui garantit le fisc du paiement, par les fermiers de l'impot, du prix moyennant lequel la ferme a été concédée, n'est pas privilégiée..

III. Ce n'est qu'aux derniers temps du Bas-Empire que le droit de *portorium* fut porté du quarantième au huitième de la valeur des objets soumis à cet impôt. Il est inexact que ce droit ait été porté au dixième par Héliogabale et réduit au trentième par Alexandre Sévère.

IV. Les personnes exemptées du droit sur les successions à raison de leur parenté avec le défunt sont les mêmes que les *decem personæ* préférées par le préteur au *manumissor extraneus*.

V. En l'absence de convention sur le mode de répartition des bénéfices et des pertes, les parts des associés sont d'une égalité absolue. La convention qui assigne à un associé une part plus forte que celle des autres n'est valable que si cet associé fait un apport plus considérable.

VI. Le bénéfice de compétence peut être invoqué dans toute espèce de société, mais comme il n'est accordé qu'après une *causæ cognitio*, il est quelquefois refusé dans les sociétés particulières à raison de leur nature.

VII. L'obligation contractée par l'un des associés ne donne pas au créancier d'action contre les autres, quand même la société en aurait profité.

VIII. On peut quelquefois intenter l'action de la loi Aquilia après avoir intenté l'action *pro socio*.

DROIT FRANÇAIS.

I. Il n'y a pas obligation, dans l'extrait publié de l'acte constitutif d'une société en nom collectif, même depuis la loi de 1867, d'énoncer le montant du capital social.

II. Lorsqu'une société est nulle pour défaut de publicité, les conventions des associés doivent néanmoins régler leurs rapports pour le passé.

III. Le mot *intéressés* dans le dernier § de l'art. 42, C. com., doit être considéré comme comprenant les créanciers personnels des associés.

IV. La clause portant que les associés ne pourront traiter les affaires qu'au comptant est valable vis-à-vis des tiers, pourvu qu'elle ait reçu la publicité légale.

V. L'engagement, souscrit de la signature sociale par le gérant, ayant pouvoir d'user de cette signature, oblige la société, alors même qu'il a été souscrit par le gérant dans son intérêt personnel, à moins qu'il n'y ait eu mauvaise foi de la part du tiers, et, dans ce cas le tiers-porteur n'a pas plus de droit que le créancier. Mais il n'y aurait pas présomption de mauvaise foi de la part du créancier, si le gérant avait ainsi fait servir l'engagement de la société à l'acquit de sa dette personnelle.

VI. Le tiers envers qui le gérant s'est engagé en agissant *proprio nomine* et sous sa signature personnelle n'a pas d'action directe contre la société, encore que celleci ait profité du résultat de l'engagement.

VII. L'art. 1867 n'a pas dérogé au principe établi dans l'art. 1138, C. C.

VIII. La dissolution de la société, par suite de sa faillite, est subordonnée à l'issue donnée à cette faillite par la volonté de la majorité des créanciers.

IX. L'effet déclaratif du partage entre associés ne remonte qu'au jour de la dissolution de la société.

X. Le liquidateur peut négocier les valeurs dépendant de l'actif social.

XI. L'associé liquidateur peut, en tant qu'associé, invoquer la prescription de cinq ans.

XII. La clause compromissoire insérée dans l'acte de société n'est pas valable.

XIII. Les sociétés civiles ne sont des personnes morales que lorsqu'elles ont été constituées sous la forme en nom collectif, en commandite, ou anonyme.

XIV. Dans l'hypothèse prévue par l'art. 854, Code civ., l'acte de société doit toujours être rédigé en la forme authentique.

XV. La société contractée pour la vie entière ne doit pas être considérée comme illimitée ; l'art 1869, Code civ., ne lui sera pas applicable.

XVI. Les associés peuvent, dans le pacte social, s'interdire de réclamer la dissolution de la société fondée sur les art. 1865, n° 5, et 1869, Code civ.

DROIT FISCAL.

I. Le droit proportionnel de transcription n'est pas dû sur l'acte de société constatant l'apport d'un immeuble, alors même que l'acte serait présenté à la transcription.

II. Le droit de 1 0/0 afférent au louage de services est dû sur le traitement du gérant lorsque ce traitement doit être prélevé par frais généraux, en dehors de tout bénéfice et quand même il n'en serait réalisé aucun.

III. Le droit proportionnel est dû suivant la nature des biens, lorsque la cession de la part d'un associé a pour résultat la dissolution de la société.

IV. Ce n'est pas le droit de 0 fr. 50 c. 0/0, mais le droit de 2 0/0, qui est applicable à la cession d'un intérêt dans une société en nom collectif.

V. Le droit proportionnel n'est pas dû quand, par le partage, l'objet apporté par un des associés se trouve attribué à un autre associé.

DROIT CRIMINEL.

I. L'immunité de l'art. 380, Code pén., ne profite pas au complice.

II. La question de savoir si les donations entre-vifs ou testamentaires, faites ou reçues par un condamné par contumace, à une peine afflictive perpétuelle, restent frappées de nullité nonobstant son décès, sa comparution ou son arrestation avant l'expiration des vingt années qui lui sont accordées pour purger sa contumace, doit se résoudre par une distinction : nuls si le contumax meurt pendant ce délai, ces actes sont valables s'il comparaît volontairement ou s'il est arrêté.

DROIT DES GENS.

I. Les puissances neutres ne sont tenues de respecter que le blocus effectif.

II. Un tribunal français est compétent pour connaître des difficultés qui s'élèvent entre un État étranger et un Français à raison d'un contrat ; il ne le serait pas pour déclarer cet État responsable du dommage que le Français prétendrait avoir éprouvé par suite des actes du gouvernement étranger exerçant les pouvoirs de police et d'administration qui lui appartiennent sur son territoire.

TABLE DES MATIÈRES.

CHAPITRE PREMIER.

CHAPITRE II.

CHAPITRE III.

CHAPITRE IV.

CHAPITRE V.

CHAPITRE VI.

CHAPITRE VII.

CHAPITRE VIII.

CHAPITRE IX.